ガングロ族の最期

ギャル文化の研究

久保友香

イースト・プレス

ガングロ族の最期

ギャル文化の研究

GANGURO

序章
インターネットのせい

インターネット前夜

二〇二一年九月に世界同時公開された『オアシス：ネブワース一九九六』を、公開初日の夜、音響設備のよい東京渋谷の映画館へ観に行った。

映画の内容は、一九九〇年代を代表するイギリスのロックバンドのオアシスが、一九九六年八月に二日間にわたり二五万人以上も動員した、史上最大規模ともいわれている野外ライブのドキュメンタリー。ギタリストでソングライターのノエル・ギャラガーが映画内で「インターネット誕生前、ライヴが携帯に侵食される以前の最後の、盛大な人々の集会」と述べているとおり、ライブの内容のみが伝えられるのでなく、その場にいた観客や、チケットが外れて行かれなかったファンの声なども交えて、二〇二一年と一九九六年のメディア環境の違いを考えさせられる作りになっていた。

明治通り沿いにある映画館を出て、渋谷駅に向かって歩きながら、ノエル・ギャラガーが以前にもメディア環境の変化に言及していた記事の記憶が呼び起こされた。

イギリスの雑誌『NME』のWEBサイト「NME.com」の日本語版二〇二〇年三月の記事[*1]では「俺たちはライヴに行っても誰も写真を撮ってない最後のバンドだったんだ。それこそが素晴らしい」とし、今もし一九九六年と同じネブワースで再びライブをしたとしても、「同じものにはならないだろうな。（観客の）二〇万人が携帯電話を通して観てるんだから」と述べている。

また、雑誌『ロッキング・オン』二〇二一年七月号の記事[*2]では、オアシスが二〇〇九年に解散したあとの二〇一〇年代、UKロックの中にオアシスのようなバンドが登場しなかったのは社会構造的な問題なのか、というインタビュアーの質問に、ノエル・ギャラガーは「社会の構造的な問題なんかとは関係ない」と答えている。自分のような天才は他の惑星から地球への授けものとして地球にきたのだから社会の構造とは全く関係ないなどとの冗談を交えつつ、「インターネットのせい」と断言している。

「俺はね、インターネットが俺たちが育ちながら憧れて崇敬してきたものをすべて破壊したと確信を持って言えると思うよ。あの魔法が盗まれたんだ。今は魔法がまるでない。」

「魔法」という言葉にごまかされるが、映画は「魔法」の実体をぼんやりと感じ取れる気がするものになっていた。

オアシスの再結成を望む声が今もなくならないことを理解できるかとの質問には「今のユース・カルチャーはほんとにクソだからね。だから、みんな一九九〇年代に起きていたようなことを味わってみたいんだよ」と分析している。

気づけば、渋谷駅がすぐそこに見えていた。昼間の暑さも収まり、気持ちのよい夜だ。

ライブ映像からこみあげたものをもう少し味わいたかったのと、そういう文化の衰退が「インターネットのせい」だとするメッセージへのやりきれなさを処理したいのとで、ギネスビールでも飲んでから帰りたいところだったが、時は、新型コロナウイルス感染防止のため都内飲食店の営業時間短縮が要請されている最中。仕方ない、雑踏にでも酔うかと、渋谷の繁華街の方へと右折して、少し散歩してから帰ることにした。

一九九〇年代後期の渋谷

渋谷駅の前にあるスクランブル交差点に着いた。そこにくると思い出すのは、先ほどの映画の中でも聴いた、オアシスの『アクイース』という楽曲のミュージックビデオだ。楽曲自体は一九九五年にシングルのB面として発表されていたが、ミュージックビデオは、二〇〇六年一一月に発表するベストアルバムに収録されるにあたって制作され、公開された。

そこに登場するのは本物のオアシスではなく、日本人のオアシスのコピーバンド。主役は、パーカーにジーンズという、オアシスのボーカルであるリアム・ギャラガーがしているような装いをした、日本人の若者である。東京の地下鉄で移動し、おそらく渋谷のカラオケボックスで練習して、ライブハウスのステージに立って、オアシスの『アクイース』を歌うというものだ。実際のライブハウスでの撮影はイギリスでやったようだが、渋谷のスクランブル交差点の映像が幾度も挟みこまれ、その舞台も渋谷であるという設定になっている。

その渋谷のスクランブル交差点の映像に、黒く焼けた肌、脱色した髪、目の周りを黒く、その周りや鼻筋や唇を白く塗った若者が映り込む。

そのような特徴を持つ外見は、一九九〇年代後期の渋谷に現れ、「ガングロ」と呼ばれる。他の時代、他の場所にはないような、特有な外見が注目を集める。それは「ギャル」の外見と呼ばれることもある。しかし「ギャル」と呼ばれる外見は、時代によって変化する。一九九〇年代後期から二〇〇〇年代中期に「ギャル」と呼ばれる外見は、基本的に「ガングロ」である。

「ガングロ」の、肌をさらに黒く、髪をさらに白く、化粧をさらに濃くして、「妖怪っぽく」したような「ヤマンバ」や「マンバ」と呼ばれる外見も現れる。このミュージックビデオに映り込んでいる若者がしているのは、その「マンバ」である。


まさにミュージックビデオが制作されたと考えられる二〇〇六年頃、そこに映り込んでいたような「マンバ」の外見で、渋谷に毎日いたという人たちを、私は前著『「盛り」の誕生』*3で取材した。

その中の一人の由佳さんは、「マンバ」の外見で渋谷にいることを、二〇歳までは続けるつもりだったのに、由佳さんがまだ一九歳だった時、その文化が終わってしまったと言った。

由佳さんの当時のブログがまだ残っていた。最後の更新が二〇〇八年一月二五日。「ギャルブーム完全終わりましたね、ハイ」「渋谷行けば誰かしらいる♪みたいなことすらなくなりそう」「ここまで終わると思ってなかった。。(*u_u)」「あーしゎブームのときももちろん満喫した!!だから悔いも何もないけど、楽しかったからこそ時代を戻したいよ(ρ_-)o」

とある。

由佳さんに、なぜ終わったのかと聞いた。「それまでは、きれいな化粧をして、高い洋服を着て、渋谷に毎日足を運んで、人づきあいを大事にすることで、よい人脈ができて、メディアに取り上げられたり、仕事をすることができた。でもインターネットが出てきてからは、みんな、ただ面白い恰好をして、写真だけ良くして、インターネット上で友達から『いいね』と言ってもらえばいいと、思うようになってしまった。全てが、表面的になってしまった」と言い「インターネットのせい」と結論を出した。

「インターネットのせい」と言っていたことを思い出して、はっとした。そうだ、由佳さんはノエル・ギャラガーと同じ言葉を発していたのだった。

前述の由佳さんの言葉は、私の前著『「盛り」の誕生』からの引用だ。前著では、渋谷の街で行われていた、若者たちの外見を加工するコミュニケーションが、インターネット上での「盛り」のコミュニケーションに引き継がれたことに注目した。しかし、「引き継がれたもの」がある一方で、「引き継がれなかったもの」もあるかもしれないことには、目を向けないままだった。

というのも私は、技術を作る人間に憧れがあって、工学を専攻した。新しい技術に「負」の面もあることはわかっているが、やみくもに新しい技術「のせい」とする考え方が嫌いだ。自身は技術開発の実践者になることに挫折したものの、技術の「正」の面を活かすことの一翼を担いたいと、いつも一生懸命である。

ましてや、インターネットという技術は、自由に知ることのできなかった人、自由に表現できなかった人に、知る権利、表現する権利を与えた。とくに若者には、好ましい影響があったと考えている。

だが、ふと「インターネットのせい」と言った時の、由佳さんの様子が思い出された。寂しさを表に出すような人ではないのでわかりづらいが、どこか寂しそうだったような気がしてきた。


渋谷からガングロがいなくなったというのが二〇〇八年、偶然だろうがオアシスの解散が二〇〇九年。初代iPhoneが二〇〇七年に発売し、ツイッターやフェイスブックなどのSNSが二〇〇八年から世界的に使われ始める。ちょうどその頃、「インターネットのせい」で、それまで栄えていた若者の文化が、日本でもイギリスでも衰退していたということか。

新しい技術「のせい」で、素晴らしい若者の文化が衰退してしまったのなら、見過ごせない。もちろん文化は変化するものなので、無理に保存する必要はないだろうが、素晴らしい部分を維持して、発展させせられるような技術のあり方を探求するべきではないか。そのためには、一度、技術の「負」の面にも目を向けた方がよいのかもしれない。

そう心が決まって、スクランブル交差点を渡り、渋谷駅の山手線の改札口を入った。

「ガングロ・ルック」の歴史

もしかしたら、UKロックはともかくとして、ガングロが衰退したことを問題視する必要はないと思った人がいるかもしれない。

確かに、ガングロの外見をしている若者が集まっていた渋谷のセンター街の名称を、渋谷センター商店街振興組合が二〇一一年に「バスケットボールストリート」へと変える時、その目的は、若者たちが集まることによる治安悪化の「マイナスイメージを払拭すること」だと報じられた。また、ガングロの外見をしている若者がよく足を運んだ渋谷の商業施設SHIBUYA109が、二〇一九年にロゴを新しくした時も、その目的は「『ギャルの聖地』というイメージを払拭」することだと報じられた。[*4]

しかしガングロが残したイメージを、誰もが払拭したわけではない様子が見られる。ガングロを含む、ギャルの外見をした芸能人は、二〇一〇年代以降も継続的にテレビに出ている。「ギャルタレント」と総称されて、人気を集めている。

二〇二一年頃からは、若者の間で「平成ギャルブーム」と呼ばれる流行が広がっている。ギャルの外見を真似て撮影した写真や動画をSNSに投稿することが行われている。また同じ頃から、若者たちの間で「マインドギャル」という言葉が流行している。外見はギャルではないが、一九九〇年代後期から二〇〇〇年代中期のギャルの外見をしていた人たちが持っていたような精神性を持っている人を表すようだ。

いずれも、その背景には一九九〇年代後期から二〇〇〇年代中期のギャルの外見をしていた人たちへの「憧れ」があるのだと、若者をターゲットとするマーケッターの方々は共通して分析している。[*5][*6]

「ガングロ」という言葉は、一九九〇年代後半に現れた言葉で、「ガンガン黒く焼いた肌の色」を表す。

「肌が黒く焼ける」のはこういう仕組みだ。肌の黒さを決定する主たる要因は、「メラニン色素」の量である。紫外線は人間の皮膚内の細胞に損傷を与える性質があるが、「メラニン色素」にはその紫外線を吸収する性質がある。だから、人間の身体は、紫外線を含む光に当たると、皮膚を保護するために、「メラニン色素」を生成し、肌が黒くなるのである。

光だけを用いて大きく外見を変える手法としては、リアルとバーチャルの違いはあれど、プリクラや写真加工アプリの源流にある気がしている。私は、プリクラやスマホの写真加工アプリなどに象徴される、外見を変化させる画像処理技術について研究をしてきた。「肌を黒く焼く」というのは、「光を用いて、外見を大きく変化させる方法」として、画像処理技術よりもずっと古くからあったものなので興味がある。

「ガンガン黒く焼いた肌」にすること自体は、その名前が出てくる一九九〇年代後期よりもずっと前からあった。本書は、「ガンガン黒く焼いた肌の外見」を全て「ガングロ・ルック」と呼ぶことにする。

「ガングロ・ルック」は一九九〇年代後期の渋谷で、他の時代、他の場所では見たことのないようなものになっていく。源流をたどっていくと、日本よりも古くから「ガングロ・ルック」があったのは、ヨーロッパやアメリカなどだ。そこで一章では、ヨーロッパやアメリカの「ガングロ・ルック」が、どのように日本に入ってきたのかを紐解く。そして二章で、渋谷の「ガングロ・ルック」が、どのように独自の発展をしていったのか、そして衰退したのかを紐解く。

それをもとに、インターネットが、若者たちから盗んだ「魔法」とは何だったのか、なぜ渋谷が「魔法」の使える街だったのかを探る。そして、その正体が「魔法」ではなく「メディア技術」だったことを明らかにしていく。

ガングロ族の最期／目次

序章　インターネットのせい

第一章　ガングロ・ルックの源流

第一節　フランス・ガングロ・ルック

第二章　渋谷・ガングロ・ルックの変遷

第一節　一九七〇年代後期の渋谷・ガングロ・ルック
——サーファー・陸サーファー

終章
ハロウィンの渋谷

関連地図

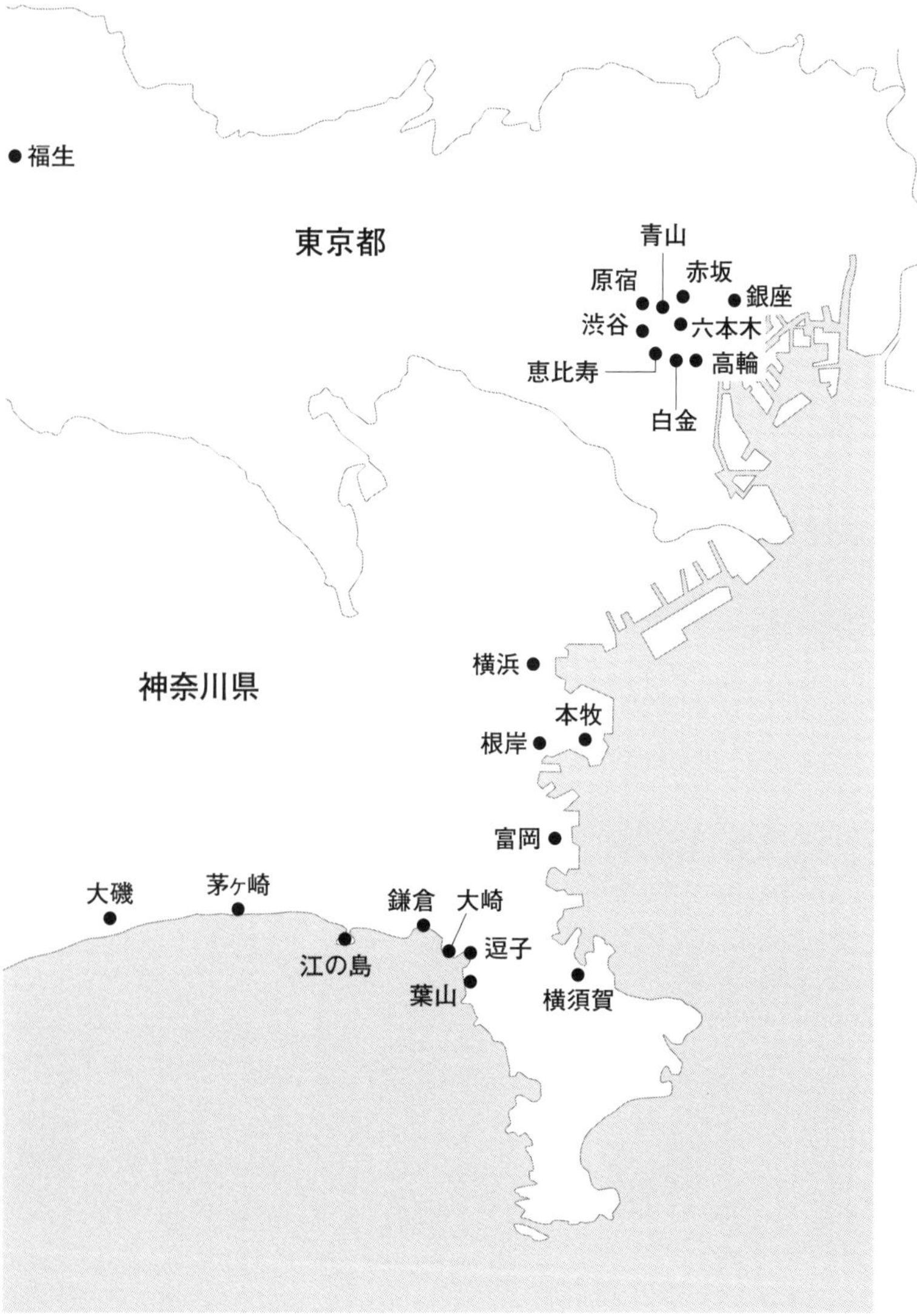
福生
東京都
青山
原宿
赤坂
銀座
渋谷
六本木
恵比寿
高輪
白金
横浜
神奈川県
本牧
根岸
富岡
大磯
茅ヶ崎
鎌倉
大崎
逗子
江の島
葉山
横須賀

第一章
ガングロ・ルックの源流

第一節　フランス・ガングロ・ルック

一九七〇年代のガングロ・ルック

ここに一枚の、すこし色褪せた写真がある。写っているのは、一人の若者。服は、お腹より上までのショート丈に、肩が大きく出るホルターネックの花柄の鮮やかなシャツと、白いショートパンツ。足元は、細い紐のサンダル。顔は、細い眉に、濃いアイメイクに、白っぽいリップ。そして、黒く焼けた肌。

一九七〇年代初期の写真であるらしい。ところが、タイムスリップしたように、一九九〇年代後期の渋谷に現れた「ガングロ・ルック」と共通点が多い。二〇年も前にあったことに驚いた。

それを見せてくれたのは、一九五一年生まれの私の母。この写真に写っているのは、母の大学時代の同級生のHさんだと言う。この写真は、Hさんや母が大学生の頃のものだと言う。

今回私は、一九九〇年代後期の渋谷に多く現れて、「ギャル」や「ガングロ」と呼ばれた、他の時代、他の場所では見たこともないような「ガングロ・ルック」の源流を、戦後まで遡って探すことにした。その一九九〇年代後期の渋谷に現れた「ガングロ・ルック」を、以降、「一九九〇年代後期の渋谷・ガングロ・ルック」と呼ぶことにする。そこで、まず、一九六〇年代から一九七〇年代頃の調査を、当時若者だった母に手伝ってもらうことにしたのだ。

母は私と違って社交的で、学生時代の知人や、私や妹の友人のお母さんとも、連絡を取っている。あっという間に、母と同世代で詳細な証言を提供してくれた方が、一〇名集まった。現在の居住地は、皆、東京か横浜だが、高校生を過ごした地域の内訳は、東京六名、横浜一名、中国地方一名、四国地方一名、九州地方一名。一〇名中九人が、学生の頃、「ガングロ・ルック」をしていたと答えた。

●一九六〇年代後期からビーチで肌を黒く焼いていたHさん。黒く焼けた肌に、白っぽいリップ、濃いアイメイクという特徴は、一九九〇年代後期に見られるのと共通する。(写真は一九七三年)

そのうちの一人が、Hさんだった。

Hさんの噂はいつも聞いていた。

「大学時代からHはいつもおしゃれで目立っていた。授業が始まるぎりぎりに、毛皮のコートで、颯爽と講義室に入ってきた。」

なぜ、「一九九〇年代後期の渋谷・ガングロ・ルック」と、近い外見をしてたのか、実際にお話を聞いてみたくなった。

Hさんと母は、お互いに子育てに忙しかった時期は疎遠になっていたが、子供が大きくなってからは、月に一度はランチを共にしている。毎月定例のランチに、私も参加させてもらうことになった。


向かったのは横浜。Hさんは横浜育ち。今も横浜に住んでいる。Hさんと母が出会ったのも横浜の大学だ。

「横浜」は、今回の探求で焦点を当てている「渋谷」からは、南西に三〇キロメートルくらい離れたところにある。「渋谷」から少し離れていることは気になったが、何かヒントがあるかもしれないと考えながら、東京からJRの東海道線に乗って向かった。

Hさんと母の定例の場所、横浜駅近くのホテルの最上階、横浜港を見渡せるレストランで、Hさんと初めてお会いした。

「真っ黒に焼いていた」

とHさんは言った。

写真は、一八歳の夏に、お友達と一緒に、沖縄に行った時のものだとわかった。一九七三年ということになる。

「服は、ビーチでは、こういうスタイルね。水着の上にパレオを巻いたり。サンダルは、妹のハワイのお土産で、すごく気に入っていた。」

パレオというのは、一枚布を身体に巻きつけ、端を縛って着る衣服である。

写真では、髪はそれほど茶色くないが、

「いつもはもっと金色のようにしていた。」

と言うので、「一九九〇年代後期の渋谷・ガングロ・ルック」に、さらに近かったことがわかる。

写真は大学生の頃のものだが、「ガングロ・ルック」にしていたのはその前からだと言う。

「高校生の頃から、大磯プリンスホテルのプールによく行っていた。お友達と。」

「大磯」とは、神奈川県の相模湾沿いにあるビーチ。「湘南」と呼ばれる地域の一部である。

「大磯プリンスホテル」は、そのビーチに、西武鉄道が一九五三年に開業したホテルである。それに併設して、一九五七年にレジャー施設の「大磯ロングビーチ」が開業し、Hさんが行っていたのはその中にできたプールである。

「水には入らない。プールサイドに着くと、シャツやパレオを脱いで、水着になってシートに寝転んだ。ずっと肌を焼いていた。一番濃く焼けるコパトーンを塗って。」

コパトーンとは、一九四四年にアメリカで生まれた、日焼け用化粧品。第二次世界大戦中、兵士を、紫外線から守るために開発された。今では、ドイツのバイヤスドルフが生産している。

「焼いたあとは、カーマインローションとは、ほっておくと赤くなるから。」

カーマインローション[*1]とは、一九三七年に日本の化粧品メーカ資生堂が発売した収れん化粧品[*2]。日焼け用の製品ではないが、資生堂の広告でも「日やけあとのほてりをおさえる」という効果を伝えている。

「焼き過ぎちゃうと、皮がむけて、シーツにぽろぽろつくのよね。そうすると白いのが出て来ちゃうから、また焼きに行かないとならなくて。」

「ビーチ」に行ったから「ガングロ・ルック」になるのではなく、「ガングロ・ルック」になるために「ビーチ」に行っていたようである。

「家の近くのスポーツクラブみたいなところのプールにも、よく行っていた。それは、中二か中三の頃から。妹も真っ黒にしたかったから、二人で焼いていた。私がオレンジの水着で、妹がトルコブルーの水着で。」

家の近くのプールは、「ガングロ・ルック」になるために行ったようだ

「あの頃は、みんな、肌を黒く焼いて、夏はミニスカートで鮮やかな色を着ていた。今の家の近くに女子大があるのだけど、最近の子たちは、春から日傘をさしていて、夏でも黒い服を着て、長いスカートが多いわね。ぜんぜん違う。」

Hさんの言うとおり、今ではすっかり「ガングロ・ルック」を見なくなった。しかし当時は「ミニスカートで鮮やかな色」の装いの「ガングロ・ルック」。「みんな」がそういう外見だったと言う。

「私が中学三年生くらいから、高校生のお姉さんたちが、そうしていた。」

Hさんが通っていたのは、横浜市にある、明治時代にフランスから来た宣教師が開校した、中高一貫教育の女子校。中学生だが、高校生が身近にいたのだ。Hさんが中学三年生というと、一九六六年。その頃にはもう、「ガングロ・ルック」の高校生たちがいたと言う。なぜだろうか。

ビーチ・バカンス

「カトリーヌ・ドヌーブになりたかった。」

カトリーヌ・ドヌーブとは、一九四三年生まれ、一〇代の頃からフランス映画に出ていた映画俳優である。主演をつとめ、一九六四年に公開された『シェルブールの雨傘』がカンヌ国際映画祭の最高賞のパルムドール賞を受け、世界的なスターになる。

「最初、見た時、なんてきれいな人なんだろうと思った。」

Hさんからカトリーヌ・ドヌーブという名が出てきて、納得がいった。Hさんは、今も、カトリーヌ・ドヌーブを思わせる。とくに髪型。明るい色に染めた髪を、大きくカールしている。毎晩大きなカーラーを巻いて、頭を動かさないように、寝ているのだという。高校生の頃からそうしていた。

しかし、疑問が残る。カトリーヌ・ドヌーブに、「ガングロ・ルック」の印象はない。それなのに、なぜHさんは「ガングロ・ルック」にしていたのだろう。

「そうね。確かに黒くないはね。でも、ああいう人たちは、エーゲ海とかにバカンスに行くでしょ。」

Hさんは、カトリーヌ・ドヌーブの中でも、「ビーチでバカンス」を過ごしているカトリーヌ・ドヌーブを手本にしていたのだ。それなら「ガングロ・ルック」にしていたことにも納得がいく。

何かで、「ビーチでバカンス」を過ごしているカトリーヌ・ドヌーブを見たのだろうか。

日本で一九七三年に公開された映画『ひきしお』は、カトリーヌ・ドヌーブが主演をつとめ、まさにエーゲ海を舞台としたものだ。カトリーヌ・ドヌーブ演じる主人公と恋人が、文明から逃避してエーゲ海の孤島で生活する話だ。カトリーヌ・ドヌーブも「ガングロ・ルック」をしていて、ビーチで、写真のHさんのようにショートパンツもはいている。

しかし、Hさんは、その映画が公開されるよりも前から「ガングロ・ルック」をして、ビーチでショートパンツをはいていた。どのようにして、「ビーチでバカンス」を過ごしている時のカトリーヌ・ドヌーブの外見の情報を得たのだろうか。

「雑誌で見たのだと思う。『スクリーン』だと思う。」

『スクリーン』とは、近代映画社が一九四六年に創刊した映画雑誌である。

一九六〇年代の『スクリーン』を見てみた。そこで真っ先に気づいたのは、夏はとくに、映画スターが「ビーチでバカンス」を過ごしている様子を取り上げる特集が、頻繁に組まれていることだ。写真には、ヨーロッパのリゾート地で、鮮やかな色の水着やリラックスした服を装う、「ガングロ・ルック」をした映画スターたちがうつっている。

カトリーヌ・ドヌーブは、当時の『スクリーン』や『映画情報』や『映画ストーリー』などの映画雑誌によく取り上げられていた。その中でも早い時期のものは、『映画ストーリー』一九六二年七月号の「今月の新星」というページ。初主演映画『パリジェンヌ』が日本で公開される直前のようだ。そこには、映画の内容とは関係なく、当時婚約中だった「ヴァディム監督と海水浴を楽しむドヌーブ」という説明がついて、ビーチで過ごすカトリーヌ・ドヌーブの姿をうつした写真が掲載されていた。

映画スターを囲むのは、映画のシーンだけではなく、映画雑誌が伝える映画の裏側のシーンもあることに気づく。その中には「ビーチでバカンス」を過ごしているシーンが、多くを占めていたことがわかった。

映画館の入場者数は一九五八年に、映画館数は一九六〇年に、最高値を記録する。[*3] その後、テレビの普及が急速に拡大し、東京オリンピックが開催された一九六四年には、白黒テレビの世帯普及率が九〇%に達し、映画館入場者は縮小。[*4] それでも、その後よりは、映画を観ることが多く、映画雑誌も多かった。そのような中で、映画雑誌は若者たちに外見の手本も示していたようだ。

それにしても映画スターはなぜ「ガングロ・ルック」で「ビーチでバカンス」を過ごして

いたのだろう。

西洋のビーチの歴史

そもそも、ビーチには、いつから人が向かうようになったのだろう。

フランスの歴史学者アラン・コルバンの『浜辺の誕生』[*5]によれば、「湯治客の群れが海岸周辺へ殺到し始めるのは、一七五〇年ころのこと[*6]」と言うことだ。つまり、最初の目的は「治療」だった。

背景には、一八世紀、イギリスやフランスの「支配階級」の間で、「憂鬱（メランコリー）と憂愁（スプリーン）」と呼ばれるような「憂い」の病が、広がっていたことがある。「スプリーンとメランコリーは語義的にはほぼおなじで、精神的な沈鬱状態を意味する。文学史的な事情として、スプリーンは一八世紀半ばから一九世紀末にかけ、特にロマン主義者のあいだで流行したことば[*7]」だ。「ロマン主義」とは、辞書によれば「強い感情や想像力や自然への回帰を、理性や秩序や知的なアイデアよりも重要とする、スタイルや運動」である[*18]。

支配階級の人々は、「憂い」を和ませたいと願った。そのような中、「都会の病理を激しくなじる声」があがり、「隠棲を好む空気が蔓延」し、「くつろぎを求める欲望[*8]」がうねった。そして「ひとびとを旅へとむかわせる。それゆえ、たえまない人間の移動がつづき、一八世紀には人間の移動にともなって、ますます多くの物品が流通するようになる。不安に衝迫され、ひとびとの好奇心と冒険心がふくらむ」[*9]。そして「海岸にたいする欲望が浮上して」きたのだと言う。

「憂い」を和ませたい支配階級の人々は、たえまなく「移動」を始め、なぜ、他ではなく、「ビーチ」に向かったのだろうか。

最初に向かった先は「ビーチ」でなく「田園」だったそうだ。しかしコルバンは「あらゆる枠組みから逃れ、いかなる詐術によっても馴致されず、一瞬たりともつけこむ隙を見せない自然、このような自然像を象徴するのは田園などではなく、むしろ大洋である」[*10]と言う。

つまり、人々が他ではなく「ビーチ」に向かったのは、海には、海のみが象徴する自然像があるからだ。ここではその特徴を三つ挙げている。一つめは「あらゆる枠組みから逃れている」こと、二つめは「いかなる欺きにも操られない」こと、三つめは「一瞬たりともつけこむ隙がない」こと。このような「海」が象徴する自然像が、人々を「ビーチ」に向かわせたのだとわかる。

一方で、医者や衛生学者たちは、「憂い」の治療における「ビーチ」の効果を、科学的に検証し始めた。「冷たい海水の効用」や「波遊びや沿岸での保養の処方」[*11]などを明らかにしていった。

さらに「渚を区域に分け、その長所を相互に比較検討」するなど「沿岸地方を対象にした医学地誌」[*12]が発展すると、「あそこの空気を吸えばとりわけ活力増進に効く、そんな噂のたつ海水浴場がいくつか登場」し、「保養客の絶大な人気を博する」[*13]ビーチも現れた。そのような中で、イギリス南部のブライトンのような「世評を駆け抜ける」[*14]「高級海岸」[*15]が現れた。ここは「一八世紀末、英国王太子の夏の滞在地として評判」[*16]になるビーチだ。

「憂い」と「ビーチ」の関係性を科学的に解明する中で出てきた「ビーチ」の評価指標が、人々の「ビーチ」への「移動」の欲求をさらに掻き立てたということだ。


そこに「鉄道」が登場した。

「一八四〇年代初期、鉄道がヨーロッパ全土の波打ちぎわにまで通いはじめ、そこにあたらしい営利装置が配置されると、海水浴場の表情は激変してゆく。[*17]」「浜辺のまとまっていた従来の象徴的イメージがぼやけ」、「流行の座を争いながら」、「ひとつひとつ価値が慌ただしく分配され」ていった。

鉄道の普及により、「ビーチ」の価値が多様化していったことがわかる。


このように、人々がビーチを求めて移動することが、一八世紀ヨーロッパで始まった。

一八世紀ヨーロッパは、産業革命や啓蒙思想の台頭により社会変化が起こり、従来の社会秩序が揺らいだ時だ。そのような中で引き起こされた「憂い」を和ませようと、「都市」に住む支配階級の人々によって、「ビーチ」は再発見されたということだ。

そこに、最初に向かった人々の目的は治療だったが、医学や鉄道の支援により、人々の目的は多様になった。このあとさらに、各地域、各時代で、多様に展開していくことになる。

これら全ての根底には、海が象徴する自然像への憧れや、ビーチが持つ開放感や自由、治癒の力への欲求があると考えられる。このような、近代に出現した、人々が「ビーチ」に向かう精神性を「ビーチイズム」と呼ぶことにする。

そしてその「ビーチイズム」が「肌」というスクリーンに投影されたのが「ガングロ・ルック」になる。

西洋の日焼けの歴史

しかし最初は、「ビーチイズム」と「ガングロ・ルック」は、結びついていなかった。

「ガングロ・ルック」の誕生を明らかにする、二冊の本がある。共に、フランスの歴史学者によるものだ。

一つは、ベルナール・アンドリューによる『Bronzage:Une petite histoire du soleil et de la peau』[*19]（直訳すれば『日焼け：太陽と肌の小さな歴史』）、もう一つは、パスカル・オリーの『L'invention du bronzage』[*40]（直訳すれば、『日焼けの誕生：文化史のエッセイ』）である。

直前に、一般的な日本語訳として「日焼け」と表したが、原書では「ブロンザージュ（bronzage）」である。「青銅」を表す「ブロンズ（bronze）」を元にしており、「ブロンズ色に焼けた肌になること」という意味である。

また本の中では、「ブロンズ色に焼けた肌の色」を表す「ブローンゼ（bronzé）」という言葉も用いられる。「焼けた肌の色」だけを表す言葉である点で、「ガングロ」と共通する。

本の中には、やはり一般的な日本語訳で「日焼け」と表すことになる、「クープドソレイユ（coup de soleil）」という言葉もある。これは「焼けて赤く炎症を起こした肌になること」を表し、「ブロンズ」とは明確に区別されている。

だから「ブロンズ色に焼けた肌の外見」や「ブローンゼの外見」は、本来そう呼ぶべきであるが、本書では、日本の「ガングロ・ルック」の源流にあるものとして、これも「ガングロ・ルック」と呼ぶことにする。

アンドリューは「人間」と「太陽」との関係の変遷に注目し、オリーは「ガングロ・ルック」に対する価値観の変化の過程に注目している。しかし、いずれも、「ガングロ・ルック」の誕生に注目の中心がある。その誕生を、アンドリューは「二〇世紀初期」とし、オリーは「一九二〇年末」としている。

オリーがこれを「転換点[*41]」と呼ぶように、「一八世紀」に「ビーチイズム」が始まったあと、「二〇世紀」に「転換」が起きて、「ガングロ・ルック」が始まった。

「転換」が起こるまで「ガングロ・ルック」がなかったのは、なぜだろうか。

アンドリューは「顔の白さは、表現の順序において美の頂点を成した[*20]」と言い、オリーも「この世界では、色白であること、あるいは率直にいって青白いことさえもプラスであり、さらにそこから逸脱するとマイナスにランクされた[42]」と言う。つまり、「肌の白さ」が外見の評価指標だったことがわかる。

その理由として、オリーは「百合」や「象牙」や「雪」や「真珠[43]」など、美しさの象徴とされてきたものを例に挙げ、外見に限らず、「白さ」が、常に、美しさの評価指標とされてきたことを示す。

また、別の理由として、「エリート層の女性は、その夫（父親、兄弟、恋人）とは対象的に、政治的、経済的、文化的に、自律性の能力のほとんどを奪われている。そのため、青白い美しさを維持することに専念することができる[44]」と言い、「エリート層は、政治的、経済的、文化的に「自分たちのランクを維持」する能力を持っていた[45]」とも言う。「肌の白さ」は、「エリート層」が高い評価を得られるように設計された評価指標だったということだ。

このような理由から「肌の白さ」が評価され、「ガングロ・ルック」は評価されてこなかった。そこに「転換」が起きて、「ガングロ・ルック」が評価されるようになっていく。アンドリューとオリーの本をもとに、そこには次の四つの段階があったことがわかってきた。

第一段階として、「太陽」の光にあたることが「肯定」されるようになった。それは、一九世紀末から二〇世紀初期にかけて生まれた、新しい「治療法」の影響だ。「ヘリオセラピー」や「太陽療法」と呼ばれる。「太陽」の光が、様々な病気の治療に効果があることが明らかになっていったのだ。

例えば、太陽光に含まれる紫外線が、当時流行していた「結核」の治療に効果があることが明らかになっていった。アンドリューによれば「一八九二年から一九一一年にかけて、この疑問に関連する医学論文が急増[21]」し、とくに一九〇三年にノーベル賞を受賞したニールス・フィンセンの成果は、大きく貢献したとされる。

他にも、太陽光に含まれる紫外線が、「ビタミンD」を生成することも明らかになっていった。「ビタミンD」は、カルシウムやリンの吸収を促進して骨を発達させる。カルシウムやリンの不足によって引き起こされる「くる病」の予防にも、効果があることが明らかになっていった。とくに一九二八年にノーベル賞を受賞したアドルフ・ヴィンダウスの成果は、大きく貢献したとされる。

科学者による「治療法」の解明が進むのと並行して、実業家などによる「治療施設」の建設も増えていった。オリーは「二〇世紀前半は、屋外での治療を目的とした施設のネットワークが全盛期を迎えた[46]」として結核の治療施設の例を挙げる。

さらに、アンドリューはそれ以前の一九世紀の施設の例も挙げながら、「太陽と清浄な空気を求める人は、もはや結核に苦しむ人々に限定されなくなった[22]」とも言う。「治療施設」ではなく「リゾート」と呼ばれる例が増えていく。

こうして、太陽療法の「治療施設」や「リゾート」が建設されていったのが「ビーチ」だった。これにより、人々が「ビーチ」に向かう目的は、「海」に近づくだけでなく、「太陽」に近づくことも加わった。「ビーチイズム」と「太陽」が結びついた。

第二段階として、「太陽」の光にあたることが「肯定」されたことにより、一九二〇年代頃から、新しい「外見」が生まれる。

まずは、「衣服」から完全に「自由」になることを求めた外見が生まれた。「ナチュリスト」や「裸体主義者」と呼ばれる人々による。

アンドリューは、これらの人々の、衣服への考え方をこう説明している。「ナチュリストは、衣服が健康にとって危険だと考えている」とし、具体的には「衣服は肌を圧迫し、呼吸を妨げる。太陽の光線を受けることを阻止することで、肌を蒼白くする。また、肌が寒さや暑さに対する抵抗力を失い、人工的な熱調節装置に取って代わられてしまう」[*23]からだとする。

次に、「従来の衣服」からの「自由」を提案するファッションも現れる。

その先導者として、有名なのは、ココ・シャネルだ。世界的に有名なファッションブランド「シャネル」を創設したファッションデザイナーである。

アンドリューによれば、ココ・シャネルと恋人は、一九一三年の夏、フランス北部のイギリス海峡沿岸のビーチがあるドーヴィルに行き、帽子屋を開く。二年後には、フランス南西部の大西洋沿岸のビーチがあるビアリッツに最初の高級服飾店を設立する。[*24]

アンドリューは、そこで売られていた服の「『ゆったりとした服、短いスカート』という彼女のデザインは、女性の体の解放を目指している」とし、ココ・シャネル自身の言葉を使って「私は女性の体に自由を取り戻した。その体は、装飾服、レース、コルセット、下着、詰め物の中で汗をかいていた」[25]と説明する。

その例として、BBCの記事[52]によれば、ココ・シャネルは「一九一八年にはすでに「ビーチパジャマ」を着始めていた」と言う。「ビーチパジャマ」とは「だぶだぶのパジャマスタイルのズボンとゆったりとしたシャツやノースリーブのトップスと組み合わせる」ような装いのこと。「これらは衝撃的なものと見なされたが、シャネルの影響が大きかったため、一九二〇年代半ばまでに裕福な女性の間で人気が高まった」と言う。

さらに、一九二五年、ココ・シャネルは今度はフランス南部の地中海沿岸のビーチがある「カンヌ」に行く。それはフランスの中でもビーチでとくに有名な「コートダジュール」と呼ばれる地域だ。コートダジュールではココ・シャネルの「ビーチパジャマ」が流行した。そのためコートダジュールは、「英語では「パジャマランド」、フランス語では「パジャマポリス」として広く知られるように」までなったそうだ。そこでは、ココ・シャネルのビーチパジャマだけでなく「遊び半分で、実際に就寝時のパジャマを着てドレッシングガウンを着て屋外で過ごす人」まで現れていたと言う。

そのコートダジュールで、ココ・シャネルが重要な行動を起こす。アンドリューはこう説明する。「スポーツと屋外活動を好む彼女は、そこでウェストミンスター公爵のヨットに乗っている時に、偶然、ブロンズ色に焼けた肌になることを発見した。そして顔を太陽にさらした」[26]。これが「ガングロ・ルック」誕生の瞬間とされることは多い。

しかし、オリーは「ココ・シャネルが、彼女の挑発までシックではなかったものを突然シックにして、ブロンズの流行を始めた歴史的瞬間の日付は、情報源によって異なる」[*47]と、ココ・シャネルが「ガングロ・ルック」を誕生させた説は否定している。

アンドリューによれば、その後の一九三〇年代には、ココ・シャネルは「ユイル・タン」という名前の日焼け用の化粧品を開発して、今度は首都パリの中心にある店で販売した。ただし、アンドリューもオリーも、日焼け用化粧品に関しては、ココ・シャネルと同時代のファッションデザイナーのジャン・パトゥが、「カルデアオイル」という名前で、ココ・シャネルよりも早い一九二七年に発売[*48]していると言う。

いずれにせよ、「エレガントな人々は、その危険性がまだあまり知られていない、太陽とブロンズ色に焼けた肌になることの喜びを発見した。日焼けによる痛みは少しあるが、それは流行のブロンズ色に焼けた肌を得るために支払うべき代償だった」[*27]とアンドリューは述べる。

こうして「ビーチイズム」と「ガングロ・ルック」が結びついた。「ガングロ・ルック」は、「ビーチイズム」が肌というスクリーンに投影されたものである。同時に、「従来の衣服」から解放された「自由」や、「シック」で「エレガント」であることもそこに投影されて、評価されるようになった。「肌の白さ」が評価されていた時代から「転換」が起きたことがわかる。

ちょうどその頃、ビーチへの移動を支援する「鉄道」がさらに発展していた。一八四〇年代初期には鉄道がビーチにまで通ったと前に述べたが、パリからコートダジュールのニースまでは二四時間もかかった。[28]

　そこに一九二二年、フランス北部のイギリス海峡沿岸のビーチのカレーと、パリと、コートダジュールをつなぐ「カレー地中海急行」が開通する。それは、八〇のファーストクラスの個室を備えた寝台車で、寝台車の色にちなんで「ブルートレイン」と呼ばれ、アンドリューは「ビーチを占領する準備ができた、若くて活動的で華やかな顧客層を海岸まで運ぶ[29]」ものになったと言う。

　ここからわかるように、「ガングロ・ルック」が広がったといっても、それはファーストクラスでビーチへ移動することができるような「エリート層」に閉じていたことがわかる。オリーは「ブロンズ色に焼けた肌は、社会的優越の美の特徴として、エリートの象徴として堂々と登場した」と表現している。[49]
「ガングロ・ルック」は肌というスクリーンに「エリート層」であることも投影された。

　第三段階として、一九三六年に新しい「法律」が制定される。それは日本では「バカンス法」などと呼ばれている。

　労働者階級の統一戦線が、総選挙で勝利し、労働者の権利が拡大したことによって定められた。一般の労働者が、一年ごとに原則として連続した二週間のバカンス（有給休暇）をとる権利を得ることが、法律で保障されたのだ。その後、期間は延びていき、現在では最低五週間が保障されるようになっている。

とはいっても、「初めてビーチに立つことができた大勢の大衆は、この旅行をするのに一九三七年の夏まで待った」[*30]とし、「一九三六年八月三日に発売された人気の年次休暇券により、海、山、田舎に行くことができたのは、初年度は五五万人が、一九三七年には九〇万七〇〇〇人だった」とアンドリューは具体的にする。[*31]年次休暇券とは、バカンス用の割引券である。

こうしてバカンスをとる権利を手に入れ、年次休暇券を手に入れたことにより、それまで「エリート層」に閉じていたビーチへの移動が、「大衆層」にも広がったということだ。

その頃にはちょうど、「ガングロ・ルック」になることを支援する「化粧品」の技術が発展していた。それまでエリート層が、流行の「ガングロ・ルック」になるための「代償」として我慢していた日焼けの「痛み」を和らげられるようになる。

それは、フランスの化粧品メーカ「ロレアル」が生産した「アンブルソレール」である。ロレアルの創設者であるウジェーヌ・シュエレール自身、夏はビーチで過ごしていた。[*32]「ブロンズ色に焼けた肌になる前の、痛みを伴う火傷から逃れる」ためのオイルの開発を自ら実験するが実現せず、「ブロンズ色に焼けた肌になることを妨げずに有害な光線をブロックする奇跡の製品を設計する」使命を従業員に与えたところ「一九三五年四月、彼の従業員は保護フィルターを含むオイルを彼に提示した。そして同年六月、アンブルソレールがコートダジュールで販売され、一九三六年にはフランス全土で販売されるようになった」[*33]。

ちょうど、「バカンス法」が導入された年だ。それまでエリート層が我慢してきたような日焼けの「痛み」を、大衆層は我慢せず、流行の「ガングロ・ルック」になれるようになった。

こうして、「ガングロ・ルック」は、「エリート層」から「大衆層」へと広がった。

オリーは、「三つの重要なフランスの女性誌」の「一九一四年から一九四九年」までの各号から、「ガングロ・ルック」になることの議論を抽出して分析している。それによると、「平均よりも物質的な資本を持った読者」の『ヴォーグ』から、「平均よりも文化的な資本を持った読者」の『マリ・クレール』へ、さらに「それよりも裕福かもしれないが、モダンではない読者」の『ル・プティ・エコー・ド・ラ・モード』へと広がっていったことを伝え、「エリート層」から「大衆層」へと広がったことを証明する。[*50]

「大衆層」は、なぜ「ガングロ・ルック」を求めたのだろうか。

かつて「エリート層」に閉じていた時は、「ガングロ・ルック」は「エリート層」の象徴であり、「エリート層」はそれを証明するため「ガングロ・ルック」することがあった。しかし「大衆化」すれば、もう「エリート層」の象徴でもなくなる。

アンドリューは「ブロンズ色に焼けた肌になって戻らないことは、仕事の世界に戻るときにRTTの効果を証明できなくなる[*34]」とし、「レジャーとバカンスの象徴であるブロンズ色に焼けた肌」[35]と言った。ここで「RTT」とは、フランスでは週三五時間労働制が導入されており、それを超える労働時間に対して与えられる休暇時間を表し、「レジャー」は、仕事や義務から解放された自由な時間を楽しむための活動を表す。

つまり「大衆層」の「ガングロ・ルック」は肌というスクリーンに「労働」から解放されて「自由」を得たことも投影された。そこには、フランスでは労働者階級がバカンスの権利を勝ち取ったという経緯も背景にあるだろう。

四つめの段階として、「ガングロ・ルック」の「手本」が示される。

一九四八年、前に述べた、ロレアルの日焼け用化粧品「アンブルソレール」の広告ポスターに「スージー」が登場した。彼女は最初のピンナップガールで、金髪で笑顔が素敵、大きな麦わら帽子を被り、おへそが見える大胆なビキニを着ている。この等身大で正面から撮影された若い女性のイメージは、ビーチの雑貨店や薬局にあふれ、熱狂的なファンによって定期的に引き裂かれた」[36]とアンドリューは言う。

「スージー」とは、一九四七年から一九七〇年までモデル等として活躍したスージー・パーカーのことかどうかは確かめられないが、いずれにせよ、ポスターに表されているのは「ガングロ・ルック」である。

また、一九五六年にフランスで公開、日本でも一九五七年に公開された映画『素直な悪女』でも、主演の「ブリジット・バルドー」は崇高なブロンズに焼けた体を披露した。彼女に

●フランスのロレアル社の日焼け化粧品「アンブルソレール」の広告ポスター。青空を背景にした、ビキニを着たガングロ・ルックは、その後の広告でもよく見られる。（一九四八年）

似せるために、多くの若いフランス人少女が同じギンガムチェックのビキニを購入した」[*37]とアンドリューは言う。

この映画では、ビーチの近くに住むブリジット・バルドー演じる主人公が、自宅の庭に敷いたシートの上で、裸でうつぶせに寝転び、太陽の光で肌を焼いているシーンから始まる。

こうして広告ポスターや映画の「スター」が見せる「ガングロ・ルック」を「手本」に「大衆層」が「ガングロ・ルック」をすることも始まった。

とくに「ビキニ」を着た「ガングロ・ルック」は「手本」になりやすかったのではないか。ツーピースの水着の総称で、一九四六年にルイ・レアールによって発表されたのが最初だという説が知られている。しかし、オリーは、一九三二年にはすでに登場していたと述べている。[*51]アンドリューによれば、ルイ・レアールによる最初のビキニは「『世界で最も小さい水着』の挑発的な広告」で「その販売価格は初心者のタイピストの給料の三分の一に相当した」[*38]とされる。それほど低価格ではなかったようであるものの、布の量が少ない分、ビキニは高価にはなりづらい。だから、若者でも手に入れやすかったと考えられる。

そのようにフランス映画の「スター」が示す「手本」に従って、若者たちが「ガングロ・ルック」にすることが、その後、日本にも移動したのだと考えられる。ブリジット・バルドーが一九五七年に『素直な悪女』で手本を示してから一〇年後、カトリーヌ・ドヌーブが示した手本に従い、Hさんも「ガングロ・ルック」にした。

とくに、Hさんが「ガングロ・ルック」になることに力を注いでいた頃は、フランスの観光業が、バカンスで太陽の光に当たることをテーマとした商品を、積極的に売り出していた時期だった。

アンドリューはそれが、各社のスローガンに表れるとし、例を挙げている。「一九六七年は、次のようなスローガンが登場した時代です。『太陽の下での休暇』(Hotelpla)、『太陽に向かって』(フランス観光)、『海と太陽の休暇』(Club mer et soleil)、『太陽へのパスポート』(Club

●フランス映画『素直な悪女』のブリジット・バルドー。映画は裸でうつぶせに寝転び、太陽の光で肌を焼いているシーンから始まる。(一九五七年)

Méditerranée)、『国境なき太陽』(Club CELT)、『太陽に向かって休暇を過ごす』(Voyages Mixtes)、『太陽の下での新しい生活様式:ジェルバ』(Hôtelplan)、『太陽、観光、考古学』(エールフランスのメキシコ向け)、『太陽はあなたの伴侶』(Club Méditerranée)。[*39]」

そのような中で、映画スターたちが「ガングロ・ルック」で「ビーチでバカンス」を過ごすシーンのイメージが、観光業によって、意図的に広められていたことも考えられる。それが、日本の若者たちの目にまで届いたのかもしれない。

日本のビーチ

日本で「ビーチイズム」が始まるのは、フランスに遅れて、明治時代の一八八〇年代からということだ。小口千明「日本における海水浴の受容と明治期の海水浴」[*53]によれば、日本ではそれまで「海水に身を浸し、あるいは海中で泳ぐという行動に今日のような価値を見出していなかった」。しかし「ビーチ」に向かう人が現れるのには、二つの経緯があったようだ。

一つめの経緯は、「日本の医師」によるものだ。

最初に開設されたビーチの目的は、フランスと同じく「治療」だった。小口は、初期の代表的な例として、当時医師の後藤新平が一八八二年に開設した愛知県「大野」(現・そこでは常滑市)と、陸軍軍医総監の松本順が一八八五年に開設した神奈川県「大磯」を挙げている。

その後は、鉄道会社が「鉄道旅客の増加を意図して」「海水浴場には遊戯施設が併設されるなどして、行楽としての海水浴が普及」する。

「医師」から「企業」へとビーチを開発する主体が移行し、ビーチに向かう人の目的も「治療」から「治療以外」へと多様化していく。この経緯は、フランスのビーチの初期と重なる。

一方で、フランスのビーチの初期とは全く違う経緯もあった。

二つめの経緯は、日本に居留していた「外国人」によるものだ。

大矢悠三子『鉄道の開通と「湘南」イメージの形成』[*54]によれば、「医師」による「治療」のためのビーチの開設が始まったのと同じ一八八三年頃、横浜市金沢区にあった「富岡」のビーチに、「貴顕紳士たち」が集まるようになったと言う。

その背景にあるのは、「富岡」ではそれよりも前から「横浜居留地の外国人によって、医療とは別の海水浴が行われていた」ことがある。外国人居留地とは、江戸時代の幕末に欧米の国と締結した通商条約により、条約を締結した国の人の居住と営業が許された特定の区域のことである。

横浜居留地の外国人が「富岡」を選んだのは、「居留地の外国人は条約の規定により、十里四方の徒歩区域」という「遊歩規定」があり、その範囲に入っていたからと言うことだ。

その頃はちょうど、日本における欧化政策の真っ只中。一八八三年に西洋建築の鹿鳴館が完成し、舞踏会が連日のように開かれていた。いわゆる「鹿鳴館時代」である。

「外国人が優雅に保養をする富岡の地と、保養手段となっている海水浴を、貴顕紳士たちは追随体験しはじめた」とし、「華族や政治家、財界人などの上流階級の人々は夏季休暇に海水浴をするために富岡に殺到」するようになり、「貴顕紳士たちは競って別荘を構えた」と言う。

つまり、外国人居留地の「欧米人」が「富岡」のビーチに集まっていたことにより、それを手本に、日本の「上流階級」も「富岡」のビーチに集まるようになったということだ。

こうして日本の「ビーチイズム」は、日本の「医師」によって導入されたものとは別に、外国人居留地の「欧米人」から日本の「上流階級」にもたらされたものがあったことがわかる。

その後、「富岡の海水浴の賑わいは、近隣の海浜地域にすぐさま影響を与え」た。そこで、富岡から近い、「相模湾沿岸」にも、いくつものビーチが開設された。それがのちに、「湘南」と呼ばれる地域になっていく。

そこに「鉄道」が開通する。一八八七年、それまで新橋駅と横浜駅を結んでいた国鉄（日本国有鉄道、現在のＪＲ）の東海道線が、相模湾沿岸の国府津駅まで延びる。一八八九年には、大船駅と横須賀駅を結ぶ国鉄の横須賀線も開業する。

これにより、それまで横浜駅などから人力車に長く乗らないとたどり着かなかった、「相模湾沿岸」の江の島や大磯や鎌倉のビーチが、短時間で着ける場所になった。逆に、横浜駅から人力車で山越えをしなくてはならなかった「富岡」は、相対的に行きづらい場所になった。

「上流階級」の別荘は「富岡」のビーチから「相模湾沿岸」のビーチへと移動した。皇族の別荘つまり御用邸も、一八九四年に葉山、一八九九年に鎌倉と、「相模湾沿岸」に建設される。「富岡」は「『喪われた海水浴場』へとその姿を変えることに」なり、「相模湾沿岸」がさらに特別な地域になっていった。

そこに「鉄道」が普及する。国鉄は、「相模湾沿岸」への東海道線や横須賀線の本数を増やして、東京から日帰りでも行かれるようにした。この地域を周遊できる割引切符も販売した。これにより、「相模湾沿岸」のビーチには、「上流階級」だけでなく「大衆」も行かれるようになった。

ところで、藤沢市教育委員会『湘南の誕生』によれば、「湘南」とは「土地に由来する地名でない」。その地域を表す、明確な境界線はないようだ。

大矢によれば、その地域を周遊できる一九〇三年の「海浜回遊乗車券」の「行き先に初めて『湘南』という言葉が使用された」。そこでは「逗子、鎌倉、藤沢、茅ヶ崎、平塚、大磯、二の宮、国府津」が湘南の範囲となっている」。

しかし大矢によれば、「『湘南』に、憧れのイメージを付与し、新たな『湘南』へと導いた」ことがあったのはその少し前だ。ベストセラーとなった徳冨蘆花の『自然と人生』に収められた「湘南雑筆」という作品による出版文化からの要因によるところが大きい」と述べている。一九〇〇年に発表された「逗子やそこから見える世界を蘆花の感性で綴った随筆」だ。

また同年にやはりベストセラーになった徳冨蘆花の小説で、元々「國民新聞」で連載されていた『不如帰』も「舞台として逗子が描かれ」ており、「相俟って共通の舞台である逗子にそのイメージを具体化した」と述べている。

ところでフランスで、憧れのイメージが付与されている「コートダジュール」も、詩人で、政治家で、弁護士でもあるステファン・リエジュールが一八八七年に発表した詩集の『コート・ダジュール』によってつけられた名前だ。

一八世紀後半に「ビーチイズム」が始まり、そのあとの一九世紀後半から二〇世紀初めは、産業革命が進み、「印刷技術」も発展した。「ビーチイズム」は鉄道だけでなく「マスメディア」とも相互に発展を促しあったと考えられる。現在にも引き継がれるビーチのイメージは、「湘南」や「コートダジュール」のように、初期のマスメディアによって形成されたものが多いのかもしれない。

このように「鉄道」や「マスメディア」の普及により、ビーチに「上流階級」だけでなく「大衆」も集まるようになっていったことは、日本もフランスと同じだ。違うのは、フランスではさらに「バカンス」法の制定がそれを促進したが、日本にはそれがないことだ。

しかし、フランスと日本では地理環境も異なる。フランスで鉄道の開通当初、「パリ」から「コートダジュール」のニースまで二四時間かかったことを述べた。一方、日本では鉄道の開通当初でも、大矢が引用している当時の日記によれば「東京」の新橋から「湘南」の藤沢まで一時間半程度だった様子がわかる。

海に囲まれた島国である日本は、フランス人が「バカンス法」でやっと手に入れたような「ビーチでバカンスを過ごしている」シーンを、「日帰り」で簡単に再現できる地理環境だったようだ。

洋装とガングロ・ルック

こうして日本でも、明治時代にはすでに「ビーチイズム」が始まっていたが、それと「ガングロ・ルック」は、結びついていなかった。その背景には、日本でもフランス同様、それまで「肌の白さ」が評価され、「ガングロ・ルック」は評価されてこなかったことがある。その理由が、様々な研究分野から、紐解かれている。

高橋雅夫『化粧ものがたり』[*55]は、日本でも、「上流階級の人々」は「働かないで大きな屋敷のなかで生活している」ので「陽に当たることも少ないので肌の色は白く」なるとし、「戸外で働かなくてはならない庶民は、紫外線をあびるので陽焼け色」になったからとする。[*56]

高橋は、日本人が「肌の白さ」を求めることは「禊《みそぎ》から生まれた」とも言う。「禊」とは、

「死を怖れ、病から逃れようと、汚れや穢《けが》れを取り除き、身心を清めるために、水を浴びる」行動で、『古事記』にもすでに記録されているということだ。「肌の白さ」は、そのような「清浄無垢、健康な素肌への憧れ」[*57]だからとする。

村澤博人『美人進化論』[*58]では、日本の中世に描かれた絵巻で、貴族やその周辺の男女の顔の肌を白く、一般の武士や庶民の顔の肌をそうでない色で描いていることに注目し、「肌の白さ」が「上流階級」を表す記号だったのではないかとしている。

蔵琢也『美しさをめぐる進化論』[*59]では、こう述べる。これは日本人に限らないが、皮膚の下に脂肪がつくと肌は白く見える。一般的に、女性は男性よりも、身体につく脂肪の量が多い。それは、女性が妊娠して子供を作り、授乳するのに使う大量のカロリーを、あらかじめ蓄えておく必要があるからだとされている。だから女性の「肌の白さ」は、「妊娠し、丈夫な子が産めるに十分な脂肪を蓄えているか」どうかの評価指標になっているのだとしている。

日本でも「ガングロ・ルック」が評価されるように「転換」が起こるのはいつだろうか。

フランスではすでに「転換」が起こり、バカンス法が制定されて「ガングロ・ルック」が「エリート層」から「大衆層」へと広がる準備が整った一九三六年、日本の新聞でもフランスの「ガングロ・ルック」の状況が報じられていた。

一九三六年七月二四日の朝日新聞朝刊[*60]に「御参考になりませんか　真夏のお化粧法　白粉で健康色を塗り潰すな　ナンとパリでは「煉瓦色」が新流行」という見出し記事がある。ここで「ガングロ・ルック」は「煉瓦色」と呼ばれている。

「ナンと」と言っているくらいだから、日本ではまだ「転換」が起きていないことがわかる。

ただ、私の祖母はちょうどその頃、まだ小学生だったが、ビーチで「ガングロ・ルック」になっていたと話す。祖母は一九三〇年生まれで、今も元気だ。もう戦争が始まっていた一九四三年、祖母は女学校一年生で、母親と友人の親子と四人で湘南の葉山のビーチに行ったのは、とくに印象的だとなつかしむ。その時、祖母の母親は水着にならず、日陰に隠れていたが、祖母は水着を着て、「太陽」の光にあたっていた。

「抵抗はなかった。海に行った嬉しさで、肌を焼いていた。」

一九世紀末から二〇世紀初期にかけて発展した太陽による「治療法」も、一九世紀末にはすでに日本にも入ってきていたから、日本でも「太陽」の光にあたることは「肯定」され、若者は「ガングロ・ルック」になっていたようだ。

その後、一九四五年まで、第二次世界大戦が起こる。戦後、どのように完全なる「転換」が起きたのだろうか。


フランスでは「太陽」の光にあたることが「肯定」されたあと、「従来の衣服」から「自由」になる「ファッション」が提案され、そこから「ガングロ・ルック」を評価することへの「転換」が起こった。同じようなことが、日本でもあったかもしれないと、「ファッション」に焦点を当ててみた。

「ガングロ・ルック」にしていたＨさんに、読んでいたファッション誌などはあったのかと聞いた。

「『装苑』はずっと読んでいた。」

『装苑』とは、一九二三年に設立された日本初の服飾教育学校をもとにする文化服装学院が、一九三六年に創刊した雑誌である。当初は服を「作る」人を対象とした雑誌だった。

しかし工藤雅人『「服飾雑誌」の歴史的成立―一九五〇〜六〇年代の『装苑』の誌面構成と読者の変容に焦点を当てて』[*61]によれば、一九六〇年頃からは「作る」人よりも「センスを磨く」人を、家庭や家事と密接な「婦人」よりも未婚の「若い女性」を対象とした雑誌になっていった。また「五〇年代から六〇年代にかけて発行されていた服飾に焦点化した雑誌のうち発行部数が最も多い」雑誌だ。

その『装苑』の一九六〇年代の号を読み始めると、一九六二年七月号に「三つの魅力・小麦色のはだか」[*62]という特集が現れた。

そこでは、和服と洋服の考え方の違いについて、「肌」に着目している。洋服は、「裸体の美しさを土台」としており、「からだの線を出す」こと、「肌を出すこと」を美しいとする。一方、和服は、「全身を包む」こと、「からだの線を隠す」ことを美しいとする。

「和服的な考え方の人は、肌を出すことがすぐにセックスに結びついてしまう。肌を人前に出すことは、たいへんよくないことだと考える」とし、しかし「小さいときから洋服で育ってきた若い人たちが、洋服的な考え方をするのは当然だ」としている。

そして「夏は若い人の季節です。日に焼けた小麦色の肌を出して、健康な美しさを発揮してください」と勧めている。

ここから、日本では、「和服的考え」に対する「洋服的考え」として、「ガングロ・ルック」が提案されたことがわかる。

フランスでは、「太陽」に当たることが肯定されたあと、「従来の衣服」に対する「自由」の象徴として「ガングロ・ルック」が提案された。「ガングロ・ルック」は「エリート層」の象徴にもなった。バカンス法が制定されたあと、「大衆層」にとっては、「労働」に対する「自由」の象徴にもなった。

それに対し、日本では「和服的考え」に対する「洋服的考え」として、「ガングロ・ルック」が評価されるようになり、「転換」が起きたと考えられる。

日本では、「ビーチイズム」も、「ガングロ・ルック」も、それが始まるきっかけは、「海」や「太陽」に近づくよりも、「欧米人」に近づく目的だったことがわかる。

ガングロ・ルックの幾何学

ビーチでバカンスを過ごしているカトリーヌ・ドヌーブのように、「ガングロ・ルック」に「金色の髪」にしていたHさんに、化粧についても話を聞いた。すると、「ハイライトも入れていた」

と言った。ハイライトとは、主に鼻筋に、ベースの色よりも明るい色をつける方法である。「つけまつげもつけていた。横の長さが合わないと、切って、真ん中だけつけたり」とも言った。

しかし、映画『ひきしお』のビーチで「ガングロ・ルック」のカトリーヌ・ドヌーブの化粧を、映像で見る限り、「ハイライト」や「つけまつげ」をつけているように見えない。

Hさんは、カトリーヌ・ドヌーブを「手本」にしていたが、カトリーヌ・ドヌーブの化粧を「そのまま」再現しようとするのではなく、「ハイライト」や「つけまつげ」をつけるなど「変換」していたことがわかる。それはなぜか。

つけまつげは、日本で最初の商品は、一九四七年に発売された。それを生産したコージー本舗のマーケティング推進課の玉置未来さんに、前著『「盛り」の誕生』[*63]で、その誕生の背景について話を聞いた。

「創業者の小林幸司が戦後、踊り子さんが手作りしているのを見て、「平面的な顔をホリ深く見せるには目元である」と考え、製品化した」[*64]

「つけまつげ」は、日本で、顔を「立体的」に見せるために生まれた商品であることがわかる。

「ハイライト」も、鼻筋などを「立体的」に見せるための方法である。

Hさんが、カトリーヌ・ドヌーブを「手本」にしながらも、その化粧に「変換」を加えたのは、顔を「立体的」に見せたい目的があったと考えられる。

確かに、日本人の顔はフランス人の顔に比べて「平面的」な印象がある。

埴原和郎『日本人の顔』[*65]によれば、それは、日本人には「北東アジア人」の影響があり「寒冷適応の特徴」[*66]を持っているからと言うことだ。

埴原は「人骨の形からみると弥生時代から現在に至るまで、日本人は二つのグループにわけられ」るとする。「縄文人の特徴を比較的多く残すグループ」と「弥生時代以降の渡来系と思われるグループ」[*67]だ。

この後者の起源が「中国北部やモンゴル地方を含む北東アジアという可能性が高い」[*68]とし「先祖代々、世界で稀にみる寒冷の地に住んでいた」[*69]ようだ。ただし、前者と後者の影響関係は、人類学者や考古学者の間でも、意見がわかれているそうだ。[*70]

埴原は、後者の起源にある人々を「北東アジア人」と呼んでいる。寒冷地に住んでいた北東アジア人は「寒冷適応」してきた。最も特徴的なのが「上顎骨」の変化だ。

鼻の周りに広がる「上顎骨」は「鼻や口を通して吸い込んだ空気から有害な細菌やちりを取り去り、温度と湿度を調節したうえで肺に送り込む」[*71]働きをしている部分で、埴原は「一種のエアコンディショナーの役目」[*72]と表現する。

「北東アジア人」は「寒冷適応」のため「きわめて高能率のエアコンディショナーが要求されることになり、そのために上顎骨が大きくなった」[*73]と言う。「上顎骨」が大きくなったことにより、外見はどうなったのだろうか。

上顎骨が「上下・左右に大きくなったばかりか、前の方にも膨らんで」いき「頬の部分のへこみが浅く」なって「顔が平坦に」なったと言う。[*74] いわゆる「頬骨が低い」状態のことだと考えられる。

上顎骨の変化と連動して「上顎骨の横に接する頬骨も横・前方に大きく」[*75] なり「頬骨のかげに鼻の一部が隠れ」て「顔の平坦さが一層強調」[*76] されることも起きたと言う。いわゆる「鼻が低い」状態のことだと考えられる。

こうして、頬骨が低く、鼻が低い、「顔全体が大きく、凹凸が弱いので平べったくみえ」る「北東アジア人の顔つき」ができた[*77]と言うことだ。

また、Hさんが「つけまつげ」をつけていたのには、「立体的」に見せたいだけでなく、「目を大きく」見せたい目的もあったと考えられる。

確かに、日本人はフランス人の顔に比べて「目が小さい」印象もある。このことも「北東アジア人」の「寒冷適応」によって説明できる。

「眼が細いことは、ほとんど液体からできあがっているといってもいい眼球を寒気から保護するため」[*78] と言うことだ。

「北東アジア人」の影響を受ける「日本人」は、元々顔が「平面的」である特徴がある。だから、「フランス人」を手本にするには、「フランス人」との間に元々ある「ずれ」を埋めるために、フランス人の化粧を「そのまま」取り入れるのではなく、「立体的」に見せるための「変換」が必要だったのではないかと考える。

「ガングロ・ルック」もまた、顔を「立体的」に見せる方法の一つだったことが考えられる。それは、身体の筋肉を「立体的」に見せたいボディビルダーが「ガングロ・ルック」にしていることと同じ構造だ。

人が「立体」を知覚する要因の一つに、「明暗のコントラスト」がある。「明るい」色の部分を「立体の凸部」、「暗い」色の部分を「立体の凹部」として知覚することがある。

この原理を利用して、「立体の凸部」を「明るい」色に、「立体の凹部」を「暗い」色にして、「明暗のコントラスト」を強めることにより、「立体」をより「立体的」に見せることができる。「ガングロ・ルック」にすることで、「立体の凹部」を「暗い」色にすることができ、「明暗のコントラスト」を強めることができる。

さらに、肌を黒く焼いた時、肌の表面に「黒光り」と呼ばれる光沢ができることもある。その光沢によって、光をあてると「立体の凸部」がより「明るい」色になり、より「明暗のコントラスト」を強めることもできる。ボディビルダーの場合は、この光沢を、オイルを塗って作る。

このように「ガングロ・ルック」は、顔や身体を「立体的」に見せることができる。だから日本人の「平面的」な顔を「立体的」に見せることもできるのだ。

「ビーチでバカンス」を過ごすフランスの映画スターを手本に、「ガングロ・ルック」をすることには、「ビーチでのバカンス」を「そのまま」再現する目的と、「フランス人」との間に元々あるずれを埋める「変換」をする目的が両立していたのではないか。

白っぽいリップの出現

Hさんに、化粧について話を聞いていたら、新たな「手本」が浮かび上がってきた。
「横浜駅地下街にあった『たしろ』という薬局に、すごくかっこいい資生堂の販売員のお姉さんがいた。肌を真っ黒に焼いて、髪をアップでお団子にしていて。そのお姉さんの顔を、いつもじーっと見ていた。」

鼻筋の「ハイライト」も、「つけまつげ」も、この「資生堂の販売員のお姉さん」が手本だったと言う。

そして、もう一つ、母に最初にHさんの写真を見せてもらった時から気になっていたのが「白っぽいリップ」である。「一九九〇年代後期の渋谷・ガングロ・ルック」の特徴と、共通するからだ。それも、この「資生堂の販売員のお姉さん」が手本だったと言う。
「その方が、リップを肌の色に近い白っぽい色にしていたので、真似をした。肌が真っ黒の時は、リップはゴールドとかベージュを塗った。」

ちょうどその頃の一九六六年の資生堂の有名な広告、夏用ファンデーション「ビューティケイク」の販売促進のキャンペーンのポスターでは、モデルをつとめる女優の前田美波里が「ガングロ・ルック」している。さらに、つけまつげをつけているような「濃いアイメイク」、肌の色に近い「白っぽいリップ」をしている。

青空のビーチを背景に、前田美波里は白いビキニ。このポスターは「街中に貼られると盗まれた」と言われる。[*79]

これは、一九四八年のフランスで、ファンに定期的に引き裂かれたと言われる、ロレアルの「アンブルソレール」のポスターで、青空を背景にビキニを着たスージーというモデルや、一九五六年のフランス映画『素直な悪女』の白いビキニのブリジット・バルドーを思い出させる。しかし、そのようなフランスのスターの「ガングロ・ルック」には、つけまつげをつけているような「濃いアイメイク」と、肌の色に近い「白っぽい色のリップ」はない。

同じ頃、「白っぽいリップ」に「濃いアイメイク」という特徴を持つ「ガングロ・ルック」が、資生堂の広告以外のところにも現れる。

パピリオ化粧品は、今では資生堂よりも耳にしないが、かつては、資生堂と二大巨頭として比較されていた化粧品メーカだ。[*80]

その頃、パピリオ化粧品のモデルをつとめていた杉本エマも「ガングロ・ルック」をし

●資生堂の夏用ファンデーション「ビューティケイク」の広告ポスターの前田美波里。黒く焼けた肌に、白っぽいリップ、濃いアイメイクという特徴は、一九九〇年代後期に現れる特徴と共通する。（一九六六年）

ている。『平凡』一九六八年七月一八日号[*81]では、その頃、資生堂のモデルをつとめていた前田美波里と杉本エマとが「夏の女」と紹介されている。

そのパピリオ化粧品が一九六八年頃に販促に使った、手のひらくらいの大きさのソフビ（ソフトビニール）人形がある。それも「白っぽいリップ」に「濃いアイメイク」の「ガングロ・ルック」である。その上、「脱色した髪」もしており、「一九九〇年代後期の渋谷・ガングロ・ルック」の特徴にさらに近い。

それよりも三〇年も前に、なぜそのような人形があったのか。この人形を作った、おもちゃメーカの株式会社いわい（旧・岩井産業）へ、話を聞きに行った。

この人形ができる少し前、いわいは、「泣き・笑い・怒り」と呼ぶ、表情が異なる、三種の子供の人形のセットを生産したところ、世界的に人気になった。

そこから展開した中に、「ウォーターサリー」という名の「女の子」のシリーズがあり、それがパピリオ化粧品で使われるようになったと考えられる。

ウォーターサリーは、なぜ「ガングロ・ルック」なのか。当時専務で、現会長の岩井英雄さんはこう言った。

「あの頃は、アメリカへの輸出向けが中心だった。アメリカ向けに「肌色」と「ブラウン」の二種類を作っていた。あの頃は、安易に、白人用と黒人用などといってね。二割くらいが「ブラウン」だった。」

確かに、多様なラインナップを見せてもらったが、どれも「白に近い色」と「黒に近い色」と二種類の肌の人形が作られている。ウォーターサリーにも二種類の肌があるうち、パピリオ化粧品が選んだのが「ガングロ・ルック」の方だったということだ。

では、なぜ、ウォーターサリーの「ガングロ・ルック」の方は、「白っぽいリップ」に「濃いアイメイク」に「脱色した髪」をしているのだろう。

ウォーターサリーは、全体のディレクションを現会長の岩井さ

●パピリオ化粧品の販売促進にも使われた、おもちゃメーカいわいのソフビ人形。真っ黒く焼けたような肌に、脱色した髪、白っぽいリップ、濃いアイメイクという特徴は、一九九〇年代後期に現れる特徴と共通する。（一九六八年頃）

んが行い、形の原型は原型師が作ったが、化粧や髪型などの彩色も岩井さんが作ったと言う。

ただし、岩井さんは、リップの色は「ピンク」、髪の色は「金」と呼んでいた。

「自分が好きなものを作っただけ。それが売れなければすぐにやめるけれど、売れたから。ターゲットは明確にあった。女子高生だった。」

そこに意図があったわけではなく、岩井さんの直感から生まれたものだとわかる。

しかし、現会長の岩井さんのご子息で、現社長の岩井英康さんはこう分析する。

「当時から、海外の人との交流が多く、海外に行くことも多かったので、そういう経験が反映されたのではないか。」

当時は、世界で流通する工業製品の多くが、日本で製造されたもの、いわゆる「メイドインジャパン」で占められていた。ソフビ人形はその代表だった。

いわいの商品も世界中に流通していた。だから、アメリカでの販売を担当していたメーカがあるニューヨークや、ヨーロッパで開催される展示会にも行っていた。アメリカの帰りには、ハワイに寄っていた。

海外と日本の両方で多くの人の「外見」を目にし、海外と日本の両方で「売れる」ものを作ろうとする中で生まれたのが、「白っぽいリップ」に「濃いアイメイク」に「脱色した髪」の「ガングロ・ルック」であり、女子高生に「売れた」ようだ。

一九六〇年代後半にはすでに、大量印刷される化粧品の広告ポスターや、大量生産されるおもちゃの人形において、「白っぽいリップ」に「濃いアイメイク」の「ガングロ・ルック」があり、さらには「脱色した髪」ということもあった。

フランスの「ガングロ・ルック」にはない、日本の「ガングロ・ルック」の特徴が現れていた。

ビーチ・コミュニケーション

Hさんは、「ガングロ・ルック」にするために「ビーチ」に行っていたようだったから「ガングロ・ルック」を見せる「ステージ」は「都市」で、「ビーチ」は「バックステージ」かと思っていた。しかし、そうではなかったようだ。

「何より、海には、日焼けした肌が似合うのよ。」

Hさんは、ビーチでは、水着になってシートに寝転び、ずっと肌を焼いていて、海には入らなかったと言っていた。

「髪のカールや、お化粧が取れちゃうから。」

ビーチで見せるための「化粧」や「髪型」があったことがわかる。

また、冒頭の沖縄の写真についてこう言った。

「あの頃は、そういう格好は、そういう場所でしかしなかった。ビーチで着るためだけに買って、鞄に詰めて持って行って、現地で着替えた。」

ビーチでの写真で着ている、肌の見える部分が多いシャツやショートパンツは、ビーチで着るための「服」だったことがわかる。

身体を締めつけるような「従来の衣服」から「自由」になる服としては、ココ・シャネルが提案した「ビーチパジャマ」とも共通する。

Hさんは、「都市」で着るための服は、フクゾーやミハマなど、横浜元町に本店があるブランドで買うことが多かった。しかし「ビーチ」で着るためだけの服は、光学メーカのリコーが一九四五年に設立した水着や婦人服を扱うブランドの三愛で買うことが多かった。「ビーチ」で見せるための「化粧」や「髪型」や「服」があったようだ。「ビーチ」という「ステージ」で、「ガングロ・ルック」は、何を表したのだろうか。

Hさんは、ビーチには、

「女の子グループで行った」

と言った。

「シートで寝転んで肌を焼いていると、男の子のグループによく話しかけられて、そうすると少し話した。監視員のお兄さんは真っ黒で、話しかけたりもした。でも、その場で少し話すだけで、連絡先を交換するようなことはなくて、その場限り。」

Hさんが、知らない「男の子グループ」や「お兄さん」と話すようなことは、他の場所でもあったのかと聞くと、

「ない」

と答えた。「ビーチ」には他の場所にはないコミュニケーションがあったとわかる。

アメリカの人類学者ロバート・B・エジャートン『ビーチの社会学』[*82]では、ビーチには、ビーチ独自の社会秩序があることが述べられている。

この研究は、アメリカのカリフォルニアにあるビーチのフィールド調査に基づいている。ビーチの名称は伏せられているのだが、そこにはいくつものエリアがあり、それぞれ集まる人々の性質が違う。そのうちの一つ、一人で訪れる女性が多いエリアを対象にした調査があった。

そこで観察された「決まった行動パターン」[*83]は、次のようなものだと言う。

一人で訪れる女性は、ビーチの近くに車を止め、足早にビーチに向かい、シート[*84]を敷くと、羽織っていた洋服を脱いで、水着になり、オイルを塗って、うつぶせに寝転ぶ。そして、水着の線が残らないように背中のひもをほどいて、本を読んだり、眠ったりする。それをずっと見ている男性もいて、寝転がっている女性に近づいて話しかける場合がある。

エジャートンは、このような状況において、女性は、コミュニケーションしたい相手であれば受け入れるが[*85]、したくない相手だったら、「拒否してもよい」という規範が、ビーチでのコミュニケーションにはあるのだと分析している。

それを「私有地」[*86]というモデルで説明している。ビーチに「シート」を敷くと、そこは一時的にその人の「私有地」になるとし、「私有地」に無断で踏み込んでくる人は、「拒否してもよい」のだと。

カリフォルニアのビーチでの観察を分析して導かれたエジャートンのモデルを、日本のビーチにおけるHさんの話に応用すると、別の規範が浮かび上がる。

Hさんは、ビーチにシートを敷いて寝転んでいると、「男の子のグループ」から話しかけられることがあり、それに対応したが、ビーチ以外の場所では、そのようなことはなかったと言った。

ここで、「男の子のグループ」がHさんたちに話しかけたということから、ビーチでのコミュニケーションにおいては、「話しかけてもよい」という規範があったことが考えられる。

私は、二〇二三年の夏にロサンゼルスに住む若者たちに、コミュニケーションに関するインタビュー調査をした。そこからわかったのは、ロサンゼルスでは、見知らぬ人同士が日常的に話しかけ合うことである。それに対し日本では、見知らぬ人同士が日常的に話し合うことはない。

だから、エジャートンが導いたビーチ独自のコミュニケーションの規範は、「日常のコミュニケーション」と相対的に、ロサンゼルスでは「拒否してもよい」ことを表すが、日本では「話しかけてもよい」ことを表すのではないか。つまり、ビーチに「シート」を敷くと、そこは一時的にその人の「私有地」になり、「私有地」に無断で踏み込んでくる人は「拒否してもよい」からこそ、日本では、踏み込もうとしてもよい。すなわち「話しかけてもよい」

ということにもなるのではないか。

そこで私の母の話も思い出した。母も夏は必ずビーチに行っていたと言い、中学生や高校生の頃は、親しい友人の家族の別荘があった湘南の茅ヶ崎に、大学生になると、伊豆半島の白浜や、東京の伊豆諸島の新島まで行ったということだ。

新島へは船で行った。東京の竹芝客船ターミナルから約八時間半かかったと考えられる。ビーチのために、ずいぶん遠くまで出かけたものだと驚いた。

「一度見失うと会えなくなるくらい、若者がたくさん集まっていた。」

母が大学二年生の時だというので、一九七一年のことだ。その頃、新島は若者たちが多く集まるビーチだったようだ。

新島について調べていると、古い資料からはそのような様子はうかがえない。江戸時代は流刑地[*87]だった[*88]。一九六〇年代に入ってからは、自衛隊のミサイル試射場の設置をめぐって取り沙汰されていた。

しかし一九六一年の週刊新潮には「新島の観光計画―日本のディズニーランド・ブーム―」という記事が現れる[*89]。自衛隊のミサイル試射場設置のために整備される交通インフラを観光産業にも活かすことを、東京と伊豆諸島などを結ぶ航路を運航する東海汽船が計画しているという内容だ。

そしてちょうど母が行った頃の一九七一年八月二日の朝日新聞朝刊には「ロックとサーフ

イン」「レジャー天国に生まれ変わる」というタイトルで新島が紹介されている。[*90]

「島のサーフビーチ・羽伏浦には、色とりどりのサーフボードをかついだ若者が、連日のようにあふれる」「朝十時ごろ、羽伏浦への都道は若者行列が続く。海岸は、ビーチパラソルと派手な水着姿に占拠され、前浜海岸はロック・フェスティバルまで出現して、深夜まで若者の群れがエレキのリズムで踊り狂う」とある。

「民宿には、色々な学校の人たち、男の子も女の子もいたので、みんなで遊んだ。東京の人ばかりだった。そこで「また遊ぼう」などと約束するけれど、結局会わない。」

やはり、ビーチでのコミュニケーションにおいては、学校や男女の枠組みを超えて「話しかけてもよい」という規範があり、それは他の場所にはなかったことが考えられる。

そこにいたのは「東京の人ばかり」だったという。他にはないビーチ独自のコミュニケーションを求めて、東京の若者たちが、新島のビーチへと、約八時間半かけて移動していたようだ。


ところで、エジャートンのモデルをもとに、さらに考えたい。

モデルのもとになった観察内容で、ビーチに一人で訪れた女性は、ビーチに「シート」を敷いたあと、「オイルを塗って、うつぶせに寝転んで、水着の線が残らないように背中のひもをほどいている」。つまり日に焼けて「ガングロ・ルック」をしているはずだ。

それをずっと見ている男性の目に映っているのは、ビーチに敷いた「シート」もあるが、

「ガングロ・ルック」もある。だから、一時的にその人の「私有地」を形成させているのは、ビーチに敷いた「シート」だけではなく、「ガングロ・ルック」もあるという考え方もできる。つまり、ビーチでのコミュニケーションにおいて、話しかけてくる人を「拒否してもよい」からこそ、「話しかけてもよい」という規範を形成しているのは、ビーチに敷いた「シート」だけではなく「ガングロ・ルック」であるという考え方もできる。

もしそうだとすれば、このビーチ独自のコミュニケーションの規範は、シートを敷けるような「ビーチ」だけでなく、シートを敷けないような「都市」にも移動させられるということになる。

本書では、ビーチで行われているような、それぞれの人が一時的に「私有地」を形成し、そこに踏み込んで話しかけてくる人を「拒否してもよい」からこそ、日本の場合には、そこに踏み込んで「話しかけてもよい」という規範のあるコミュニケーションを、「ビーチ・コミュニケーション」と呼ぶことにする。

第二節　カリフォルニア・ガングロ・ルック

アメリカ人になりたい

一九六〇年代後期から一九七〇年代初期の日本には、すでに「ガングロ・ルック」の若者たちが多くいたことがわかった。その中には、「フランス」の映画スターを手本に、「ビーチ・バカンス」のシーンに影響を受けた「ガングロ・ルック」をする若者たちがいたことがわかった。

一方で、同時期、アメリカの映画やテレビのスターを手本に、「カリフォルニアのビーチ」のシーンに影響を受けた「ガングロ・ルック」をする若者たちもいた。

ポーセリンペインティングの作家で、私の母がレッスンを受けている、東海林則子さんは、Hさんや母よりも一学年下で一九五三年生まれ。その頃、「渋谷」から南東に五キロメートルくらいのところにある、「白金」に住んでいた。

今もその近くのご自宅に併設するスタジオに、母のレッスンが終わる頃、訪ねさせてもらった。

則子さんもやはり、

「真っ黒に焼いていた。焼ける薬を塗って。みんな焼いていた。」

と言った。小さい頃から、夏になると、家族で「湘南」のビーチへ行っていた。よく行ったのは湘南の中でも「逗子」。海に行った時は、いつも肌を焼いていたと言う。

則子さんが、「ガングロ・ルック」にしていた理由に、私は心当たりがあった。則子さんはいつお会いしても、フランスのファッションブランド「シャネル」の洋服を着ているように見える。シャネルを作ったココ・シャネルは、「ガングロ・ルック」を誕生させたという説もある人物だ。則子さんも、当時、ビーチでのバカンスが流行していたフランスの「ガングロ・ルック」を手本にしていたのではないかと推測したが、そうではなかった。

「私はなんでアメリカ人に生まれて来なかったの？なんて変なことを、いつも母に聞いていたみたい。」

則子さんが影響を受けていたのは、「フランス」でなく「アメリカ」だった。なぜ、則子さんは、アメリカ人のようになることを求めて、「ガングロ・ルック」にしていたのだろうか。

最初にアメリカの影響を受けたのは、

「アメリカのドラマだと思う。私は六人兄弟の末っ子で、お兄ちゃんお姉ちゃんたちと一緒に、小さい頃から、『パパは何でも知っている』とか『うちのママは世界一』とか、色々見

●アメリカのテレビドラマ『奥さまは魔女』。主人公サマンサの装いが、若者たちに手本を示した。サマンサは意外と肌が黒く焼けている。写真は『Bewitched:Complete First Season』DVDジャケット。（一九六四年）

ていた。」

日本のテレビは一九五三年にＮＨＫから開局し、次々と増えていく。一九五六年にテレビの普及を危惧した映画界がテレビへの映画の提供を拒否したため、日本のテレビにアメリカのテレビドラマが一斉に流れ始めた。[*1]

安田常雄『大衆文化のなかのアメリカ像』によれば、その「ピークは、一九六一年というのが定説」で、「同年一〇月の夜、一週間に六〇本のテレビ映画が放送されていた」[*2]。『パパは何でも知っている』や『うちのママは世界一』もその頃に放送されていた。[*3]

しかし則子さんが最も影響を受けたのは、その少しあとの作品だ。

「『奥さまは魔女』。中学生か高校生の時に見た。サマンサの持っているものが全部かわいくて。サマンサの服装こそ、私の理想。サマンサの持っているものが全部欲しかった。」

『奥さまは魔女』は一九六六年二月一日から一九六八年九月三日までＴＢＳ系列で放送していた。

安田は、アメリカのテレビドラマは「一九五六年にスタートし一九六一年にピークをむかえ、一九六八年には沈滞していった」とし、『奥さまは魔女』は「ブームの最後を飾る作品」と言っている。

サマンサというのは主人公で、魔女であるが、人間と結婚する。母親の魔女にもどかしく思われながらも、家庭円満になるような目的にしか魔法を使わない。

『奥さまは魔女』を改めて見ると、サマンサは意外と「ガングロ・ルック」である。

則子さんは、サマンサのような服を着たかったが、日本では売ってなかった。

「父が囲碁をやっていて、福生の米軍基地に住むアメリカ人の方に教えに行っていた。そこに置いてあったシアーズのカタログに、サマンサのような服があって、父について行って、注文させてもらっていた。」

「福生」とは、東京都の西側、渋谷からは西に三七キロ離れたところにある街。そこには戦後、米空軍の「横田基地」がある。戦後、日本は、連合国軍（主として米軍）の占領下になった。日本軍のものだった土地や施設は接収されて、連合国軍のものになった。一九五二年のサンフランシスコ講和条約の発効により日本は独立したが、同時に日米安全保障条約の発効により、その後も米軍は「在日米軍」として日本に駐留することになる。そのような中で、横田基地は、今も残る在日米軍基地である。基地内には在日米軍住宅もある。

「シアーズ」とは、シアーズ・ローバックのことで、一八九三年にアメリカで創業した、通信販売会社である。

国土の広いアメリカではそれまで、サービスが行き届いていない地域があった。しかしその頃アメリカでは、鉄道網がほぼ完成に近づき、一八九六年には農家に郵便物を直接配達するために、農村地域向け無料郵便配達制度が開始する。それを活かし、様々な商品を、低価格に、広い地域まで提供することを実現したのがシアーズである。

その後、二〇世紀に入って自動車が普及すると、地方から都市部へのアクセスが容易になることを見通して、都市部に百貨店も開業し、店舗数を拡大する。

通信販売のための「シアーズのカタログ」は、一九世紀の印刷技術の発展を活かし、『スミソニアンマガジン』によれば「一〇〇〇ページを優に超えるまでに成長」して「ビッグ・ブック」と呼ばれるほどになったもので、「工具、ハードウェア、アパレル、電化製品、家具、スポーツ用品、自動車用品、農機具、エンターテイメントセンターを含む一〇万点以上の品目を販売」していた。[*4]

それが、則子さんが行った、福生の米軍基地に住むアメリカ人の家にも置いてあった。

「テロテロの化学繊維で、決して質は良くない。日本だと二〇〇〇円くらいするものが、三〇〇〇~四〇〇〇円で買えた。でも、デザインがかわいくて、鮮やかで、当時の日本にはないようなものがあった。」

その後一九七三年に、日本の西武百貨店[*5]がシアーズと「カタログ販売の提携[*6]」をし、日本からも「シアーズ」の商品を直接買えるようになったと考えられるが、その頃はまだ買えなかった。

サマンサが持っていたバッグも欲しかった。

「ルイ・ヴィトンのバケツバッグ。サマンサが持ったことで、その頃、アメリカですごく流行っていた。当時のルイ・ヴィトンは今よりも安くて、バケツバッグはアメリカで二万円くらいで買えた。学校の先輩の叔母さんが、アメリカと行き来する仕事をしていたので、頼んで、買ってきてもらった。」

「ルイ・ヴィトン」とは、一九世紀フランスで旅行用のトランクのメーカとして始まったファッションブランド。日本で初めての店舗は一九七八年に初めてできるので[*7]、その頃はまだ日本で商品を直接買えなかった。

他に好きだったのが、

「歌手のナンシー・シナトラやアン・マーグレットが着てた服。いかにもアメリカという感じ。」

ナンシー・シナトラは一九四〇年生まれ。アン・マーグレットは一九四一年生まれ。二人とも、一九六一年からアメリカで、歌手や、映画俳優として活動する。

則子さんは、一九六五年に日本テレビで放送していた「エド・サリヴァン・ショー」を始め、日本で放送されていた、アメリカのバラエティ番組をよく見ていた。ナンシー・シナトラやアン・マーグレットも、そういう番組の中で見ていた記憶があると言う。

当時の雑誌記事[*8]や出演映画やレコードジャケットを見ると、やはり意外と「ガングロ・ルック」である。ナンシー・シナトラはとくにそうだ。

則子さんは、ナンシー・シナトラやアン・マーグレットが着ているような服が欲しい時は、「うちの家族がいつも洋服を仕立ててもらっていた方に、仕立ててもらった。」

当時は仕立てることが、今よりずっと身近だった。

木下明浩『アパレル産業のマーケティング史』によれば、婦人スーツは、一九六四年の時点で、「既製服」を買うのが二六・二パーセント、「イージーオーダー」が一一・一パーセント、「注文仕立て」が四〇・七パーセントとある。[*9]「イージーオーダー」とは、デザインはすでにあるものの中から選び、サイズは身体寸法に合わせる販売方法である。

則子さんがここで言っているのは「注文仕立て」で、それ自体は一般的だったことがわかる。

「一〇歳上の姉が絵を描くのがうまかった。欲しい服を姉に説明して、描いてもらった。鉛筆なめなめ、必死だった。」

高校卒業後の則子さんは、欲しい服を自分で仕立てられるように、服飾の専門学校へ進むことになる。

則子さんは、高校生頃になると、アメリカ人のような装いの中でも、

「Tシャツに、鮮やかな色かデニムの膝上セミタイトスカートに、アメリカ製の靴。カバーガールのデッキシューズかボストニアンのコインシューズ」

という装いに決まっていった。そのためのアイテムを買いに行く先は、

「アメ横。アメリカの本物があった。他では買えないようなもの。ものすごく高いけど。例えば靴。同じような形が、銀座のワシントン靴店で買えば一五〇〇〇円くらいのところ、アメ横だと五五〇〇円くらいした。」

アメ横とは、渋谷からは北東に一〇キロの「上野」にある商店街。元をたどれば、戦後の闇市である。

長田昭『アメ横の戦後史』[*10]によれば、一九四五年の「終戦が告げられた日の夜から」物々交換が行われ、当初は「米、麦、野菜、アメ、まんじゅう、繊維品、石鹸、ゴム製品、煙草」などが並べられ、中でもよく売られていたのが「芋アメ」だったから、「アメ横」と呼ばれるようになった。

一九四八年頃から、「パンパン（売春婦）」が「ＧＩから金銭の代わりに渡された品物を、彼女たちがアメ横に持ってきて現金に換えた」ところ、「品物は店先に置くとすぐに売れ」たため、アメ横の人々は「ツテを探ってＧＩと直接つながりをつけ」て「ＰＸなどからの横流し品も入ってくる」[*11]ようになった。「ＧＩ」とは、アメリカ兵士[*14]、「ＰＸ」とは、米軍基地内にある食料品や衣料品などを販売する店舗[*15]を表す。

こうして「アメヤ横丁」が「アメリカ横丁」に転換されていったということだ[*12]。

さらに著者の長田自身、一九五七年には「輸入品業への本格的な参入」[*13]をしたと言うことなので、そういう店が増え、発展していく中で、則子さんの言うように、「アメリカ人のよ

うになりたい」若者が求めるような、「他では買えない」「アメリカの本物」が手に入る場所になっていったようだ。

「奥に、アメリカの本物の靴や鞄や服を買える、小さなお店がいっぱいあった。実際にアメリカで買ってきたものだと思う。店主の趣味のものを集めた、セレクトショップ。お店の人は、あまり感じ良くなくて、『お金がないなら帰りな』という感じ。」

それでも則子さんは、そこでしか買えない「ものすごく高い」品々が欲しかった。

「当時はビルの清掃のアルバイトが、単発でできて、時給が高くて、学生にとってはよかった。高い服を買うために、一生懸命、ビルの清掃もした。」


則子さんは、アメリカの映画やテレビのスターの外見を手本に装うために、アメリカに出張する人や、米軍基地に住むアメリカ人を頼ったり、見よう見まねで仕立てたり、アメ横で購入したり、労力を惜しまず、様々な創意工夫をしていたことがわかる。

ビーチパーティ映画

則子さんが手本にしていた、アメリカの映画やドラマのスターたちは、なぜ、皆、「ガングロ・ルック」をしていたのだろう。

中でも、とくに「ガングロ・ルック」に見えるのが、ナンシー・シナトラだ。

ナンシー・シナトラは、歌手で映画俳優のフランク・シナトラの子供としても知られるが、一九六六年発売の楽曲『These Boots are Made for Walkin'』（邦題は『にくい貴方』）が、楽曲の人気チャートである「ビルボードホット一〇〇」で一位となったことで、アメリカのみならず、世界的なスターになる。

『These Boots Are Made for Walkin'』のプロモーションビデオでナンシー・シナトラは、ミニスカートに、細いヒールの「ブーツ」を合わせ、「ガングロ・ルック」をしている。さらに、「白っぽいリップ」に、大きなつけまつげの「濃いアイメイク」、「脱色したような髪」をしていて、その特徴は「一九九〇年代後期の渋谷・ガングロ・ルック」と共通する。なぜ、「ガングロ・ルック」をしているのだろうか。

ナンシー・シナトラは、『These Boots Are Made for Walkin'』がヒットする前から、映画にも出演していた。その一作目も、四作目も、ビーチやプールが舞台の映画だ。

●アメリカの歌手で俳優でもあるナンシー・シナトラは、いつも黒く焼けた肌に、脱色したような髪、濃いアイメイクをしていた。日本のディスコに通う若者たちにも外見の手本を示した。写真は『These Boots Are Made for Walkin』のレコードジャケット。（一九六六年）

一作目は、アメリカでも日本でも一九六四年に公開された『踊れ！サーフィン』、四作目はアメリカでも日本でも一九六六年に公開された『ヘブンリービキニ』。いずれも、ナンシー・シナトラは「ガングロ・ルック」でビキニを着ている。ナンシー・シナトラだけではない。これらの映画に登場しているのは、「ガングロ・ルック」で水着を着た若者ばかり。そして踊っている。

これはアメリカで当時流行していた「ビーチパーティ映画」と呼ばれるジャンルの作品の一つだ。

「ビーチパーティ映画」の原点は、一九五九年にアメリカで公開された『ギジェット（Gidget）』といわれる。

舞台はカリフォルニアのビーチ。軍隊から戻ったが社会になじめず、ビーチで過ごす青年が建てた小屋を拠点に、サーファーの男の子たちが集まっているところに、主人公の女の子が現れる。サーフィンに興味を持ち、親にねだってサーフボードを買ってもらう約束を取りつける。サーフィンの上達を求めて、サーファーの男の子たちの集団になじもうとする中で起こる、ひと夏の物語だ。

『ギジェット』は、すでに一九五七年に刊行された原作の小説がベストセラーになったため、メジャースタジオのコロンビア・ピクチャーズが映画化した。映画も成功し、次々と続編が作られ、テレビドラマのシリーズにもなる。

『ギジェット』の大きな成功を受けて、多くの映画会社がサーフィンをテーマにした映画を作るようになる。

その代表が、独立系映画製作会社のＡＩＰ（アメリカン・インターナショナル・ピクチャーズ）による映画『ビーチパーティ』だ。アメリカで一九六三年に公開、日本で一九六四年に公開された。

舞台はやはりカリフォルニアのビーチ。カップルが車でビーチへ行き、互いが相手を嫉妬させようと、ビーチで出会った他の異性と交流する。それがこじれて、色々な事件が起こるが、最後は一件落着するという話だ。

「ガングロ・ルック」にビキニでシートに寝そべる若者と、「ガングロ・ルック」に海水パンツでサーフィンをする若者が、大勢登場する。他に、地元のバイカーの集団、ビーチのレストランのウェイトレス、ビーチの若者たちの行動を研究するため、独自の装置を使ってデータ収集している学者が登場して、事件に絡む。その中の至るところで、若者たちが、主にサーフロックに合わせてダンスをするシーンが挟まれる。

『ビーチパーティ』の成功により、ＡＩＰは『ビーチパーティ』の続編を次々と作る。

続編も、主要キャストは基本的に変わらない。主役のカップルをつとめる俳優のアネット・ファニセロとフランキー・アヴァロンは、このシリーズの象徴的な存在になる。

また、カリフォルニアのビーチを舞台とし、カップルの恋愛の物語をベースに、「ガングロ・ルック」にビキニでシートに寝そべる若者と、「ガングロ・ルック」に海水パンツでサーフィンをする若者が、大勢登場し、至るところに、若者たちが主にサーフロックに合わせてダンスをするシーンが挟まれるという特徴も変わらない。

ＡＩＰのみならず、他の会社も、『ビーチパーティ』と同じような特徴を持つ映画を続々と作るようになる。ナンシー・シナトラが出演した一作目の『踊れ！サーフィン』も、その一つだ。

次第に、必ずしも「サーフィン」をせず「ビーチバレー」になったり、舞台は「ビーチ」ではなく「スキー場」になったり、ダンスするのは「ビーチパーティ」ではなく「パジャマパーティ」になったりと、多様な展開をするようになる。ナンシー・シナトラが出演した二作目、アメリカでも日本でも一九六五年に公開された『クレイジー・ジャンボリー』もその一つで、舞台はスキー場だ。

それでも、『ビーチパーティ』のような、カップルの恋愛の物語をベースに、若者が大勢登場し、その若者たちがロックンロールに合わせてダンスをするシーンが、至るところに挟まれる特徴は引き継がれ、それらは全て「ビーチパーティ映画」と呼ばれる。

このように、「ビーチパーティ映画」の原点の『ギジェット』は、若者たちの「ビーチ」での活動を詳細に描写し、「サーフィン」と「親子関係」にも重点が置かれ、「ダンス」シーンは含まれてなかった。しかし、その後の「ビーチパーティ映画」は、「ビーチ」で「サーフィン」をするとは限らず、「若者だけ」で集まり、「ダンス」シーンが際立つように進化していった。

しかし、「サーフィン」や「ビーチ」から離れたとしても、これら「ビーチパーティ映画」に登場する若者たちは、皆、「ガングロ・ルック」をしている。

ティーン・ピクス

「ビーチパーティ映画」、とくに『ビーチパーティ』以降の作品は、それほど特別な物語があるわけではない。

そして、俳優がサーフィンをするシーンは、いかにも俳優と海を別に撮影して合成したとわかるようなものだ。低予算で製作したことがうかがえる。

そのような「ビーチパーティ映画」がなぜ成功したのか。すでに議論がなされていた。

背景の一つめに、その頃、アメリカでは「テレビ」の普及が「拡大」し、「映画館」の入場者が、「縮小」していたことがある。一九五四年にテレビの世帯普及率が五〇%を超える。一方、米国国勢調査局が公表する映画館の週間入場者数は、一九四六年は九〇〇〇万人だったのが、一九五〇年には六〇〇〇万人、一九六〇年には四〇〇〇万人と、半分以下である。

二つめに、「映画館」の入場者の数が「減少」する一方で、自動車の普及などにより「ドライブインシアター」の数が「増加」していたことがある。

アメリカの学者ランドール・クラーク（Randall Clark）の『At a Theater or Drive-in Near You: The History, Culture, and Politics of the American Exploitation Film』[*16]（直訳すると『近くの劇場またはドライブインで：アメリカエクスプロイテーション映画の歴史、文化、政治』）によれば、「一九四一年までに、アメリカのドライブインシアターの数は一〇〇未満だったが、一九四七年には四〇〇、一九四八年に五〇〇に増え、一九五〇年までに二二〇〇」に増えた。

三つめに、ベビーブームによる「若者」の増加がある。アメリカでは、一九四六年から一九六四年までの一九年間に、七六〇〇万人近く出生したと推定される。それは一九四五年の人口に比べて五〇パーセント以上増加していることになる。[*19]

クラークは「一九五〇年代初期にドライブインを誰が利用していたのかを正確に特定することは困難」としながらも、「ドライブインの観客の大半は常にティーンエイジャーの若者たち」だったという関係者の証言も紹介している。

四つめに、「メジャースタジオ」の支配力が弱まる一方で、「独立系映画製作会社」が発展していたことがある。一九四八年に下されたパラマウント同意判決により、それまでメジャースタジオが行っていた、映画の制作、配給、劇場の所有の独占が違法になったことによる。

そのような中で、「独立系映画製作会社」が製作する「エクスプロイテーション映画」が発展した。「エクスプロイテーション映画」とは、「短期間で利益を生み出すことを目的とした映画の一種で、多くの場合安価に製作される」[*17]ものである。クラークは「独立系映画製作会社によって安価に制作され、スタジオの管理が反映されない」ものとし、「ハリウッドのメインストリームの作品が避ける可能性がある、少数の排他的な視聴者をターゲットとしている」ものと説明している。

また、ハリウッドの「メジャースタジオはドライブインシアターで映画をかけることに消極的だった」一方で、「エクスプロイテーション映画」を制作する独立系映画製作会社は、ドライブインシアターでの上映に積極的だった。そして、「ドライブインシアター」も「エクスプロイテーション映画」の上映に積極的であった。

そういう中で、「エクスプロイテーション映画」を製作する「独立系映画製作会社」が作ったのが、「ティーンエイジャー向けの映画」だった。その代表的な独立系映画製作会社が「AIP」、代表的な作品が「ビーチパーティ映画」だった。

ティーンエイジャーを対象に「短期間で利益を生み出すことを目的」とした時、「ガングロ・ルック」にビキニの若者と、「ガングロ・ルック」でサーフィンをする若者が、サーフロックに合わせてダンスをする映画になったのだ。

アメリカの学者トーマス・ドハーティ（Thomas Doherty）の『Teenagers and Teenpics：Juvenilization of American Movies』[*18]（直訳すると『ティーンエイジャーとティーンピクス：アメ

リカ映画の少年化』）によれば、そのような「ティーンエイジャー向けの映画」を作ることは、一九五〇年代以降のアメリカ映画全体の傾向でもあると言う。

その背景には前に述べた通り、「ベビーブーム」による、若者人口の増加がある。また、第二次世界大戦後の「好景気」や、「自動車」の普及により、若者が自由に「移動」し、「消費」をするようになったことがある。

それにより、「アメリカ映画は、大衆でも、大人でもなく、ティーンエイジャーの嗜好を反映したものになった」とドハーティはいう。そして、そのようなティーンエイジャーを対象にした映画を「ティーンピクス」と呼んでいる。

アメリカのサーフィンブーム

「ビーチパーティ映画」のテーマとなった「サーフィン」の歴史を遡ると、「ポリネシア」においては、「ビーチイズム」が起こるよりもずっと前からあった。古代ポリネシアンの人々の間で、西暦四〇〇年頃から行われていたとされる。一八世紀にイギリスのジェームズ・クックが、ヨーロッパ人として初めてポリネシアとハワイの島々に接触した時、サーフィンをする人を目撃したという記録がある。しかし、それらの島に渡った宣教師が布教の妨げになると考え、サーフィンを禁じたことから広がっていなかった。

近代になって、「ハワイ」から「カリフォルニア」に移動し、カリフォルニアの「ビーチイズム」の主たる要素になっていく。

一八九八年にアメリカはハワイを併合。両国の交流が深まる中、一九〇七年にはアメリカの作家のジャック・ロンドンがハワイを訪れ、サーフィンに関するエッセイを雑誌に掲載する。同じ頃にハワイの水泳選手でありサーファーのジョージ・フリースやデューク・カハナモクが、カリフォルニアでサーフィンのデモンストレーションを行う。

それでも当初はサーフィンをする人は、限られていたようだ。


トーマス・リサンティ（Thomas Lisanti）の『Hollywood Surf and Beach Movies : The First Wave, 1959 - 1969』[*20]（直訳すると『ハリウッドのサーフ映画とビーチ映画：最初の波、一九五九〜一九六九年』）によれば、一九五〇年代の初期はまだ、サーフィンをテーマにした映画といえば、サーファーが他のサーファーに見せるために制作するドキュメンタリー、いわゆる「サーフムービー」[*21]。

アメリカで最初の商用「サーフムービー」は、一九五三年にサーファーのバッド・ブラウンが制作し、一九五三年に公開された映画『ハワイアン・サーフィン・ムービー』といわれる。

初期のサーフムービーには他に、サーファーのジョン・セバーソンの作品などがある。[*22] ジョン・セバーソンは「ビートジェネレーションに影響を受けた初期サーフアートの父」[*28]とも呼ばれる。「ビートジェネレーション」とは、「一九五〇年代から一九六〇年代初期、社会における多くの人々の生き方を否定し、モダンジャズを好み、自由に自分を表現することを求めた若者のグループ」[*29]である。

この頃のサーフィンは「ボヘミアニズム」との関係が強いともいわれる。[*30]「ボヘミアン」とは、「一般的な社会規範に従わず、自由で非公式な生活様式を好む人々、多くの場合、芸術に携わる人」[*31]を表す。

リサンティによれば、これらのサーフムービーは無音声で、生ナレーションつきで、学校の講堂などで上映されていた。[*23]

サーフィンをテーマとした映画で、一般向けに制作されたものの最初が、前述の一九五九年の『ギジェット』だといわれる。

リサンティによれば「ギジェットの成功により、米国内のサーファーの数は約二〇〇〇人から数十万人に増加したと推定」[*24]される。

小説の発表の時点で大きな反響があり、映画は小説の舞台と同じカリフォルニアのビーチのマリブで撮影したかったが、「新たなサーファーの流入で溢れかえったため、撮影は約三二キロ北に移された」[*25]ほどだ。

その後、前述の一九六三年の『ビーチパーティ』を始め、サーフィンをテーマにした「ビーチパーティ映画」が次々と作られる。

時を同じくして、サーフロックを演奏する、ザ・ベンチャーズやディック・デイルなどが人気を集め、それに続き、ザ・ビーチ・ボーイズなどが人気を集める。いずれも、エレキギターなどで編成されるバンド。日本では当時それを「エレキバンド」と呼んだ。

「ビーチパーティ映画」のパーティのシーンにはサーフロックが流れ、そこに人気のサーフロックのミュージシャンが出演して、演奏することもある。サーフロックの人気も相まって、「ビーチパーティ映画」はさらに人気を高めた。

この時期はアメリカで「サーフィンブーム」とされる。

しかし、リサンティによれば、「本物のサーファー」は「ビーチパーティ映画」の流行に否定的だった。それに対し、「これらの映画に中傷されていると感じ」て、「ダサい（lame）と考えていた」ようだ。

「小さなカルトだったはずのサーフィンが、サーフィン大会が開かれたり、サーファーにスポンサーがつくなどして、商業化され、一〇〇万ドル規模の産業になってしまったことに激怒していた」[*26]とも言う。

しかし次第に、この流行を楽しんでいた若者たちさえも、この流行から離れていく。その理由を、リサンティはこのように説明する。

「ビーチパーティ映画は、善良な子供たちが世間のことを気にせず、サーフィン、ダンス、ロックンロール、ロマンスなどの親のいないライフスタイルを楽しむ、気楽な環境を作り出したが、それは社会とは無縁」で「当時のほとんどのティーンエイジャーが抱いた無邪気な理想」だった。

六〇年代後半、人種差別に対する公民権運動や、ベトナム戦争に対する反戦運動が進むと、「世界の問題の中では時代遅れ」[*27]になったのだと言う。

ナンシー・シナトラが出演した一九六六年公開の『ヘブンリービキニ』は、「ビーチパーティ映画」を「ホラー」にしたもので、夜の邸宅を舞台に、プールパーティが開かれる。これが「ビーチパーティ映画」の流行を牽引してきたAIPが作る、最後の「ビーチパーティ映画」になる。


それと入れ替わるように、一九六六年は、「ビーチパーティ映画」ではなく長編の「サーフムービー」の『エンドレス・サマー』が公開され、ヒットする。日本では一九六八年に公開される。

二人のサーファーがカリフォルニアを出発し、夏を求めて世界を放浪し、行った先の海でサーフィンをするのを追ったドキュメンタリーである。サーファーにとっての理想は、「夏が終わらないこと」だということがタイトルにも掲げられている。

「ビーチパーティ映画」の流行が去ったあと、サーフィンをテーマにした映画は再び、ボヘミアニズムとの関係を取り戻した様子がうかがえる。ただし撮影時期は、「ビーチパーティ映画」の流行の真っ最中である一九六三年頃のようだ。[*32]

「ビーチパーティ映画」は「一九五九年から一九六六年まで」の短い流行である。そこで映画に登場する若者たちが見せた「ガングロ・ルック」が、日本の若者たちにまで影響を与えたということだろうか。

ロサンゼルスのビーチ

エルサ・デヴィエンヌ（Elsa Devienne）の「Spectacular Bodies: Los Angeles Beach Cultures and the Making of the "California Look"（1900s−1960s）」[*33]（直訳すると「スペクタキュラー・ボディーズ：ロサンゼルスのビーチカルチャーと『カリフォルニア・ルック』の形成（一九〇〇年代〜一九六〇年代）」）は、「ブロンズ色に焼けた肌、脱色した髪、隆起した筋肉」を中心とした「理想の体型」が「カリフォルニアの身体表現」であるとし、それを「カリフォルニア・ルック」と呼んでいる。

そして、その「カリフォルニア・ルック」が「二〇世紀後半のアメリカの視覚イメージの中で重要な位置を獲得」してきたことを明らかにしている。

ロサンゼルスの場合も、フランスの場合と同様、「ブロンズ色に焼けた肌の外見」を、「ガングロ・ルック」と呼ぶことにする。すると「カリフォルニア・ルック」の「ガングロ・ルック」に「脱色した髪」という特徴は、「一九九〇年代後期の渋谷・ガングロ・ルック」の特徴と重なる。だからここでは「カリフォルニア・ルック」を、日本の「ガングロ・ルック」の源流にあるものとして、「カリフォルニア・ガングロ・ルック」と呼び変えさせてもらう。

それが「二〇世紀後半」のアメリカの視覚イメージの中で重要な位置を獲得したということは、アメリカ映画に「ガングロ・ルック」が映し出されたのは、「ビーチパーティ映画」が流行していた「一九五九年から一九六六年」だけではないということになる。

まずは「カリフォルニア・ガングロ・ルック」とは何か、それが、なぜ「二〇世紀後半」のアメリカの視覚イメージの中で重要な位置を獲得することになったのか、デヴィエンヌの論文から探ってみたい。

背景にあるのは大きく二つ。カリフォルニアに元々あった「ビーチ」と、そこにやってきた映画産業すなわち「ハリウッド映画」ということだ。

カリフォルニアの「ビーチイズム」も、フランス同様、最初の目的は「治療」で、次第に「行楽」へと広がっていった。しかしフランスにはない特徴があった。

カリフォルニアのビーチの特徴の一つめに、最初から「大衆」が集まったことがある。

フランスのビーチは、二〇世紀初期、コートダジュールが象徴するように、「上流階級」だった。しかし、ロサンゼルスを含む南カリフォルニアでは、デヴィエンヌによれば「二〇世紀初期、浮浪者から映画スターに至るまで、あらゆる階層のアンジェレノスが海岸にやってきて、日光浴したり、水遊びしたりするだけでなく、社交したり、浮気したり、運動したり、パレードしたりしていた」とある。「アンジェレノス」というのは「ロサンゼルス人」を指すようだ。

その背景には、まず「都市とビーチが近い」ことがある。その上、都市とビーチをつなぐ「公共交通機関」があったこともある。具体的には「地域を縦横につなぐ電気トラムのネットワークが広がっていた」。鉄道が開通しても、パリとコートダジュールは二四時間かかったと前に述べたが、それとは全く違う。また、ビーチに市所有の「公用地」が広がっていたこともある。

それにより「通勤する大衆がダウンタウンのオフィスから帰宅したあと、海辺でリフレッシュする」ようなことができるのが、カリフォルニアのビーチの特徴になった。

カリフォルニアのビーチの特徴の二つめに、ビーチでの余暇のすごし方として、「快楽的で美的な運動」が重視されたことがある。

「運動」を重視することは、デヴィエンヌによれば、ヨーロッパや東海岸にもあったが、例えばフランスのビーチでは「次世代の兵士の育成を目的」とするものだったという。それに対してカリフォルニアのビーチには「快楽的で美的な目的」があったという。

元々「運動競技の特徴と、伝統的な地域のお祝いの形式を組み合わせた、南カリフォルニアの伝統であるビーチパーティ」があったことに由来するとある。「ビーチパーティ」とは、

「ビーチパーティ映画」で見られるような、若者たちだけの集団で行うものではなく、もっと伝統的で一般的なもののようだ。デヴィエンヌが例に挙げているのは、一九〇〇年代初期の「毎年恒例のカトリック同窓会」で、老若男女が集まるものだ。

つまりカリフォルニアでは、古くから、「ガングロ・ルック」は、「ビーチイズム」が肌というスクリーンに投影されたものであると同時に、「快楽的で美的な運動」をしていることもそこに投影されて、評価されていた。具体的には「ブロンズ色に焼けた肌、脱色した髪、隆起した筋肉」を特徴とする外見だ。それが、カリフォルニアのローカルな外見の基準、「カリフォルニア・ガングロ・ルック」だった。

ここで、なぜ「脱色した髪」という特徴もあるかというと、「太陽の光」と「海水」によって髪は脱色するからだ。

「太陽の光」によって肌が黒く焼ける構造は、前に述べた。太陽の光に含まれる紫外線は、人間の皮膚内の細胞に損傷を与える性質がある。そこで、皮膚内の細胞を守るために紫外線を吸収する性質がある「メラニン色素」が増える。それにより「肌が黒く見える」ようになる。

一方、髪は生えたあと、生きた細胞でなく死んだ細胞の集合体になる。「メラニン色素」を生成する能力はないので、紫外線を吸収した「メラニン色素」は分解されて減る。それにより「髪が黒く見えない」ようになっていく。

また、「塩水」が髪につくと、髪の表面の水分が減少、つまり乾燥する。表面が乾燥すると、紫外線が内部に届きやすくなり、「メラニン色素」の分解を進めることになる。それにより「髪が黒く見えない」ことが、さらに進む。

「黒く焼けた肌」と「脱色した髪」は、ビーチで起こる、表裏一体の外見の化学反応なのだ。

スターになれるかもしれない

そのカリフォルニアに映画産業がきた。「ハリウッド映画」の誕生である。

デヴィエンヌは「広大で、冬の間は人がいないことも多い南カリフォルニアのビーチは、初期ハリウッド映画の人気の撮影場所」になったとし、とくに「カリフォルニアのドタバタ劇の重要なシーンであるカーチェイスを撮影するのに理想的な場所」になったと言う。

これにより、ロサンゼルスのビーチに元々いた「ガングロ・ルック」の大衆と、「ハリウッド映画」とが連携する仕組みが生まれた。

デヴィエンヌは、その象徴的な例を二つ挙げている。一つめは戦前の「ベイジング・ビューティーズ」、二つめは戦後のあの「ビーチパーティ映画」である。

「ベイジング・ビューティーズ」とは、映画の中で「水着を着た若く美しい女性たちがはしゃいでいる」風景を作るエキストラの集団のことだ。

初期ハリウッド映画を代表するプロデューサーであり、監督であり、俳優であり、脚本家でもあるマック・セネットが、一九一五年の映画に初めて登場させる。するとそれが人気を集め、他の映画スタジオも、似たような集団を作るようになった。

マック・セネットは、喜劇でよく見る「パイ投げ」のシーンなど、その後の映画に引き継がれる様々な手法を生み出した人物だが、「ベイジング・ビューティーズ」はその一つといえる。

マック・セネットは、「ハリウッド映画」に出演させる「ベイジング・ビューティーズ」をロサンゼルスのビーチにあるローカルな「ビーチ美人コンテスト」にも出場させた。

デヴィエンヌによれば、マック・セネットは、「一九一七年に（ロサンゼルスの）ベニスビーチで開催されたベイジングパレード」というビーチコンテストに、「彼の一座のベイジング・ビューティーズを出場」させ、「一位、二位、三位を獲得」させた。「セネット自身もこうしたイベントの審査員をつとめる」ことがあった。

すると、その後、「毎年恒例のベニスビーチのベイジングパレードには、すべてのスタジオが、『自分たちのところの最もきれいな女の子たち』を出場させる」ようになったと言う。

それにより、一般の出場者にとっては、ベニスビーチのビーチ美人コンテストが、「ハリウッドのスクリーンテスト」のようなものになり、「多くの人が映画への足がかりになることを期待して出場」するものになった。

デヴィエンヌによれば、ロサンゼルスでは、元々、ローカルなビーチ美人コンテストを撮影した映像が、翌週にはローカルな映画館で上映されるようなことがあった。一九二五年の事例を挙げて、「出場者は少なくともその日は銀幕のスターに変わった」と言っている。「ローカル」な美人コンテストから、「ローカル」なスターになれる仕組みは、元々あった。それが「ハリウッド映画」と連携したのだ。

「In the future, everyone will be world-famous for 15 minutes」（直訳すると「将来、誰もが一五分間世界的に有名になるだろう」）という言葉を思い出す。通説では、現代美術家のアンディ・ウォーホルが言ったとされる言葉だが、アンディ・ウォーホルが生まれる一九二八年よりも前に、もうその基礎ができていたのだとわかる。

時代は下って、「ビーチパーティ映画」も、「ハリウッド映画」のエキストラを、「ロサンゼルスのビーチ」にいる若者から採用した。

前に述べたとおり、「ビーチパーティ映画」には、「ガングロ・ルック」にビキニ姿でシートに寝そべる若者と、「ガングロ・ルック」に海水パンツでサーフィンをする若者が、大勢登場していた。デヴィエンヌは、「ビーチパーティ映画」において、「設定も映画の成功の不可欠な側面だったが、映画の魅力は映画が見せた美しい身体」だとし、ＡＩＰのプロデューサーもそれを認めていたと言う。

そして、そのような体は「スタジオでは製造できない」とし、それを作る「唯一の方法は、ビーチで暮らすことだ」と、ＡＩＰの監督の声を引用する。だから「ほとんどの映画のエキストラをマリブのビーチで採用した」ということだ。

この仕組みは、エキストラの採用にとどまらなかった様子もうかがえる。

前掲のリサンティの本では、サーファーから俳優に転向し、『ギジェット』シリーズなどに出演したドン・エドモンズや、マリブのサーファーでありながら、ＡＩＰの映画に多く出演した俳優でもあるエド・ガーナーなどに言及している。

デヴィエンヌは、サーファーであり俳優であったメアリー・ルー・マクギニス・ドラミーの発言に注目している。選手権でチャンピオンになったこともあるサーファーでありながら、ビーチパーティ映画のエキストラやスタントマンもつとめ、その後、長編サーフムービーでは主演もつとめたようだ。マクギニス・ドラミーは、サーフィンが「モデルや女優としてのキャリアにつながることを認めていた」と言う。

このように、「ベイジング・ビューティーズ」や「ビーチパーティ映画」は、「ロサンゼルスのビーチ」にいる大衆の若者を、「ハリウッド映画」に「採用」する仕組みを作った。それによってできた状態を、デヴィエンヌはこう表現した。

「ベイジング・ビューティーズ」を例に挙げ、「ニューヨークやシカゴの映画ファンが、銀幕の中の生き物として、日常生活とは関係のない抽象的なアイコンとして、ベイジング・ビューティーズを賞賛したのとは対照的に、アンジェレノスは映画と現実の両方でベイジング・ビューティーズに出会うことができた」とし、「二〇世紀初期のロサンゼルスでは、ビーチに行くことは魅力的な出来事だった。それは、スターに出会う可能性、あるいはスターになる可能性を意味していた。しかし同時に、身体は常にカメラに向けた準備ができていなければならないとも定められた」とする。

つまりロサンゼルスのビーチは、常にハリウッド映画の「カメラが向けられ」るようになり、「バーチャル（映画）とリアル（現実）が融合」した「スターに出会えるかもしれない」ステージ、さらにはそこにいる大衆の若者が「スターになれるかもしれない」ステージになったのだ。

外見の大量生産

こうして、ロサンゼルスのビーチにハリウッド映画のカメラが向けられるようになったことが、アメリカさらには世界中の大衆の若者の「外見」に影響を与える。そこには大きく二段階がある。

第一段階として、「ロサンゼルスのビーチ」の「外見」に影響を与えた。

デヴィエンスは「ハリウッドの美しさの基準はすぐに、地元の女性（および男性）のビーチでの体型を判断するための究極の基準になった」と言う。

なぜ、「ハリウッド映画」のスターの外見の基準が、「ロサンゼルスのビーチ」の大衆の外見の基準になったのか。それは、「ロサンゼルスのビーチ」で「ハリウッド映画」の外見の基準に従っていれば、大衆が「スターになれるかもしれない」ようになったからだ。それによりスターになりたい大衆が、「ロサンゼルスのビーチ」で「ハリウッド映画」の外見の基準に従うようになったからだ。

その結果、「戦後のロサンゼルスのビーチは屋外工場に姿を変え、見物人、そして最終的にはテレビや映画の観客が即座に消費できるように現代的な身体を形作った」とデヴィエンヌは言う。つまり、ハリウッド映画やテレビなどの「マスメディア」のスターが示す「モデル」に従う外見が、ロサンゼルスのビーチで「大量生産」されるようになった。

しかし、そのテレビや映画などの「マスメディア」のスターが示す「モデル」は、元はといえばロサンゼルスのビーチの「ローカル」な大衆の外見の基準だ。「ローカル」な大衆が、「マスメディア」のスターに採用されたのだから。

つまり、ロサンゼルスのビーチの「ローカル」な基準が、「マスメディア」が示す「モデル」になって、それが再び「ローカル」な基準になって、それに従った外見が「大量生産」される「サイクル」が生まれた。

ただし「マスメディア」が示す「モデル」になる前の「ローカル」の基準と、そうなったあとの「ローカル」の基準は異なる。前に、「ロサンゼルスのビーチ」に元々いた本物のサーファーが、「ビーチパーティ映画」に描かれたサーファーを「ダサい」としたことを述べたが、それは「マスメディア」が示す「モデル」になったことで、「ローカル」な基準に

「変換」が起きたことを示す。

だから、ドキュメンタリー映画『エンドレス・サマー』の主人公のように、本物のサーファーが「ロサンゼルスのビーチ」から逃げ出して、世界のビーチを放浪するようなことになったのだと考えられる。

第二段階として、「世界中」の「外見」にも影響を与えた。

デヴィエンヌは、「ビーチパーティ映画」を例に挙げて、こう言っている。「サーフィンにインスピレーションを得た広告や映画は、全米やその他の地域のティーンエイジャーに、ブロンド色の肌のヒーローの外見を真似させるようになった。陸地に住んでいるティーンエイジャーたちが、ビーチパーティ映画に映し出されるカリフォルニアのライフスタイルを体験できなかったとしても、少なくとも美容製品、ダイエット、運動方法などにより、似たような見た目を実現しようとすることはできる。」

広告や映画などの「マスメディア」のスターが示す「モデル」に従う外見は、全米やその他の地域でも「大量生産」されるようになったということだ。それは、美容製品、ダイエット、運動方法など、「モデル」に従って外見を再現するための「材料」や「道具」や「方法」が手に入る限り起こり得る。ハリウッド映画の場合は世界で公開されるので、「グローバル」で起こりうることになる。

これにより、ロサンゼルスのビーチの「ローカル」の基準が、「マスメディア」が示す

「モデル」になり、それが「グローバル」の基準になって、それに従った外見が「大量生産」される「サイクル」も生まれた。

前に、一九五〇年代に、映画館の入場者数が減る中、独立系映画製作会社がドライブインシアターに集まるティーンエイジャー向けに「短期間で利益を生み出すことを目的」に作ったのが「ビーチパーティ映画」だったと述べた。

ドライブインシアターが増えたのはアメリカ全土だ。「マスメディア」が「モデル」を示せば、それに従う外見が「グローバル」に「大量生産」されることを、見通していたのではないか。だから独立系映画製作会社は、「モデル」をわかりやすく示す「ビーチパーティ映画」を作ったのではないか。

こうして、ロサンゼルスのビーチにハリウッド映画のカメラが向けられたことにより、元々ロサンゼルスのビーチの「ローカル」な基準だった「カリフォルニア・ガングロ・ルック」が、「マスメディア」が示す「モデル」になった。そして「カリフォルニア・ガングロ・ルック」の「モデル」に従った外見の大量生産が、「ローカル」と「グローバル」の二つのサイクルで起こった。

それを、デヴィエンヌは「カリフォルニア・ガングロ・ルック」が「二〇世紀後半のアメリカの視覚イメージの中で重要な位置を獲得」したと表現したのだと考える。

則子さんが手本にした、アメリカの映画やドラマのスターたちが、皆、「ガングロ・ルック」をしていたのは、「カリフォルニア・ガングロ・ルック」の「モデル」に従っていたからではないか。それを手本にした則子さんも「カリフォルニア・ガングロ・ルック」の「モデル」に従っていたということになる。

第三節　東京・ガングロ・ルック

東京のディスコ

アメリカの映画やテレビが示す「カリフォルニア・ガングロ・ルック」の「モデル」に従って外見を再現することを、東京の若者たちも行った。

しかし、「ビーチイズム」を肌というスクリーンに投影した「ガングロ・ルック」で東京の若者たちが向かった先は、「ビーチ」ではなかった。

東京で「カリフォルニア・ガングロ・ルック」は独自の発展をしていくことになる。

則子さんは、夏は、家族で湘南の「ビーチ」へよく行っていたと言っていた。しかし、日常的に行っていた先は、そこではなかった。

「ディスコ。ディスコに行っていないと、もう、落ち着かなくて。」

とくによく行ったのが、

「渋谷のVAN、それから青山のパルスビート。青山のパルスビートが一番好きだった。そここには、芸能人もよく来ていた。」

　これらの店では、週末の一定時間は、学生に開放していたので、そこには学生だけで行くこともできた。則子さんの場合は、お兄さんと一緒の時は、他にも様々なディスコへ行った。

「赤坂のムゲンやビブロス。横浜のレッドシューズなど。」

　ディスコとは、「録音されたポピュラー音楽で踊るクラブやパーティーやイベント[*1]」のこと。則子さんが、ディスコに行き始めたのは高校になった一九六八年頃からのようだ。その頃ちょうど、東京にディスコが増え始めた。「ジュークボックス」が音楽を再生するディスコと、「ＤＪ」が音楽を再生するディスコが混在していた。「録音された音楽」ではなく「ミュージシャン」が演奏する音楽で踊る店も多かった。

　それらはまとめて「踊り場[*18]」と呼ばれたり、総じて「ディスコ」と呼ぶこともあったようだ。ここでも、ポピュラー音楽で踊る場を総じて「ディスコ」と呼ぶことにする。

　アメリカ映画やテレビのスターを手本に「カリフォルニア・ガングロ・ルック」にしていた東京の若者たちが集まっていたのは、「ビーチ」ではなく「ディスコ」だったのだろうか。


　則子さんは、なぜ「ディスコ」に夢中だったのか。

「新しいステップを覚えることに必死だった。」

　新しいステップを覚えるための手本にしていたことの一つめはこれだった。

「青山のパルスビートは芸能人が多かった。スクールメイツの子たちがいつも来ていて、すごくダンスがうまかった。とくに鶴間エリちゃん。後ろについて、見て、盗んだ。」

「鶴間エリ」は一九六八年から、歌手としてレコードも出している。そのレコードジャケットの写真を見る限り、「ガングロ・ルック」に見える。

「スクールメイツ」とは、芸能プロダクションの渡辺プロダクションが設立した東京音楽学院の生徒の中の選抜メンバーで構成されたグループ。多くのテレビの音楽番組で、歌手のバックダンサーをつとめていたことで知られる。鶴間エリは、一九五二年生まれ。則子さんと同じ歳だ。ディスコの新しいステップを見せる、同世代の手本だったことがわかる。

ステップを覚えるために手本にしていたことのもう一つがこれだった。

「土曜日のお昼にテレビでやっていた『ビートポップス』。藤村俊二がステップを見せて。一緒に踊っていた小山ルミとか杉本エマとかが、すごくかわいくて。」

「小山ルミ」は一九六八年から、「杉本エマ」は一九七〇年から、歌手としてレコードも出している。それらのレコードジャケットの写真を見る限り、やはり「ガングロ・ルック」に見える。

それだけではない。髪は茶色、細い眉に、濃いアイメイクに、白っぽいリップをしている。「一九九〇年代後期の渋谷・ガングロ・ルック」に近い。

杉本エマは、パピリオ化粧品のイメージキャラクターをつとめており、資生堂のイメージキャラクターの前田美波里と並び、「夏の女」と雑誌記事で称されていたことは前に述べた。小山ルミは、『近代映画』一九六八年一〇月号の小山ルミの特集で「カラっとした明るい性格と小麦色の肌は、真夏の太陽の申し子のよう…」と描写されている。[*3] これらの雑誌記事からも、二人が、実際に「ガングロ・ルック」だったことが推測できる。

『ビートポップス』とは、一九六六年から一九七〇年までフジテレビで放送されていた、洋楽のヒットチャートを紹介する音楽番組。『ビートポップス』の映像記録を、私は見ることができなかったが、フジテレビ元社長の金光修の著書『東京ビートポップス』[*2]によれば、「ディスコ風のスタジオセット」で、「スタジオ全体を巨大な踊り場空間としたダンス番組でもあった」とある。

その中で、俳優であり、振付師であり、ダンサーでもある藤村俊二の「振り付けのコーナー」があった。「スタジオ中の全員が並んで同じ動きでステップを踏んだり手拍子をする」

●東京のディスコに通う若者たちが見ていたテレビ番組『ビートポップス』に出演していた小山ルミと杉本エマ。黒く焼けた肌に、濃いアイメイクをしていた。写真は小山ルミ『あなたに負けたの』(上)と杉本エマ『アイ・アイ・アイ』のレコードジャケット(一九七〇年)

という内容だったそうだ。その中に、小山ルミや杉本エマもいた。

小山ルミは一九五二年生まれ、杉本エマは、一九五〇年生まれ。則子さんや私の母と同世代である。ディスコの新しいステップを覚えたい若者たちを、代表する存在だったのではないか。

ディスコに通う東京の若者たちの手本や代表的存在だった日本のテレビのスターが「ガングロ・ルック」だった。それは、ディスコに通う東京の若者たちが「ガングロ・ルック」だったことを示すのではないか。なぜ「ディスコ」で「ガングロ・ルック」にしたのだろうか。

それを探るために、「ガングロ・ルック」の鶴間エリや小山ルミや杉本エマがしていたダンスの内容を調べた。

そこでつかんだ糸口が、一九六九年一一月一日の読売新聞朝刊の記事だ。[*4] そこでは「ビートポップス」の「振付コーナー」を担当する藤村俊二について取り上げられていた。「フジの〝ビート〟(『ビートポップス』)では〝日本唯一のゴーゴーダンス振り付け師〟というキャッチ・フレーズまでついた変わり種の躍り手」と紹介している。

「ガングロ・ルック」の小山ルミや杉本エマが、「ビートポップス」で踊っていたダンスは「ゴーゴーダンス」だったということではないか。なぜ「ゴーゴーダンス」で「ガングロ・ルック」にしたのだろうか。

ゴーゴーダンス

「ゴーゴーダンス」とは何か。

「ゴーゴーダンス」は、ロサンゼルスにある「ウィスキー・ア・ゴーゴー」で誕生したものといわれている。二〇〇六年には「ロックンロールの殿堂」[*5]にも選ばれた、現存するライブハウスである。ロサンゼルス・タイムズ紙でも、そこを「ゴーゴーダンスが誕生した場所」としている。[*6]

しかし「ウィスキー・ア・ゴーゴー」の元をたどればフランスだ。コートダジュールを含むカンヌの「夜の教皇」などとも呼ばれるポール・パチーニ[*7]が手掛けた店だ。一号店は、一九四七年にフランスのパリに開店、二号店は一九五六年にコートダジュールに開店した。この二号店は最初から「DJ」がいる「ディスコ」として、世界初だという説もある。[*8]

そのようなフランスの「ウィスキー・ア・ゴーゴー」から着想を得て、一九六四年にロサンゼルスに開店したのが、現存する「ウィスキー・ア・ゴーゴー」だ。[*9]

コートダジュールからロサンゼルスへと、「ビーチ」のあるところを「移動」してきたというのも興味深い。

grunge.comによれば、ロサンゼルスの「ウィスキー・ア・ゴーゴー」では「ミュージシャンが演奏」するステージとダンスフロアがあり、空間が限られていることから、ダンスフロアの上に「DJ」ブースが設置された。そこでDJとして雇った「若い女の子」が「自分が紡ぐ音楽に合わせて踊る」ことを始めた。それを見た経営者が、さらに二つのダンス用のブースを設置して、「多くのダンサーを雇ってそこを占拠させた」。それが「ゴーゴーダンサー」の始まりということだ。[*10]

「ウィスキー・ア・ゴーゴー」のホームページによれば、「すぐに、ゴーゴーダンサーのコスチュームが登場」し、それは「短いフリンジのスカートと高い白いブーツ」だったという。そのブーツが「ゴーゴーブーツ」と呼ばれるようになる。[*11]

「ウィスキー・ア・ゴーゴー」の成功により、「ゴーゴーダンス」を踊る店が増えた。後の一九六六年一二月二二日の朝日新聞夕刊では、「ウィスキー・ア・ゴーゴー」のある「ハリウッド地区だけでもこんな店は四〇軒ほどもある[*12]」と伝えている。

この「ゴーゴーダンス」のシーンが日本に「移動」してきた。

ロサンゼルスにウィスキー・ア・ゴーゴーが開店した翌年の一九六五年八月一四日の朝日新聞夕刊[*13]では、「ゴーゴーダンス」のことが、取り上げられている。「銀座四丁目にある「モンキー・ア・ゴーゴー」で踊る若者たち」とキャプションのついた写真が掲載されており、すでに日本にゴーゴーダンスを踊る店ができていたことがわかる。

「モンキー・ア・ゴーゴー」の詳細は明らかにできなかったが、『三島由紀夫と戦後[*14]』にある作家の三島由紀夫のエッセイに、「こう見えて、モンキーアゴーゴーという店ができたとき、興奮のあまり、一週間ぶっつづけにかよったおぼえのある私」という文があるので、文豪をも引きつけた店であるようだ。

一九六五年一二月には、渋谷から南に一キロの恵比寿の駅前に「ゆき・ア・ゴーゴー」が開店する。ここは「ジュークボックス」が音楽を再生する店で、日本のディスコの起源については諸説あるが、『平凡パンチ』一九六五年一二月六日号[*15]では、ここが「日本で初めて」の「ディスコティック」と紹介している。

この店を開いたのは、中川三郎。戦前の一九三〇年代にアメリカに渡ってダンスを学び、タップダンサーをしていた人物である。戦後直後は、四人の子供たちと「トゥルーパーズ」という一座を組んで、米軍基地などで公演をしていたが、次第に、ダンススタジオやディスコや劇場を経営し、海外の最新のダンスを次々と紹介し、日本におけるダンスの普及につとめた。「ゆき・ア・ゴーゴー」はそのうちの一つ。中川三郎の子供で「トゥルーパーズ」の一員であった中川ゆきが経営した店だ。

『中川三郎ダンスの軌跡』[*16]によれば、「ゆき・ア・ゴーゴー」の「ホールの大きさは約一五六平方メートルというからかなり広い。すみにジュークボックスが一台置いてあるのみ」だったようだ。ただし、そのジュークボックスは高性能だったようで、今ではゲーム会社として有名なセガが販売していた「ディスコスティック」という名の「ミュージックボックスをステレオに強化したハイファイ再生装置」[*17]だ。『平凡パンチ』によれば、そこに「毎週五枚新しいレコードが、フランスやアメリカからとどく[*15]」ようになっていた。

一九六八年五月には、渋谷から東に三・六キロの赤坂に則子さんも行っていたという「ムゲン」が開店する。

『70'Sディスコ伝説』[*18]では、これを「日本初の本格的ディスコ」としている。「ステージ・バックの高い所ではゴーゴーガール」が踊っていたとある。「ゴーゴーガール」とは「ゴーゴーダンサー」と同じ意味だと考えられる。衛星放送のWOWOWのテレビ番組『東京ディスコ伝説・Since一九六八』[*19]では、ムゲンに行ったことがある人の証言が語られる。

ステージでは、世界の「ビルボードのヒットチャートをにぎわしていたトップアーティストのライブを頻繁に行って」おり、ステージでの演奏が終わると「円盤型のDJブースが上からぐーっと降りてきた」。さらにこの番組では、当時のムゲンの光景を再現する企画があるが、それを見ると、ゴーゴーダンサーの装いは、ミニスカートに、膝近くまであるブーツ。「ミュージシャンが演奏」するステージと、それと異なる高さの所に「DJ」や「ゴーゴーダンサー」がいるブースがあり、ゴーゴーダンサーの衣装も、ロサンゼルスの「ウィスキー・ア・ゴーゴー」の特徴と一致する。ロサンゼルスの「ゴーゴーダンス」のシーンを、厳密に再現していたのではないかと想像する。

「ムゲン」を手掛けたのは、様々な商業施設等のプロデューサーである浜野安宏だ。『東京ディスコ伝説・Since一九六八』によれば、その時、浜野安宏は、「ヨーロッパ、アメリカを周遊して帰国したばかり」だった。

ここからわかるのは、東京で最初の「ディスコ」のシーンは、「ゴーゴーダンス」と共に、渡米経験のある人たちによってロサンゼルスから「移動」してきたということだ。だから「ディスコ」に通う東京の若者たちの「外見」も、ロサンゼルスを手本に「カリフォルニア・

ガングロ・ルック」になったのではないか。

しかし「ガングロ・ルック」は「ビーチイズム」を肌というスクリーンに投影したものである。それなのになぜ東京の若者たちは「ビーチ」でなく「ディスコ」でそれにしたのだろうか。


ちょうどその頃の一九六七年にアメリカで公開された『MONDO MOD』というドキュメンタリー映画がある。当時台頭していた「二五歳以下の男女」を「モッズ世代」と呼び、ロサンゼルスに住むその若者たちの実態を追ったものだ。

それによると、ロサンゼルスの若者たちが、昼にいるのは「ビーチ」、夜にいるのは「ディスコ」。具体的に「ウィスキー・ア・ゴーゴー」が映る。

「昼」の「ビーチ」と「夜」の「ディスコ」が、ロサンゼルスの若者たちを囲む二大シーンであり、「昼」に「ビーチ」にいた人たちが、「夜」は「ディスコ」にいるのだとわかる。

それはちょうどその頃の一九六八年に日本でも公開され、洋画の配給収入一位だった映画
『卒業』にも映る。主人公は、大学卒業前にロサンゼルスに帰郷し、昼間は水着で自宅のプールに浮いており、夜にロサンゼルスに帰郷した同級生のガールフレンドとの最初のデートで出かけるシーンがあるのだが、それがウィスキー・ア・ゴーゴーだ。

改めて観ると、ロサンゼルスを舞台とするこの映画の登場人物は、皆、「カリフォルニア・ガングロ・ルック」をしている。ロサンゼルスにおける「カリフォルニア・ガングロ・ルッ

ク」を囲む二大シーンの連続性を、『卒業』を通じて、多くの日本人も目にしていたことになる。

則子さんが手本にしていたナンシー・シナトラは、二大シーンの「カリフォルニア・ガングロ・ルック」を象徴的に見せる。

ナンシー・シナトラがビーチパーティ映画で見せた水着姿は、「昼」の「ビーチ」のシーンの「カリフォルニア・ガングロ・ルック」だ。一方、ヒット曲『ブーツ』のレコードジャケットやミュージッククビデオで見せるのは、ミニスカートにブーツ姿。ロサンゼルスマガジンはこのブーツを「ゴーゴーブーツ」[*20]と呼んでいる。これは「夜」の「ディスコ」のシーンの「カリフォルニア・ガングロ・ルック」だ。

東京の若者たちは、アメリカの映画やテレビのスターを手本に「カリフォルニア・ガングロ・ルック」の「モデル」に従う時、「昼」の「ビーチ」のシーンの方ではなく、「夜」の「ディスコ」のシーンの方を選んだのではないか。

それは、「東京」が「ロサンゼルス」ほど「ビーチ」との距離が近くないことがあるだろう。東京に「ビーチ」を移動させることはできないが、「ジュークボックス」と「レコード」なら移動させられる。「ゆき・ア・ゴーゴー」が、広い空間のすみに、ジュークボックスが一台置いてあるだけだったというのは象徴的だ。そこに「多いときは一日二〇〇〇人」も集まったと言う。[*21]

こうして、東京では、「カリフォルニア・ガングロ・ルック」が、「昼」の「ビーチ」ではなく「夜」の「ディスコ」のシーンの要素になっていった。

ビーチとしてのゴーゴー

東京の「ディスコ」には、その他にも、ロサンゼルスの「昼」の「ビーチ」のシーンの要素があったと考えられる。例えば、アメリカの「ビーチパーティ映画」の「ダンス」のシーンにあるような要素があった。

まずは、日本に「ディスコ」が移動してきたばかりの頃の例だ。東京の「ディスコ」には「ビーチ」に由来する「ダンス」や「音楽」があったことがわかる。

前掲の、一九六五年八月一四日の朝日新聞の記事では、「来日中のサーフィン・バンド「ザ・サファリーズ」の伴奏につれて十代の若者たちが踊り狂う。その姿はまさにモンキーがあばれ回っている格好」と描写されている。[*22]

ここで「モンキー」[*23]とは、ダンスの種類を表している。一九五〇年代半ばからのアメリカでは、ポピュラー音楽に合わせるダンスの流行が次々と生まれるが、「モンキー」もその一つだ。

『中川三郎ダンスの軌跡』[*24]によれば、日本で「モンキー」は「サーフィンのヴァリエーションとして日本に入ってきた[25]」とある。「サーフィン[27]」もまた、ダンスの種類を表しており、サーフィンの「せまいボードに乗っているごとく、足のステップが全くなく、腰や上半身のバリエーションで踊る[26]」もの。その「上半身のバリエーション」において「モンキーのまね[28]」をするなど展開したものが「モンキー」だという。

この「モンキー・ダンス」が「ベンチャーズ人気と共に」「昭和四〇年の夏くらいには最高潮に達していた[24]」。昭和四〇年とは一九六五年。東京に「ゴーゴーダンス」が移動してきたばかりの頃だ。ザ・ベンチャーズは、前にも述べた通り、サーフロックを代表する「エレキバンド」である。

つまり、東京の「ゴーゴーダンス」は、「サーフロック」に合わせて、「サーフィン」の動きに似せたダンスをすることから始まった。「ビーチパーティ映画」の「ダンス」でも、サーフロックに合わせて、海にちなんだ動きのダンスが多かったので、共通する。

次に、日本に「ディスコ」が定着した頃の例だ。東京の「ディスコ」には「昼」のシーンがあったことがわかる。

ゴーゴーダンスについて、今回、私が話を聞いた中で、東京に住んでいた六人中五人が名前を挙げたのは、新宿や銀座にあった「ＡＣＢ（アシベ[29]）」。皆、この店を「ゴーゴー喫茶」と呼んでいた。

私の母も行くことがあったようだ。話を聞くと、「グループサウンズ」が演奏し、それに合わせて、客の若者たちが「ゴーゴーダンス」をしていたと言った。「グループサウンズ」とは、一九六五年頃から一九七〇年頃に多くレコードデビューした、若い「エレキバンド」。テレビ番組やアイドル雑誌にも多く登場し、若者たちから人気があった。

ACBの支配人だった井上達彦の『新宿ACB』[*30]には、当時の公演の全日程の記録が残っているが、それによると、基本的に、毎日、昼の部と夜の部の二公演が行われていたことがわかる。

則子さんに話を聞いていたら、夫のけんさんが通りかかった。けんさんも、則子さんと同じ一九六三年生まれ。その頃、渋谷から東に一三キロくらい離れた亀戸で、学生生活を送っていた。

中学三年生の時、親しい友達が、質流れでエレキギターを二本買ったのをきっかけに、一緒に「エレキバンド」を始めた。高校生になった頃、亀戸の駅前にある会館で、バンドの募集があった。通常は大人たちの社交ダンスに使われていた場所が、日曜日の昼間だけ学生に開放され、そこで開かれるイベントのためだった。オーディションを受けたところ、けんさんのバンドが選ばれた。

そのイベントに集まっていたのは高校生ばかり。地元の高校生を中心に、色々な学校の人が集まっていた。そこで、けんさんたち高校生「エレキバンド」が演奏し、客の高校生たちが踊っていた。

このように、東京の「ディスコ」は、「昼」のシーンとして、高校生に広く普及したと考えられる。昼に、「グループサウンズ」や一般の「高校生エレキバンド」が演奏し、高校生たちが「ダンス」をしていた。それは、「ビーチパーティ映画」の「ダンス」シーンで、設定上は、一般の若者たちのエレキバンドが演奏し、実際は有名なサーフロックのエレキバンドが演じていたりするのと共通する。

このように、東京の「ディスコ」には、「ビーチパーティ映画」の「ダンス」シーンとの共通性がある。だから、東京の若者たちは「ディスコ」で、ビーチイズムを肌というスクリーンに投影した「ガングロ・ルック」をしたのではないか。しかし「ディスコ」は「屋内」であり、「ビーチ」とは違って「太陽」の光に当たらない。

一方、アメリカの「ビーチパーティ映画」も、次第に、必ずしも「サーフィン」をせず「ビーチバレー」になったり、舞台は「ビーチ」ではなく「スキー場」になったり、ダンスするのは「ビーチパーティ」ではなく「パジャマパーティ」になったりと、多様な展開をしていった。

「ビーチパーティ映画」に共通するのは、「ガングロ・ルック」の若者たちが集まって「ダンス」をしていることだ。「ビーチパーティ映画」は、「ガングロ・ルック」の若者たちが集まってする「ダンス」を、「太陽」のないフロアにも「移動」できることを示した。だから、東京の「ディスコ」まで「移動」してきたのではないか。

青春ア・ゴーゴー

東京の「ディスコ」に集まる東京の若者たちの中には、次第に「カリフォルニア・ガングロ・ルック」でない人も現れたようだ。

アメリカ映画やテレビのスターを手本にしていた則子さんに、「カリフォルニア・ガングロ・ルック」をベースにした、ディスコに行く時の装いについて話を聞いていると、けんさんが演奏していた亀戸の駅前にある会館で踊っていた高校生たちは、

「そういう服ではなかった」

と言った。

「ロングタイトスカートに、黒いジャケットや黒いマフラー。」

則子さんの、「ミニスカート」に「鮮やかな色」の装いと対照的である。

その人たちは「ガングロ・ルック」をしていたかと聞くと、

「そうではなかった」

と言った。

ロサンゼルスから移動してきた「ディスコ」のシーンで、なぜ「カリフォルニア・ガングロ・ルック」の「モデル」に従わない若者も現れたのか。

それは、「東京のディスコ」にも「ロサンゼルスのビーチ」のように、そこにいる大衆の「若者」たちと「マスメディア」がつながる仕組みが生まれたからである。

まずは、「エレキバンド」の若者たちに注目する。

一九六六年に公開された『青春ア・ゴーゴー』という映画がある。大学受験を控えた浪人生の主人公たちが、ゴーゴーダンスの店に集まっている。ステージには、すでに日本のテレビなどで「スター」になっていた「グループサウンズ」のスパイダースが演奏をしていて、それを背景に、浪人生たちはエレキギターの話ばかりしている。ついに「エレキバンド」を組み、オーディション番組に出場して、優勝する。それにより、ゴーゴーダンスの店で、一度きりだが、スパイダースと共演するに至るという話だ。このオーディション番組は、当時放送していたテレビ番組「勝ち抜きエレキ合戦[*31]」をモデルにしていると考えられる。

この映画のために「ゆき・ア・ゴーゴー」への視察があったとあるので、映画に出てくる店は「ゆき・ア・ゴーゴー」がモデルになっているかもしれない[*32]。

この映画はフィクションだが、実際に、スパイダースより少しあとに日本のテレビなどで「スター」になった「グループサウンズ」のザ・テンプターズは、一九六六年に「ゆき・ア・ゴーゴー」で開催されたオーディションに合格し、中川三郎が経営するディスコの専属バンドをつとめていたようだ[*34]。

「東京のディスコ」のシーンには、一般の若いエレキバンドから「スター」を発掘しようとする仕組みができていたことがわかる。

次に、「ゴーゴーダンス」をする若者たちに注目する。

『中川三郎ダンスの軌跡』によれば、「若くてダンスがうまい女の子はディスコやクラブから逆にギャラをもらえるという「ゴーゴーガール」まで存在した」[*33]とある。

私の母に、ACBでのゴーゴーダンスの内容を聞いた時、こうも言っていた。

「多くの人はゴーゴーガールの踊りを真似しているけれど、踊りが上手な人は、個性的な踊り方をして目立っていた。」

「ディスコ」のステージの上で踊る「ゴーゴーガール」を、フロアで踊っている一般の若者の中から採用する仕組みもあったようだ。

さらに、中川三郎が経営したディスコでは、ゴーゴーダンスの競技会も開かれた。記録があるのは、一九六八年に開催された「GOGO優勝杯決定戦」だ。中川三郎が経営する「各ディスコテック（熱海、横浜、恵比寿、新宿、浅草、有楽町）での予選を通過した約三十名の選手」が、中川三郎が銀座で経営するディスコに集まり、自由にダンスする。「みんな一心不乱に踊りまくる中を審査員の中川三郎がメガネをキラキラ光らして見て周る。カメラのフラッシュが光る。やがて審査員から背中を叩かれた男女各三名の六選手に絞られた」とある。[*35]

この時優勝したのが、のちに『時には母のない子のように』などの曲がヒットする歌手のカルメン・マキだ。[*36]もちろん、カルメン・マキのレコードデビューと、このゴーゴーダンスの競技会との関係性はわからない。しかし少なくとも、この競技会にはスポーツ新聞の日刊スポーツが関わっていたので、後日、日刊スポーツの記事にはなっている。[*37]

このように、ゴーゴーダンスをする一般の若者たちを評価する仕組みを作って、自ら審査員をつとめた中川三郎のやり方は、初期ハリウッド映画で、ローカルなビーチ美人コンテストに「ベイジング・ビューティーズ」を出場させ、自ら審査員をつとめたマック・セネットのやり方を思い出させる。

このように、「東京のディスコ」は「日本のマスメディア」の「カメラが向けられ」た、一般の若者が「スターになれるかもしれない」ステージになっていった。それが「東京のディスコ」の「外見」に影響を与えたと考えられる。

マスメディアの「カメラが向けられ」ると何が起こるか。「ロサンゼルスのビーチ」の例にならえば、次のようになる。

「日本のマスメディア」が示す「モデル」に従う外見が、「ローカル」な東京のディスコで、「大量生産」される。さらには「日本のマスメディア」の情報が届き、「モデル」に従って外見を再現するための「材料」や「道具」や「方法」が手に入る範囲でも、「大量生産」が起こる。「モデル」に従った外見の大量生産が、「ローカル」と「ナショナル」の二つのサイクルで起こることになる。

その時、東京のディスコにおける「外見」の基準に「変換」が起きたのではないか。東京のディスコに元々あった「外見」の基準は、「アメリカのマスメディア」が示す「グローバル」な「モデル」であり、「カリフォルニア・ガングロ・ルック」だった。しかし、「日本のマスメディア」の「カメラが向けられ」たことにより、東京のディスコの「外見」の基準は「日本のマスメディア」が示す「ナショナル」な「モデル」になり、「ガングロ・ルック」ではなくなったのではないか。

実際に、映画『青春ア・ゴーゴー』を見ると、白黒映画なのでわかりづらいが、「ヒロイン」をつとめている歌手のジュディ・オングは「ガングロ・ルック」ではないように見える。「外見」のみならず、そこに描かれている「ゴーゴーダンス」も、当初手本にしたロサンゼルスの「ゴーゴーダンス」とは「ずれ」がある。主人公は、肌の露出の多い衣装で踊る「ゴーゴーダンス」を「裸踊り」と呼んでいるくらいだ。「ウィスキー・ア・ゴーゴー」から『青春ア・ゴーゴー』へ東京独自の「モデル」に「変換」されたのではないか。

本場ロサンゼルスの「ウィスキー・ア・ゴーゴー」も、マスメディアの「カメラが向けられ」ている一般の若者が「スターになれるかもしれない」ステージだったようだ。

時代は進むが、映画『ロック・オブ・エイジズ』は二〇一二年に公開され、物語の設定は一九八七年だ。舞台になっている「バーボンクラブ」という店は「ウィスキー・ア・ゴーゴー」をモデルにしているとされる。[*38]

ロック・スターになることを夢見て、地方からロサンゼルスに移動し、バーボンクラブで給仕する若者の話である。急なトラブルがあり、人気ロック・スターが出演するステージで、前座をつとめたのがレコード会社の目に留まって、夢の実現のきっかけをつかむが、順調に進まない。最初はマスメディアが示す「ロック」の「モデル」に従った外見をしていたが、「アイドル」の「モデル」に従った外見や、「ヒップホップ」の「モデル」に従った外見など、ころころ変身していく。ただし、「ガングロ・ルック」であることは変わらない。

マスメディアの「カメラが向けられ」ることにより、外見の基準に「転換」が起きる時、「アメリカのマスメディア」の場合は一貫して「ガングロ・ルック」であるのに対し、「日本のマスメディア」の場合は「ガングロ・ルック」でなくなる。日米の違いがあることがわかる。

東京ヤンキー

けんさんから、亀戸の駅前にある会館で踊っていた高校生たちは、ロングタイトスカートに、暗い色の装いで、「ガングロ・ルック」でなかったという話を聞いていると、則子さんは、「そういう人は、港区にはいなかった」

と言った。港区とは、渋谷の東、東京の区部中央部にある。江戸時代に大名屋敷が多かったことなどから、今は駐日大使館の半数以上が立地するなどの特徴を持つ。

則子さんが育った「白金」や、行っていたディスコのある「赤坂」や「青山」が含まれる。

港区にいるような「ガングロ・ルック」でディスコにいた若者たちの装いについて、さらに詳しく聞くと、

「えーと、あの頃のヤンキーの格好は…」

と言いながら、考えてくださった。

そういう人たちを「ヤンキー」と呼んでいたのだろうか。

「そう呼んだりしたわね。」

「ガングロ・ルック」でディスコにいた若者は「港区」に多く、「ヤンキー」と呼ばれていたようだ。

「ヤンキー」といえば、現在では、どちらかというと、「都市」より「地方」、「東京」より「関西」の若者を表す印象がある。しかし、「東京」の「港区」にいるような若者が、そう呼ばれていたようだ。則子さんが「ヤンキー」の「ヤ」にアクセントを置いて発音したところに、現在との違いがありそうだ。

かつてと現在で「ヤンキー」の意味合いが違うことは、既存の文献でも明らかにされていた。

難波功士『ヤンキー進化論』[*39]は、現在のような「独自のヤンキー・テイストが析出・凝結してくる」前に「米兵などの遊び着を手本とし、何がしかの点でアメリカ的なファッションの総体を「ヤンキー」と呼んでいた時期がある」と述べている。その時期を「『東京ヤンキ

ー』の時代」と呼んでいる。
「アメリカ的なファッション」というから、則子さんが「ヤンキー」と呼んだ若者と重なると考えられる。そこで本書も、この「ヤンキー」を「東京ヤンキー」と呼ぶことにする。

五十嵐太郎編『ヤンキー文化論序説』にある磯部涼「ヤンキーとヒップホップ」[*40]でも、この「東京ヤンキー」を表すと考えられる集団が取り上げられている。「〝ヤンキー〟というトライブのルーツには諸説ある」とした上で「その中から『六〇年代後半、在日米軍のプライヴェート・ファッション（＝ヤンキー・ファッション）を真似た格好をして、ディスコで踊っていた若者たち』という説を採るならば」と前置きする。

「ディスコで踊っていた若者たち」というから、やはり則子さんが「ヤンキー」と呼んだ若者と重なると考えられる。ここではそれをさらに分解している。

「オリジナル・ヤンキーの多くは、リーゼントにサテンのシャツとスラックスというロックンロール・スタイル——つまり、白人兵のプライヴェート・ファッションを真似ていた。しかし、一部には、アフロ・ヘアに細身のスーツというソウル・スタイル——つまり、黒人兵のプライヴェート・ファッションを真似た、〝ソウル〟族と呼ばれる一派もいて、前者が生バンドとダンサーが目玉だったゴーゴー・クラブを拠点としていたのに対して、後者はR&Bソウルのレコードがプレイされる R&Bスポット／ソウル・ディスコを拠点としていた」としている。

つまり「東京ヤンキー」は二つの集団によって成るとし、一つめの集団は「白人兵」を手本にした「ロックンロール・スタイル」のファッションで「ゴーゴー・クラブ」を拠点とする人たち、二つめの集団は「黒人兵」を手本にした「ソウル・スタイル」のファッションで「R&Bスポット／ソウル・ディスコ」を拠点とする人たちだ。

そのような「東京ヤンキー」たちが「ガングロ・ルック」をしていたのはなぜか。

一つめの集団は、「ゴーゴー・クラブ」を拠点にしていたというから、ロサンゼルスの人を手本に「カリフォルニア・ガングロ・ルック」をしている若者たちだったからだ。

二つめの集団は、「黒人」を手本にしていたという。黒人とは次のような人だ。

前に、肌が黒く焼ける構造を述べた。そこで前提になったのは、人の皮膚は紫外線を受けると細胞が損傷することである。そこで人間の身体は、皮膚を保護するために、紫外線を吸収する性質のある「メラニン色素」を生成する。そしてその「メラニン色素」が多いほど肌は黒く見えるのである。この前提をもとに、日照量が多く、紫外線量が多い地域に住む集団は、環境に適応して、遺伝的にメラニンを多く持つようになった。そのような集団を祖先に持つのが「黒人」である。

二つめの集団が「ガングロ・ルック」だったのは、遺伝的に肌が黒く見える「黒人」を手本にしている若者たちだったからだ。

だから「東京ヤンキー」は背景の異なる二つの集団で成り立っているが、いずれも「ガングロ・ルック」であったことがわかる。

「黒人」を手本にした「ガングロ・ルック」はどのように現れたのだろうか。

小説家浅田次郎の『霞町物語』[*41]に、その経緯が描かれていた。

『霞町物語』は、現在の「港区」の「西麻布」にあった霞町を拠点に、その近くに住む高校生の主人公と、その周囲の人たちとの触れ合いが描かれた小説だ。そこで主人公と友人たちがよく行くのが「パルスビート」。則子さんが「一番好きだった」ディスコである。

『霞町物語』は小説だが、出版社の紹介文によれば「著者自身の青春を綴る傑作」とある。浅田次郎は一九五一年生まれ。小説に描かれている「パルスビート」は、則子さんが行っていた頃の「パルスビート」と一致すると考えられる。

主人公たちは、パルスビートに「踊りに行くときはパリッとしたコンテンポラリィのスーツを着、タブカラーのシャツに細身のタイを締め、髪はピカピカのリーゼントで固めていた」[*42]とし、「これら「正装」のうち、何かひとつでも欠けていれば「イモ」だった」[*43]とあるくらいなので、パルスビートへ踊りに行く時の外見には、明確な「モデル」があったとわかる。

そしてその「モデル」はどこからきたのかというと、「元々は、六本木の重要なエキストラであるおしゃれな黒人兵が、リズム・アンド・ブルースのステップとともに持ちこんだもの」[*44]とあるので「黒人」が手本を示していたのだとわかる。

つまり、「パルスビート」にいた若者たちは、「東京ヤンキー」の二つめの集団、「黒人」

を手本にした「ガングロ・ルック」だったということだ。

『霞町物語』の巻末には、パルスビートの「オープン当初の六十年代から七十年代前半、DJをつとめていた」という石田亨の「解説」がついている。

それによれば「当時の日本は、ロックとグループサウンズが全盛で、まだゴーゴーホールが街を席巻していた頃である。そんな中、パルスはリズム&ブルースだけを流すディスコとしてオープンした。プレーヤー二台を駆使してミキサーで曲をどんどん繋いでいく、当時としては実に斬新な方法を真っ先に取り入れた店だった」ということだ。[*45]

ここから、東京の「ディスコ」に先に入ってきたのは「ゴーゴーダンス」で、そのあと「R&B／ソウルダンス」だったとわかる。

主人公も「元々僕らが根城にしていたのは、一世を風靡した赤坂のムゲンだった」[*46]と言うから、元々「ゴーゴーダンス」のシーンにいたようだ。

つまり、「パルスビート」にいた若者たちは、元々は「ムゲン」にいて、「東京ヤンキー」の一つめの集団の「カリフォルニア・ガングロ・ルック」の方だった。そこから、「黒人」を手本にした「ガングロ・ルック」へと移転したのだ。

その理由を、「ムゲン」に次のような変化があったからだと説明している。

「下品なシャコタンのムスタングや、ステッカーをベタベタと貼ったカマロが、川向うから大挙してやってくるように」なり、「やつらときたら、みんなお揃いの派手なアロハにマンボズボンをはき、盆踊りみたいなステップでフロアを占領[*47]するようになった。

一つめの変化は、「川向う」から人がくるようになったことだ。「川向う」とは、あとの記述から判断すると、「東京の外」や「地方」を指していると考えられる。「川向う」から人がくるようになったことも、そこに「マスメディア」の「カメラが向けられ」ていたことを示すのではないか。近くの人しか知らなかった店を、マスメディアが「川向う」まで伝えたのだ。

二つめの変化は、それによって、ダンスや外見が変わったことだ。「アロハシャツ」と「マンボズボン」は日本独自の流行を、「盆踊り」は日本独自の伝統を象徴していると考えられる。

元々「ムゲン」は、ゴーゴーダンスの店の中でもとくに、「ロサンゼルス」のゴーゴーダンスのシーンを、厳密に再現していたと考えられた。だからそこに集まる人も、「アメリカのマスメディア」が示すダンスや外見の「モデル」に厳密に従っていたと考える。

そのような「ムゲン」でも、「日本のメディア」の「カメラが向けられ」ると、「日本のマスメディア」が示す日本独自のダンスや外見の「モデル」に従うように「変換」したのではないか。

主人公たちは、「ゴーゴーダンス」のディスコで、アメリカの「モデル」に厳密に従えなくなったから、そこを逃げ出して、「R&B／ソウルダンス」のディスコへと移転し、そこで新たにアメリカの「モデル」に厳密に従おうとしたのではないか。
そして、「カリフォルニア・ガングロ・ルック」から、「黒人」を手本にした「ガングロ・ルック」へと姿を変えた。「日本」のマスメディアが示す「モデル」に従うようになった人は「ガングロ・ルック」でなくなったのに対し、「アメリカ」から示される「モデル」に従い続ける東京ヤンキーは「ガングロ・ルック」であり続けた。

その時また、そこに集まる人たちのダンスや外見は、「黒人」が示す「モデル」に厳密に従ったものから、「日本」独自の「モデル」に従ったものへと、「変換」が起こったことが推測される。

『霞町物語』巻末の「解説」によれば、そのあとは「パルスビート」にも、「川向う」から人がくるようになったとある。*48

そしてまた主人公たちはそこから逃げ出して、アメリカから移動してきた新たなシーンへと移転し、そこで新たにアメリカの「モデル」に厳密に従おうとしたのではないか。
これは、前に述べた、ロサンゼルスのビーチに「ビーチパーティ映画」の「カメラが向けられ」るようになった時に起きたことと重なる。そこに元々あったサーファーの基準が、「ビーチパーティ映画」が示す「モデル」に従う基準へと「転換」すると、本物のサーファーはそれを「ダサい」として、ロサンゼルスのビーチから逃げ出した。東京にもロサンゼルスにも、「マスメディア」の「カメラが向けられ」て、「マスメディア」のスターが示す大衆的な「モデル」に従う人が増えると、「ダサい」としてそこから逃げ出す人がいることがわかる。

このように、大衆的な基準に従う人が増えたシーンから逃げ出し、常に新しい基準を追いかけることを、ここでは「トレンドチェイシング」と呼ぶことにする。

日本のマスメディアが示す大衆的で「ナショナル」な「モデル」に従う人が増えたシーンから逃げ出し、常に新しい「アメリカ」の「モデル」を追いかけて「トレンドチェイシング」していたのが「東京ヤンキー」だったのではないか。

港区の若者文化

「東京ヤンキー」が「港区」に多くいたというのはなぜだろうか。

理由の一つめに、そこがマスメディアの「カメラが向けられ」ている地域だったことがあると考える。

『霞町物語』巻末の「解説」によれば、「港区」にあるパルスビートには「有名人と呼ばれる人達も数多く集っていた」とし「ビートポップスに出ていた藤村俊二」のほか、多くの名前が挙がっている[*49]。則子さんも「スクールメイツ」がいつもいたと言っていた。

「港区」にある「ムゲン」もそうだったのだろう。

「ロサンゼルスのビーチ」が「映画と現実の両方」で映画に出ている人と出会える場所だっ

たように、「東京の港区」も「テレビと現実」の両方で、テレビに出ている人と出会える場所だったようだ。

その背景には、一九五三年以降、次々と開局した、東京の主要テレビ局五社のうち三社が、港区に本社を構えたことがあるのではないか。一九五五年に開局したラジオ東京（現・TBS）、一九五九年に開局した日本教育テレビ（現・テレビ朝日）、一九六四年に開局した東京一二チャンネル（現・テレビ東京）である。

港区が公開する「統計から見る港区」によれば、港区にテレビ局が集中しているのは「テレビ放送の電波を送信する電波塔である東京タワーが港区内にあったからだといわれている」[*50]とのことだ。

だから港区では、「ムゲン」や「パルスビート」のように、最初は「アメリカ」が示す基準に厳密に従ったシーンだったとしても、日本のマスメディアが示す、大衆的で「ナショナル」な「モデル」に従ったシーンへと「変換」が起こりやすかったと考えられる。

港区にいる若者たちは「変換」の前後を見ているから、「ずれ」に問題意識を感じやすかったのではないか。

理由の二つめに、「米兵」がいる地域だったことがあると考える。

『霞町物語』の主人公が、大衆的な「ナショナル」な「モデル」に従うことから逃げ出し、新しい「アメリカ」の「モデル」を追うために、手本にしたのは「六本木の重要なエキストラであるおしゃれな黒人兵」だった。なぜ、港区の六本木には米兵がいたのだろうか。

横田基地の説明で述べたとおり、戦後、占領下になった日本で、日本軍のものだった土地や施設は接収されて、連合国軍のものになった。

東京区部では、まず連合国軍の総司令部であるＧＨＱの本部は、千代田区の有楽町、中央区の銀座からも近い場所に置かれた。その周辺に、連合国軍の主要施設が多くできた。港区も、そこは元々日本陸軍の拠点で、日本陸軍の施設が多くあったため[*51]、接収されたあと、連合国軍の施設になることが多かった[*52]。

代表的なのは六本木の、その後「ハーディバラックス」と呼ばれるようになる米兵宿舎だ。その一部は、「赤坂プレスセンター」として、現在も米軍のヘリポート、新聞社、宿舎になっている[*53]。

だから占領下、本部に近い銀座や、ハーディバラックスに近い六本木や赤坂などには、米兵が多くいたと考えられる。

しかし一九五二年にはサンフランシスコ講和条約の発効に伴い、連合国軍は解散して日本は独立。連合国による接収財産は日本から米軍への提供財産に切り替わる。接収解除はすぐには進まなかったが、一九六〇年代に入る頃には、このあたりの地域では、ハーディバラックス以外は、接収解除されたと考えられる。

それでも、吉見俊哉『親米と反米』[*54]によれば、六本木についてこう述べられている。「六十年代末でもこの「スナックと米兵の町」は、「ベトナム帰りの米兵たちが、日本の休日を、寝るのを惜しむように、食べて、飲んで、踊るところ」であった」とし「六本木には、確かに米軍との関係があちらこちらで顔をのぞかせて」いた。

占領下、米兵が多くいた銀座や赤坂や六本木には、米兵を対象にした店が増えたため、占領が解けてからも、米軍基地などから米兵が訪れていたようだ。

だから港区にいる若者たちは、マスメディアを介さなくても、街でアメリカ人の外見を見ることができた。だから、「アメリカ」から示される新しい「モデル」を追いかけやすかったのではないか。

渋谷の兆し

マーケターの今井俊博による『生活ファッション考』[*55]は、一九七四年に刊行され、当時の若者たちの流行が、若者たちへのインタビュー調査をもとに、まとめられている。その中に、「ヤンキー風俗」[*55]という項目がある。前掲の『ヤンキー進化論』によれば、これは「東京ヤンキー」のことを表しているようだ。

ここでは「東京ヤンキー」は「二年半くらい前から高校生の間に広がっていったようだ」とあるので、一九七一年頃からということになる。しかし、のちに「東京ヤンキー」になるものの源流があったのは「五年くらい前」からと解説されており、一九六九年頃ということになる。則子さんの証言や、『霞町物語』の物語は、一九六八年から一九七〇年頃のものとなので、およそ時が重なると考える。

そこに気になる記述がある。「四年前」というから、一九七〇年頃に、のちに「東京ヤンキー」になるグループが集まった場所がいくつか挙げられるのだが、その上で「なかでも渋谷のVANは著名であった」とあるのだ。

渋谷の「VAN」は則子さんも「よく行っていた」と言った店だ。「東京ヤンキー」は「ガングロ・ルック」であったと考えられる。この時すでに「ガングロ・ルック」の若者たちが「渋谷」に集まっていたということになる。なぜ、渋谷に集まったのだろうか。

まずは『生活ファッション考』をもとに、その経緯を整理する。

まず、源流にあるのは、銀座の「ステップへブン」という店に集まっていた若者たちということだ。前にカルメン・マキが優勝した「GOGO優勝杯決定戦」が一九六八年にあったことを述べたが、それが行われた、中川三郎が経営していた店だ。

「ここにきていた十七歳〜二十歳くらいの連中は、米兵のスタイルを真似て」、それまでとは違って「よりあかぬけた、アメリカン・ファッションに近い」装いをしていたということだ。

しかし「四年前に、このステップへブンが店を閉じ」、「ここにあつまっていたグループ」が集まった場所として、挙がるのが渋谷の「VAN」だ。「このVANの他に、新宿のジ・アザー、青山のパルスビートなどに集まったグループも」とある。

新宿の「ジ・アザー」とは、イラストレーターの江守藹の『黒く踊れ!』[*56]によれば、一九六六年にできたディスコ。東京に「R&Bスポット／ソウル・ディスコ」が増えるきっかけになった店だと言う。

『70'Sディスコ伝説』[*57]にある江守の記事によれば「クック、ニック&チャッキーとそのマネージャーのジミーによって、作られ、今も踊り続けられている数々のステップ・ダンスを生み、伝説化されている店の一つ」とある。『70'Sディスコ伝説』には、ニックこと、ニック岡井を含む対談も掲載されており、「そのままだと黒人のステップは絶対踊れないんで、それをちょっとみんなに踊れるような感じに変えてみたいなところはありました」とある。

黒人のダンスを手本に、日本人が再現するのは難しいので、黒人のダンスをもとに、日本人でも踊りやすいように、日本独自の「モデル」に「変換」して提供したということではないか。それにより、「新しいステップを覚えたい」若者たちが、「モデル」に従いに集まったのではないかと推測する。

しかし、その新宿の「ジ・アザー」や青山の「パルスビート」よりも、「東京ヤンキー」になる若者たちが集まった場所として「著名」だったのが、渋谷の「VAN」だというのだ。なぜだろうか。

理由の一つめに、渋谷は日本のマスメディアの「カメラが向けられ」て「いない」街だったことが考えられる。

日本のマスメディアのカメラが向けられると、仮に最初はアメリカの基準に厳密に従っていたシーンでも、日本独自の「モデル」へと「変換」が起こりやすい。

港区の「パルスビート」は、日本のマスメディアのカメラが向けられていた。

また新宿の「ジ・アザー」も、日本のマスメディアのカメラが向けられている店だったことが考えられる。クック、ニック&チャッキーはのちにレコードを発表し、[*58]『黒く踊れ！』によれば、テレビ番組の「ビートポップス」にも出演していたという。

そのような中、日本独自の「モデル」に従うシーンから逃げ出した「東京ヤンキー」が向かったのが、まだ日本のマスメディアの「カメラが向けられ」て「いない」渋谷だったのではないか。


理由の二つめに、渋谷が「横浜」から移動しやすい街だったことが考えられる。

前掲の『生活ファッション考』でも「なぜ彼らはVANに集まったか」という問題提起がなされている。そこでは「審《つまび》らかではない」としながらも、「それは東横線で横浜っ児たちが集まりやすかったからなのかもしれない」という仮説を立てている。

確かに、「アメリカを厳密に再現していたようなシーン」を求める東京の若者たちにとって、横浜が特別な場所であったことは、今回話を聞いた中でも随所でうかがえた。

ユニオンの紙袋

則子さんは、港区の高輪にあった品川プリンスホテルのアイススケートリンクにもよく行っていた。そこに常に集まっている若者のグループがあった。その中でとくに目立っていて、まさに「東京ヤンキー」を象徴するような有名な人がいたと言う。

その人はどこのディスコに行っていたかと聞くと、

「VANにはいなかった。パルスビートにもいなかった。彼女くらいになると、横浜だったかも。」

と言った。則子さんが、一〇歳上のお兄さんと一緒の時に行ったと言っていた「レッドシューズ」も「横浜」だ。「横浜」は、「東京ヤンキー」にとって特別な場所だったことが考えられる。

しかし「横浜」が特別な場所だったのは、「東京ヤンキー」だけではなかったようだ。けんさんが演奏していた会館で踊っていた高校生の装いについて話を聞いていた時、こう言った。

「横浜のスーパーのユニオンの紙袋を持っていた。」

それを聞いて、則子さんも、私の母も、高校生の頃、それを持っていたと話した。

「ユニオン」とは、横浜を代表する商店街である元町商店街に、現在もあるスーパーマーケット「もとまちユニオン」のことである。

その紙袋とは、スーパーマーケットで何か商品を買った時に入れてくれる、あの紙袋である。二人とも、それが欲しいためにわざわざ横浜へ行き、スーパーマーケットで買い物をしたと言った。

茶色の背景に、緑色の太いラインが入り、「ｕｎｉｏｎ」というロゴの部分が切り抜かれている現在のデザインは、当時のままだと考えられる。

「ユニオンの紙袋」について、今回話を聞いた、他の方々にも聞いてみた。すると、東京で高校生活を過ごした六名中四名が、持っていたと答えた。大学生活から東京で過ごしたという一名も、持っていたと答えた。

則子さんは言った。

「今から思うと、なんであんなものがよかったのかわからないけれど、あの頃は、皆、アメリカっぽいものだったらなんでもよかったのね。」

横浜で、スーパーマーケットの紙袋が「アメリカっぽい」ものだったのには理由がある。

「もとまちユニオン」は、一九五八年に、外国人向けに開業したスーパーマーケットだ[*59]。

その背景には、横浜に多くの外国人が住んでいること、具体的には「在日米軍住宅」の存在があるだろう。

横浜も、戦後、多くの土地や施設が、連合国軍に接収された。その理由は、栗田尚弥『米軍基地と神奈川』[*60]によると、一つは「連合国軍の本土進駐が、神奈川県から始まり、しかも陸路・海路ともに横浜が進駐の拠点・経由地点となったこと」、もう一つは「占領と軍政の実際を担う米第八軍の司令部が横浜に置かれたこと[*61]」がある。

「米第八軍」とはアメリカ陸軍の部隊の一つだが、一九四六年から日本全国の軍政を担う[*62]のがこの部隊だ。だから「日本政府に指示を出すGHQは東京に、全国各地域における軍政を指導する第八軍の司令部は横浜[*63]」と二大拠点になった。

「横浜には、多数の部隊と兵員が駐屯することになった[*64]」ので「中心市街地や本牧・根岸の広大な焼け跡が接収されて、兵舎や家族住宅が設けられた[*65]」。つまりGHQのあった東京区部にいたのは、米兵の中でも将校などが中心だったのに対し、横浜は市街地に部隊があったので、多くの兵員とその家族がいたということだ[*66]。

朝鮮戦争中、横浜の重要性は増すが、一九五二年のサンフランシスコ講和条約の発効と、朝鮮戦争の休戦協定締結の動きにより、司令部は横浜の外に移り、「横浜に駐留する部隊と兵員もしだいに減少」して、接収解除も始まる。

しかしそれでも「米軍にとって横浜の兵站《へいたん》基地としての役割と、住宅地区を中心とした生活拠点としての役割は依然大きき」かったことから、接収解除はなかなか進まなかった。在日米軍住宅に注目すれば、山手地区は一九七二年まで、本牧地区は一九八二年まで段階的に、新山下住宅地区は一九八二年に返還され、根岸住宅地区も返還予定で、二〇二四年二月七日の神奈川新聞のウェブ記事によれば「そう遠くない時期[*67]」とあるが、まだ返還されていない。

だから、一九六〇年代後半に、則子さんや母が、紙袋が欲しいために、わざわざ「もとまちユニオン」まで行った時、横浜にはまだ在日米軍住宅は多く残っており、米兵やその家族が多く買いに来ていたと考えられる。

「もとまちユニオン」のホームページによれば、「来店する外国人客の要望に応じて当時日本には無かった商品も次々と仕入れて」いたと言うことだ。それができたのは、「もとまちユニオン」が元々、「ユニオントレーディング商会」という、「日本に来航する外国船への積荷納入」をする「シップチャンドラー」の会社だったからだ。

「もとまちユニオン」は、「横浜港」や「在日米軍住宅」に近いことを背景に、アメリカのスーパーマーケットが厳密に再現されている店だったことが考えられる。それが東京の高校生たちを引きつけた。

「横浜」で生まれ育ったHさんにも、高校生の頃、「ユニオンの紙袋」を持っていたかと聞いてみた。すると、やはり、持っていたと言った。しかし、続けて、

「横浜では、老若男女が持っていた」

と言った。考えてみれば、地元のスーパーマーケットの紙袋なのだから当たり前である。横浜では当たり前のものが、東京に「移動」すると価値を持つのだ。

ところで、「在日米軍住宅」なら、「渋谷」の近くにもあった。

戦後、日本軍のものだった土地や施設が、連合国軍に接収される中で、日本陸軍の練兵場だった土地が接収されて「ワシントンハイツ」と呼ばれる米軍住宅が建設される。現在の、代々木公園や国立代々木競技場や国立オリンピック記念青少年総合センターやＮＨＫ放送セ

ンターを含む範囲なので、いかに広大かがわかる。

一九五二年のサンフランシスコ講和条約の発効後も返還されず、日米安全保障条約に基づき、「在日米軍住宅」として残った。その後、東京オリンピックのための選手村・競技場用地として利用することが決まり、一九六四年に日本に返還される。しかし返還されるまで、そこは「在日米軍住宅」で、広大な土地に、多くの米兵やその家族が住んでいた。

だから、わざわざ「横浜」まで行かなくても、「渋谷」にも「アメリカっぽい」ものはあったのではないか。

しかし、今回私が、一九六〇年代から一九七〇年代頃に東京に住んでいた若者だった方々に、話を聞いた限りでは、「ワシントンハイツ」について口にする人が一人もいなく、その存在を知らない人が多かった。

そこで、私の母の同級生で、「ワシントンハイツ」と道を挟んで向かい側に住んでいた方にも追加で話を聞くと、

「道路を隔てた反対側にずっと続いていた。今の代々木公園があるところが全部、在留米軍の居住区で、金網の塀が延々とあって、中は芝生の広い庭つきの家があった。」

と描写してくれたが、こう付け加えた。

「ワシントンハイツの方との関わりはとくになかった。あの頃は、皆がアメリカ文化の影響を受けていたけれど、ワシントンハイツからの影響はなかった。子供ながらに、どうしてこんな所に広大な敷地を占領しているのかと感じたことがあるくらい。」

一方、横浜に住んでいたHさんにも、「在日米軍住宅」との関わりや影響があったかと聞くと、ないと答えた。

「米軍との関わりがあるのは、横須賀ではないかしら。」

やはり文化は「移動」して価値を持つようだ。

最新のアメリカの「モデル」を追い求めていた「東京ヤンキー」にとって、「横浜」から移動してくるものは魅力的だったのだろう。

だから東横線で「横浜」から移動しやすい「渋谷」に、東京ヤンキーが集まったのかもしれない。渋谷の「VAN」に集まっていた若者たちの中には、もしかしたら、「横浜」からのアメリカ文化の「運び屋」がいたのかもしれない。

GANGURO

第二章

渋谷・ガングロ・ルックの変遷

第一節　一九七〇年代後期の渋谷・ガングロ・ルック
――サーファー・陸サーファー

日本のサーフィンブーム

一九六〇年代後期の東京には、アメリカの映画やテレビが示す「カリフォルニア・ガングロ・ルック」の「モデル」に従う若者たちが多くいたことがわかった。しかし「カリフォルニア・ガングロ・ルック」をする東京の若者たちが向かう主な先は「ビーチ」でなく「ディスコ」だった。

アメリカでは、サーフィンブームが、ビーチパーティ映画やサーフロックが流行した一九五〇年代末から一九六〇年代中期に起こったが、それもすぐに日本に「移動」してこなかった。

しかし、それから一〇年以上の月日が経った一九七〇年後期、日本にもサーフィンブームが起きる。その時、「ビーチ」のみならず「渋谷」が拠点になる。

一九七〇年代後期のサーフィンブームの話を聞くため、良く晴れた初夏の昼に、東京の青山のカフェに向かった。テラス席にはもう、喜多将造さんの姿があった。白いシャツに、白いパンツ、白いキャップの上にサングラス。今もうっすら肌が焼けている気がする。

将造さんは、その近くで会社を経営し、一九九〇年代から、渋谷のファッションビルを始めとする若者向けの服のPRを担当している。しかし、将造さん自身も、学生の頃から、「ガングロ・ルック」で、「渋谷」に行っていたと言う。

「高校生の頃は、朝、五時半から七時半までサーフィンをして、学校に行って、夜は渋谷に行った。波のいい日は、学校を休んでいた。その時は、プロサーファーになろうと思っていたからね。」

将造さんが高校生の頃とは、一九八〇年から一九八二年。「ガングロ・ルック」だったのは、サーフィンをしていたからだ。

朝はサーフィンで「ビーチ」に行くのに、夜は「渋谷」に行った。なぜそんなに忙しく移動していたのだろう。

将造さんがサーフィンを始めたのは、中学三年生の時。一九七九年のことだ。

当時将造さんは、「渋谷」からは約三キロ南の「目黒」に住んでいて、近くの中学校に通っていた。

それまではスケードボードをやっていたが、クラスの担任の若い体育の先生がサーフィンをやっていることを知り、クラスの友人と二人で、先生に頼み、休みの日に湘南の「茅ヶ崎」のビーチへ連れて行ってもらった。

以降、将造さんは、その友人と、目黒から茅ヶ崎へサーフィンをしに頻繁に通った。

「茅ヶ崎には、ゴッデスというサーフショップがあって、そこは三〇〇〇円でサーフボードをレンタルしてくれた。」

「ゴッデス」とは、一九七六年発売の松任谷由実の楽曲『天気雨』の歌詞に登場する、老舗のサーフショップだが、レンタルのサービスもあった。レンタルのサービスがあったから、東京から電車でビーチへ通うしかない中学生でもサーフィンをできたようだ。

しかし将造さんは、高校二年生の時、ご家族の都合で湘南の「逗子」に引っ越す。そこからは、自分のサーフボードを持って、自宅から最も近い、逗子のビーチから二キロほど西の「大崎」のビーチか、大崎に波のない日はビーチクルーザーで波のある他のビーチへ行き、サーフィンに明け暮れた。そうして「波のいい日は高校を休む」ほどになった。

その頃、サーフィンをしていた高校生は多かったのだろうか。

「高校一年生の頃はまだ少なかったと思う。学年では一人だったのかもしれない。高校二年生くらいになると、一気に増えた。目立ちたいようなやつは、全員やっていたんじゃないかな。」

将造さんが高校二年生といったら、一九八一年。将造さんが通っていたのは町田市にある大学の附属高校。東京の中では湘南に比較的近い立地なので、ビーチの近くに住む生徒もいただろう。そうだとしても「目立ちたいやつ全員」ということはない。

確かに、一九八一年五月六日の朝日新聞には「現在愛好者は二十万人とも五十万人とも」[*1]と、サーフィンをする人口が増えていることを伝える記事がある。

小長谷悠紀『日本におけるサーフィンの受容過程』では、大宅壮一文庫所蔵雑誌の調査をしており、一九七七年から「それまで全くサーフィンの記事がなかった多くの雑誌でもサーフィンの関連記事が多発している」ことを明らかにし、一九七七－一九八〇年代を「日本におけるサーフィンの大衆化[*2]」の時期と呼んでいる「一九七七年頃」が日本のサーフィンブームの開始点と考えられそうだ。

日本のサーフィンの歴史

日本でサーフィンはいつから行われているのだろう。日本におけるサーフィンの起源については様々な説がある。洗濯板のようなもので、波に乗るような遊びは、「ビーチイズム」が始まる前からあったようである。

しかし、前掲の小長谷の論文[*2]によれば、「サーフィンの実質的な本邦伝播と地理的拡散の開始は、一九五四年頃から一九六〇年代にかけ、本邦に駐留した米兵やその家族が基地近隣の海岸で興じたことが主な契機」で、「一地区からではなく相前後して複数の海岸で始まった」と言う。

「米国でのサーフィン・ブームの時期に概ね重なっている」ことから、「ハワイの先にある島国日本に駐留することになった米国人のなかにサーフボードを持ち込む者が少なくなかった」からではないかと考察している。

確かに、アメリカでビーチパーティ映画やサーフロックが流行した時期と重なる。その頃、「ハワイの先にある島国日本」のビーチに思いを馳せた米兵が、サーフィンを、アメリカから日本に「移動」してきたかもしれない。

小林勝法『鵠沼海岸でのサーフィンの発祥前史』[*3]は、中でも「湘南」の「鵠沼」のビーチの事例に注目する。そこには「GIビーチ」と呼ばれる場所があり、「米兵が土日になるとジープなどで乗り込んで、まるで海水浴場のように賑わっていた」という。小林の論文には、一九四七年のGIビーチの写真が掲載され、「米兵が乗ったジープの横には日本の子どもたちが集まって」いる様子を伝える。

前に触れた、アメリカで一九六六年に公開された映画『エンドレス・サマー』は、二人のサーファーが、夏を求めて世界を放浪し、行った先の海でサーフィンをするが、アフリカで地元の子供たちが集まってくるシーンがある。サーファーがサーフボードから落ちると、その一瞬の隙に、子供たちはそのサーフボードを奪いに集まる。しばらくすると、どこからか木の板を持ってきて、サーフィンの真似をする子供も現れる。

日本でも、そのようなことが、複数の海岸で起きたのかもしれないと想像する。なぜ「湘南」に「GIビーチ」があったのだろうか。

「湘南」のビーチには明治時代にはすでに上流階級が集まっており、鉄道によって大衆化し、マスメディアによって特別なイメージが形成されていったと述べた。

戦後は、連合国軍に接収され、連合国軍の施設ができた。

前掲の『米軍基地と神奈川』[*4]によれば、戦前に「辻堂」から「茅ヶ崎」のビーチにあった旧日本海軍の辻堂演習場が、戦後は「茅ヶ崎演習場」（通称チガサキビーチ）となった。[*5]また「茅ヶ崎」には一八九九年より南湖院という太陽療法の結核療養施設があった。そこが戦後は「キャンプチガサキ」と呼ばれる施設になった。[*6]

共に、一九五二年のサンフランシスコ講和条約の発効後も、日米安全保障条約に基づき返還されず、米軍の施設になっていたが、「キャンプチガサキ」は一九五七年に、「チガサキビーチ」は一九五九年に、日本に返還される。しかしそれ以前は、「湘南」に「米軍の施設」があったから、「湘南」に「GIビーチ」ができたのではないか。

こうして日本のサーフィンは、戦後に駐留していた米兵によって、一九五四年頃から一九六〇年代に、実質的にもたらされたということだ。それがどのように広がっていったのだろうか。

将造さんが最初にサーフボードを借りた、一九六四年創業の老舗サーフショップ「ゴッデス」には、雑誌『Ｆｉｎｅ』のインタビュー記事[7]によれば、次のようなエピソードがあった。きっかけは、「ゴッデス」を経営する鈴木正が、サーフィンが描かれた一枚の絵はがきを偶然見たことだ。「その絵を見てボードを作ったんだ。ベニヤ板とペンキで」と言うが、それで海に出たが失敗。

そこで、すでにサーフボードを作っている人がいるという情報を得て、訪ねた先が東京でサーフショップ「ダックス」を経営する高橋太郎だ。

「ダックス」のホームページ[8]によると、高橋のきっかけは、一九五九年に湘南の葉山でキャンプをした時、燃やすために「近所の雑貨屋から、不要な雑誌」をもらった中にサーフィンの写真を見つけたこと。「実家の近所の材木屋からあまったベニヤや材木をもらってきて、自作のサーフボード製作」をしたが失敗。

国立国会図書館でハワイの資料を集めるなど試行錯誤するもうまくいかない中、一九六一年に葉山でサーフィンをしていた「米軍兵士の息子・ブラウン」と出会う。

「ブラウンが、浜辺でサーフボードになにかを塗っている」のを見て「あれが滑らない魔法だ」と「さっそく借りてみて、自作のサーフボードに塗ってみると、今までスリップしていたのが嘘のように、すぐに立つことができ」た。その後、ブラウンから「本物のサーフィンの知識、テクニックを教えて」もらったと言う。

つまり日本のサーフィンは、米兵やその家族から、サーフィンをするための「道具」やそれを作る「方法」を伝え受けた人がまずは「道具」を「自作」し、それを「大量生産」するサーフショップができたことで広がったのではないか。

しかしそれが、「一九七七年頃」にサーフィンブームになるには、どのような経緯があったのだろうか。

『ポパイ』とカリフォルニア

将造さんが、中学生の頃、担任の先生に頼んでまで、サーフィンをしたかったのはなぜか。「雑誌の『ポパイ』。友達の家が工場を経営していてお金持ちで、『ポパイ』がほぼ全巻、揃っていた。そいつの家で、読みふけっていた。」

『ポパイ』とは一九七六年に平凡出版（現・マガジンハウス）が創刊した雑誌である。創刊号に記された、『ポパイ』自らの解説によれば、「〈ポパイ〉は、都市生活をテーマにした、まったく新しいライフスタイル・マガジン」[*10]とのことだ。それが、なぜ、将造さんがサーフィンをしたいと思うきっかけになったのだろうか。

小森真樹『若者雑誌と一九七〇年代日本における「アメリカナイゼーション」の変容』[*9]は、初期の『ポパイ』を「アメリカ文化の紹介を柱に、特に西海岸の若者の生活を伝えた」ものと表す。

『ポパイ』の創刊号は早速「カリフォルニア特集」だ。カリフォルニアにある店やそこで売っている商品が紹介されている。誌面には、カリフォルニアの若者が載っている。一般の若者たちも多く、その多くが「カリフォルニア・ガングロ・ルック」である。

しかし、ここまで見てきたように、『ポパイ』のような雑誌がまだない一九六〇年代から、映画やテレビを通じて、日本の若者たちはカリフォルニアの若者の外見や生活を手本にしてきた。それと何が違うのだろうか。

小森は、従来の雑誌とは異なる『ポパイ』の特徴を二つ挙げる。一つめは、「アメリカの生活をモノを通じて表象しようとした点」、二つめは、「政治や思想についての啓蒙的な態度を極力抑えた点」である。

一つめの「アメリカの生活をモノを通じて表象しようとした点」には、『ポパイ』の前身が、一九七五年に読売新聞社から刊行された、『Made in U.S.A. catalog』と、翌年に刊行された『Made in U.S.A. catalog-2』であることが表れている。これらは、ありとあらゆるアメリカ製品を「カタログ」のように並べた。『ポパイ』も「アメリカの生活」を構成する「モノ」を「カタログ」のように並べて見せている特徴がある。

一九六〇年代の則子さんも、テレビドラマ『奥さまは魔女』などが映す「アメリカの生活」を手本に、それを構成する「モノ」を求めた。そのために、アメリカに出張する人や、米軍基地に住むアメリカ人を頼ったり、見よう見まねで仕立てたり、アメ横の店に行った。その頃はまだ、そうして足を運ばなければ、情報すら手に入らなかったのだ。

しかし『ポパイ』は、カリフォルニアの若者たちの「アメリカの生活」を手本として示すと共に、それを構成する「モノ」の情報を一覧して見せた。

則子さんも、米軍基地に住むアメリカ人に「シアーズ」の「カタログ」を見せてもらっていたが、そのように米軍基地の人を頼らなくても、アメリカ製品を「カタログ」のように見られるようになったのだ。

二つめの「政治や思想についての啓蒙的な態度を極力抑えた点」には、『ポパイ』が創刊された一九七六年が、「ベトナム戦争」の終結後という背景が表れている。

一九五五年に始まったベトナム戦争が深まる一九六〇年代中頃からは、アメリカの若者たちの間で「ヒッピー」という反体制運動が広まった。この運動は、若者たちの音楽、ファッション、ライフスタイルにも影響を与えて、一部ではドラッグ使用などの不健康な行動も見られた。一九七五年のベトナム戦争終結後は、これらの行動への反動として、アメリカの若者たちの間で「健康」や「スポーツ」を重視する傾向が流行した。

『ポパイ』はそこに焦点を当てた。『ポパイ』の創刊号は「この新しい雑誌は、すべての人間生活の原点は「健康」であるということを軸」[*11]にするとある。また、「ポパイ創刊号では、カリフォルニアの若い世代の暮らし方、特に彼らのスポーツ・ライフを紹介することに、多くのページをさきました。スポーツ・ライフは現代人として生きのびるために、かけがえのない自分を健康にするためにとても重要なことだと考えたからです。スポーツを楽しもうよ、というのは、アメリカの同世代からのすばらしいメッセージだと思います」[*11]とある。

『ポパイ』はカリフォルニアの若者たちの「アメリカの生活」を「カタログ」のように並べて見せる中でも、とくに「健康」や「スポーツ」を重視し、「サーフィン」は主要なテーマになっていった。

「ロサンゼルスのビーチ」では、「ビーチイズム」が始まった当初より「スポーツ」が重視されたのは前に述べた通りだ。その中で「サーフィン」は主要なテーマになり、アメリカでは一九五〇年代後期から一九六〇年代中期頃に「サーフィンブーム」だったが、その時には日本に「移動」してこなかった。

しかしそれから一〇年以上の月日が経ち、「ベトナム戦争」を挟んで、改めて「健康」や「スポーツ」を重視するようになった「ロサンゼルスのビーチ」から、『ポパイ』に乗って、「サーフィンブーム」が日本に「移動」してきたのではないか。

小長谷の論文[*12]によれば、『ポパイ』は「創刊以来、アメリカの西海岸の若者スポーツの一つとしてサーフィンを紹介」してきたとし、一九七八年には「サーフィンのみを扱う『ポパイ別冊サーフボーイ』が発売」された。

また、当初はカリフォルニアのサーフィンの情報を伝えたが、初めて日本の「国内のサーファーに焦点を当てた」という『ポパイ』一九七七年五月二五日号が「ブームの起爆剤」となって、『ポパイ』のみならず「この後各種一般雑誌でサーフィン関連記事が急増する」ようになった。

そしてサーフィンブームを牽引した『ポパイ』は、小森によれば「一九七八年九月には公称三六万部、八〇年一月に公称六八万部と、飛躍的に部数をのばした」。

ロサンゼルスのビーチのシーンの要素が東京に移動し、カリフォルニア・ガングロ・ルックの若者たちが増えることは、一九六〇年代後期からあったが、その主な拠点は「ディスコ」だった。しかし、一九七〇年代後期、サーフィンブームと共に、東京から近い「ビーチ」も拠点になっていく。

髭とマッシュルームカット

将造さんは、サーフィンをしたかった理由をもう一つ挙げてくれた。

「ビッグ・ウェンズデー。」

『ビッグ・ウェンズデー』とは、アメリカで一九七八年、日本では一九七九年に公開されたハリウッド映画。カリフォルニアの海沿いの街で、サーフィンに明け暮れる三人の若者に焦点を当てながら、一九六一年から一九七四年までの時代変化を描いたものである。時間の経過と共に、ベトナム戦争などの出来事を通して、三人が置かれる環境や立場は変化し、三人の友情関係も変化していく。しかし、サーフィンによって結ばれる強い絆だけが変わらないことを、大波の日には共に海に向かう描写で象徴している。

それまでもサーフィンをテーマにした映画はあった。アメリカで流行した「ビーチパーティ映画」は、日本ではあまり多くの人の目に届かなかったようだが、他にもあった。

一九六二年には、ロックンロールの世界的スターであるエルビス・プレスリーが主演の『ブルーハワイ』が日本でも公開され、多くの人の目に触れたと考えられる。宣伝にはエルビス・プレスリーがサーフィンをしている写真がよく使われているが、映画の中ではあまりサーフィンのシーンがない。

翌一九六三年には、日本の俳優であり歌手である加山雄三が主演した『ハワイの若大将』が公開される。加山雄三が演じる運動部の大学生と、家族や友人たちとのふれあいを描いた「若大将シリーズ」の一つで、『ハワイの若大将』ではヨット部だが、サーフィンをするシーンがある。人気シリーズなので、日本で多くの人の目に触れたと考える。

しかし、それらを手本に、日本の多くの若者たちがサーフィンを始めることにはならなかった。それに対し、『ビッグ・ウェンズデー』を手本に、日本の多くの若者たちがサーフィンを始めたのはなぜか。

理由の一つは、『ポパイ』などによって、カリフォルニアの若者たちの「アメリカの生活」が「カタログ」のように伝えられる中で「サーフィン」が主要なテーマになっていたことがあるだろう。

理由はもう一つ考えられる。

「そこに出てくるジェリー・ロペスを真似して、サーファーはみんな、マッシュルームカットに、髭を生やした。」

ジェリー・ロペスとは、すでにスターになっていたプロサーファーである。映画の中でも、プロサーファー役としてカメオ出演している。

物語に深く関わっているわけではないので、私は一度めは見逃したが、将造さんに話を聞いてからもう一度見たら、確かに「マッシュルームカットに髭」の「ガングロ・ルック」をしたサーファーが出ていた。

当時の日本のサーファーたちがそれを見逃さなかったということは、その頃、家庭用VTR（ビデオテープレコーダー）の普及が始まっていたからではないか。一九七〇年代後半におけるベータとVHSの規格競争を終え、その後の一九八〇年代、VTRの普及率は二％から八〇％に拡大することになる。これにより、映画が示す外見の手本を、さらに詳細に再現しやすくなった。

そして、ジェリー・ロペスが示した「マッシュルームカットに髭」を特徴とする、サーファーの「ガングロ・ルック」の「モデル」に従って、外見の大量生産が起きたようだ。

一九六〇年代初期にも、エルビス・プレスリーや加山雄三が映画を通じてサーファーの「ガングロ・ルック」を見せたが、多くの人がそれに従って外見を再現するような「モデル」にはならなかった。

それに対し、ジェリー・ロペスが見せたのは、特徴がわかりやすく、「モデル」になりやすい外見だった。だから、外見の大量生産が起こり、さらにはサーファーの数を増やすことにもなったと考えられる。

将造さんは、高校では髭を生やすことが禁止されていたので完全にできなかったが、大学生になってからはジェリー・ロペスの「モデル」に従った外見にしたようだ。

ただし、アメリカでジェリー・ロペスの外見をする人が増えたという情報は見つからないので、これは日本のナショナルな「モデル」のようだ。


ジェリー・ロペスが示した外見の「モデル」は進化していった。

「サーフショップのTシャツに、ファーラーの裾の広がったパンツ。それが当時のサーファーのスタイルだった。」

ファーラーとは、一九二〇年にアメリカで誕生し、七〇年代にイギリスへと拠点を移したワークウェアブランド。将造さんも、ファーラーのパンツを、高校の制服にも組み合わせていたという。

「サーファーの中でも、アイビーを取り入れている人は、ボートハウスのトレーナーや正ちゃん帽。」

「アイビー」とは、アメリカ東部の伝統的な学生の外見を手本にした装いのことで、日本では一九六〇年代中期にも流行した。「ボートハウス」は、一九七九年に青山で創業した海をテーマにした洋服の店である。その商品である正ちゃん帽は、折り返しのあるニット帽で、頂上にボンボンがついている。

ジェリー・ロペスが示した外見の「モデル」は、「マッシュルームカットに髭」をベースに、サーフショップのTシャツ、ファーラーのパンツ、ボートハウスのトレーナーに正ちゃん帽など、具体化していったようだ。ジェリー・ロペスが『ビッグ・ウェンズデー』で最初に示した「モデル」からは、「変換」が起こった。

サーファーカット

ジェリー・ロペスが示したサーファーの「ガングロ・ルック」の「モデル」は、髭という特徴から「男の子スタイル」である。「女の子スタイル」はどのようなものだったのか。

「サーフィンをしている女の子は、ローカルにはいた。」

「ローカル」とは「ビーチ」の近くに住む人のことだ。ローカルでない人はどうだったのだろうか。

「サーフィンをしている女の子は、知る限りいなかった。シティのサーフ・ファッションをしていた。」

「シティ」とは「都市からビーチ」に行く人のことだ。ただし、「いなかった」というのは、将造さんの「知る限り」とのことだ。しかし、今回、私も「都市からビーチ」に行って「サーフィンをしていた女の子」を探したが、証言者に出会えなかった。「いなかった」ことはないが、「少なかった」と推測する。

「サーファーの彼女は、だいたい、そういう格好をしていたと思う。」

つまり、サーフィンのシーンにあった「女の子スタイル」は「ビーチ」の近くに住む「サーファー」の「ガングロ・ルック」か、「都市からビーチ」に行く「サーファーの彼女」の「ガングロ・ルック」だったということだ。

「ビーチ」の近くに住む「サーファー」の「ガングロ・ルック」はこのようなものだったという。

「サンダルに、短パンで、タンクトップ、頭の上にサングラス乗せて、サーフボードをくくりつけたビーチクルーザーを運転していた。」

「都市からビーチ」に行く「サーファーの彼女」の「ガングロ・ルック」はこのようなものだったという。

「上は、夏は小さな花柄のドレスシャツか、ポロシャツか、サーフブランドのTシャツ。冬はサーフブランドのトレーナー。下は、コーデュロイなどのフレアパンツや、デニムのベルボトムなど。」

後者の外見をしているのは、

「『Ｆｉｎｅ』を読んでいるような人たち。」

だったと言った。

『Ｆｉｎｅ』は、一九七八年に日之出出版が創刊。「サーフィンブーム」の時期に創刊した雑誌である。「Ｆｉｎｅ四〇周年記念ブック」[*13]によれば、「健康的で、青い空、青い海をテーマにした、明るいアソビの雑誌」[*10]というコンセプトで始まったという。

創刊号より、表紙には「シティギャルズのライフ&トラベルマガジン」という言葉が入っている。「都市からビーチ」に行く「女の子スタイル」がテーマであることがわかる。

そこに載っている若者たちのほとんどが「ガングロ・ルック」で、同じような髪型をしていた。これは、マサ大竹『ヘアスタイリングの過去・現在・未来』[*14]にある写真と照らし合わせると、「一九七〇年代末頃大ブーム」になったという「ロングヘアをレイヤーカットした「サーファーカット」」である。「アメリカのＴＶ映画に主演したファラ・フォーセットのヘアスタイル」と説明されている。

なぜ、「都市からビーチ」に行く「サーファーの彼女」が従う「ガングロ・ルック」は、ファラ・フォーセットの髪型を特徴としたのだろうか。

ファラ・フォーセットが主演した「アメリカのＴＶ映画」とは、アメリカで一九七六年から一九八一年にかけて放送され、日本では一九七七年から一九八二年にかけて日本テレビ系列で放送された『チャーリーズ・エンジェル』(日本語版は『地上最強の美女たち！チャーリーズ・エンジェル』)のことである。

『チャーリーズ・エンジェル』は探偵の物語で、ファラ・フォーセットが演じる役はサーファーでなければ、サーファーの彼女でもない。しかし、舞台はロサンゼルスで、ビーチのシーンも多い。ファラ・フォーセットは、肌の見える服を着ていることが多く、まさに「黒く

●カリフォルニアを舞台にしたテレビドラマや映画でガングロ・ルックを見せたファラ・フォーセット。日本のビーチに行く若者たちにも外見の手本を示した。写真は映画『サンバーン』の映画パンフレット（一九七九年）

焼けた肌に、脱色した髪に、隆起した筋肉」の特徴を持つ「カリフォルニア・ガングロ・ルック」である。

次の主演作、一九七九年に公開された映画『サンバーン』も探偵の物語だが、ファラ・フォーセットはやはり「カリフォルニア・ガングロ・ルック」である。タイトルの「サンバーン」とは、日本語で「日焼け」を意味する。

一九七〇年代後期からの日本の「サーフィンブーム」のサーフィンのシーンは、『ポパイ』などを通して、「カリフォルニアのビーチ」を手本にしたものだ。

日本の「サーフィンブーム」に合致して、テレビドラマや映画で「カリフォルニア・ガングロ・ルック」の「女の子スタイル」の手本をわかりやすく示したのが、ファラ・フォーセットだったのではないか。

だから、ファラ・フォーセットが示した髪型の「モデル」に従って外見の大量生産が起きた。そしてそれが「サーファーカット」と呼ばれるようになったと考えられる。この「サーファーカット」は、その直後の一九八〇年にレコードデビューする、日本の歌手の松田聖子が示した髪型の「モデル」である「聖子ちゃんカット」とも特徴が近い。

サーファー・ディスコ

将造さんは、「湘南」で朝五時半からサーフィンをしていたというのに、夜や週末は「渋谷」に移動した。目的の一つめはこれだ。

「サーファーディスコ。一番よく行ったのは、駅前のビルの六階にあったキャンディ・キャンディ。公園通りの入口のラ・スカーラ。そこは会員証代わりである小さなサーフボードがついたキーホルダーを持っていると割引してくれた。それからセンター街の奥のスター・ウッズ。」

「キャンディ・キャンディ」「ラ・スカーラ」「スター・ウッズ」という名が挙がった。「キャンディ・キャンディ」でDJをしていたDJ OSSHY『ディスコの力』[*15]によると、「ラ・スカーラ」は「当時、渋谷で最も流行っていた」[*16]とし、「キャンディ・キャンディ」を「八〇年代前半の「サーファー系ディスコ」の名店」[*17]としている。

「六本木のナバーナにもよく行った。新しいステップは、キャンディ・キャンディで練習して、ナバーナで本番。トレンドのステップを踊れることがステータスだった。」

一九六〇年代にディスコに行っていた則子さん同様、将造さんも新しい「ステップ」を取り入れることに力を注いでいた。

　手本にしていたのは、アメリカのテレビ番組の『ソウルトレイン』。『ソウルトレイン』は一九七一年から二〇〇六年まで放送され、黒人のアーティストやダンサーを中心に紹介していた。特徴の一つに、観客が二列に並び、一人ずつ中央を通ってダンスを披露するコーナーがある。そのステップを手本にしていたということだ。

「ナバーナ」は六本木にあった。前掲の『70'Sディスコ伝説』[*20]は、サーファー・ディスコの拠点は「六本木／渋谷」[*21]とし、例として「ナバーナ」の他に「キサナドゥ」「メビウス」「レオパード・キャット」[*22]という六本木の店を挙げている。

　しかし、DJ OSSHYの『ディスコの力』によれば「六本木は洗練されたイケイケ系」「渋谷はサーファー系」とあり、サーファー・ディスコは、渋谷のディスコを象徴したようだ。将造さんもこう言う。

「渋谷のラ・スカーラの隣にあったジャック・アンド・ベティで食事をして、ディスコに行くのが定番だった。」

「ジャック・アンド・ベティ」とは、アメリカ料理のカジュアルなレストランである。

　サーファー・ディスコは、他のディスコと何が違うのか。

「六本木のディスコなどは基本的にドレスコードがあるけれど、サーファー・ディスコにはない。Tシャツにサンダルでも入れる。あとは内装。サーファー・ディスコには、ヤシの木やネオンがあった。かかっている曲は、それほど変わらない。」

サーファー・ディスコには、ヤシの木やネオンなど「ビーチ」を表す要素を取り入れた内装があり、「ビーチ」にいるような装いをする人が集まっていたということだ。

それにより、将造さんのように、昼に「ビーチ」にいる人も、夜の「渋谷」にそのままの装いで行かれるようになっていたのだろう。

しかしそれならば、サーファー・ディスコは、「ビーチ」の近くにあった方がよいのではないか。そうすれば、サーファーは昼は「ビーチ」にいるのだから、そのまま行くことができる。ビーチの要素を取り入れた内装ではなく、ビーチの本物の景色を見ることもできる。

それなのに、なぜ「渋谷」にあったのだろう。

DJ OSSHYは、「渋谷のディスコにはサーファー系の学生たちが多く集まった」「リアル・サーファーだった友だちも来店してくれた」[*18]と述べる。ここから渋谷のサーファー・ディスコに多く集まっていたのは「サーファー」でなく「サーファー系」であり、「リアル・サーファー」が少数派だったことがわかる。

また「サーフボードを持って海には行くものの、少しパドリングだけしてすぐに浜にあがって日焼けに終始する〝陸サーファー〟も続出」[*19]とも述べる。渋谷のサーファー・ディスコには、「サーファー」だけでなく、「陸サーファー」という人たちが多く集まっていたようだ。

日焼けサロン革命

「陸サーファー」とは、サーフィンをしないが、「サーファーの外見」をしている人のことを表す。なぜ、そのような人が現れたのだろうか。

理由の一つめは、「サーファーの外見」の「モデル」ができたからだと考える。

ちょうどその頃の一九八一年に刊行された、当時の東京の若者たちの流行を象徴的に描いた小説『なんとなく、クリスタル』[*23]にも、「陸サーファー」が登場する。主人公が六本木のレストランに入ると、「ヒゲをはやした陸サーファーっぽい男の子たちが遊んでいた」とある。「ヒゲをはやした」ということは、「陸サーファー」もジェリー・ロペスの「モデル」の外見をしていたということだ。

そのような「サーファーの外見」の「モデル」ができたから、サーフィンをするか否かに依らず、「モデル」に従えば、「サーファーの外見」になれるようになったのだ。

理由の二つめは、「サーファーの外見」になるための「道具」ができたからだと考える。

日本経済新聞の記事[*24]によれば、日本の「日焼けサロン」の第一号は、一九八一年一一月に原宿に開店した「ビーチ・ボーイ」である。「経営者のナターシャ・スタルヒンさんが、故スタルヒン投手の令嬢」と言うことだ。

その店の盛況により、この新聞が発行された一九八二年七月一八日時点で、「都内だけで二〇軒余、大阪や札幌などにもチラホラ登場」と増えていたことがわかる。

日焼けマシンの内容はこう説明されている。「太陽光線にはＡＢＣ三種類の紫外線が含まれるが、地上に届かないＣ線はともかく、わずかに降り注ぐＢ線はメラニン色素の活性化には不可欠ながら、炎症の元になる厄介もの。そこでＢ線を極力抑え、太陽光線より安全な状態で肌を黒くしようというのが、これらの機械の基本姿勢」。

「太陽の光」によって肌が黒く焼ける構造は、前に述べたとおりだ。それと基本的には同じ構造だが、「日焼けサロン」では、紫外線を人工的に分解して制御する。

この記事では、一九八二年五月に渋谷に開店した日焼けサロンの経営者のコメントも紹介している。それによれば、日焼けサロンは元々「日照時間の少ないヨーロッパで考案されたものだが、数年前に、アメリカに飛び火すると一転する。アメリカでは小麦色の引き締まった体でベンツを運転するのが、成功者のあかし。日本でも最近は日焼けをファッションと見る傾向があり当たると思った」と言っている。

「日焼けをファッションと見る傾向」とは、サーフィンをしないが「サーファーの外見」をしている「陸サーファー」を表していると考えられる。日本の日焼けサロンは、「陸サーファー」を対象にして始まったことがわかる。

「日焼けサロン」の登場により、ビーチへ行かなくても、「ビーチイズム」を肌というスクリーンに投影した「ガングロ・ルック」になれるようになった。それを最初に実行したのが「陸サーファー」である。

ここで二種類の「ガングロ・ルック」を区別しておくことにする。「太陽の光」による「黒く焼けた肌」と、「海水」による「脱色した髪」で構成される、「自然」にできた「ガングロ・ルック」を「自然的ガングロ・ルック」と呼ぶことにする。これは、「ビーチ」でしか作ることができない。

一方、「日焼けサロン」による「黒く焼けた肌」と、「ブリーチ剤」による「脱色した髪」で構成される、「人工的」にできた「ガングロ・ルック」を「人工的ガングロ・ルック」と呼ぶことにする。こちらは「都市」で作ることができる。

ところで「ブリーチ剤」とはこういう仕組みだ。「太陽の光」と「海水」によって髪が脱色するのは、「紫外線」がメラニン色素を分解し、「海水」が紫外線を内部に届きやすくするからだった。それに対し「ブリーチ剤」は、「過酸化水素」でメラニン色素を分解し、「アルカリ剤」で「過酸化水素」を内部に届きやすくする。

「見立て」のビーチ

こうして、「ビーチ」に行かずに「ガングロ・ルック」になることを実現した陸サーファーが「ビーチ」の代わりに向かった先が「渋谷」の「サーファー・ディスコ」だったということだ。

サーファー・ディスコは、ヤシの木やネオンなど「ビーチ」を表す要素を取り入れた内装によって、客に「ビーチ」にいるような体験を与える空間だったようだ。

これは、日本の「枯山水庭園」にある「見立て」の構造と近い。「枯山水庭園」とは、造園学者の丹羽鼎三「作庭形式上より観たる日本庭園の類別」[*25]によれば、「現実の水を使用せずして、瀑布・水流・池沼・瀧の風趣を感ぜしむる様、工夫せられたる庭園」だ。丹羽は、このような、「非写実的な意匠や手法」を用いて、具体的な景観を超えた「想像の境地」に導く庭園を「写意庭園」と呼ぶ。そしてその「写意庭園」の鑑賞には、作庭者の「非写実的な意匠や手法」を理解するための「芸術的素養」が求められるとしている。

これをもとに、水上象吾「枯山水庭園に間接的に見立てられた大自然の仮想イメージが庭園の印象に与える影響」[*26]は、「枯山水庭園」を「大自然を人為的な空間内に凝縮」したものとし「大自然の形態等の特徴を抽象化し、直接環境から得られる知覚情報に加えて、そこに意味を見出す人間の認識により間接的に見立てられた自然」だとする。

「サーファー・ディスコ」も、「現実の水」は使用していないが、ビーチを非写実的に表した「ヤシの木」の意匠と、さらにそこに「ビーチイズム」を肌というスクリーンに投影した「ガングロ・ルック」の「サーファー」や「陸サーファー」が集まっている景色によって、「ビーチ」を「感じさせ」たのではないか。そこは「ビーチ」という「自然」を「人工」的な空間内に凝縮したものだ。しかし、そこから「ビーチ」を見出す「認識」がある人によって、そこは「ビーチ」に「見立て」られたのだと考えられる。

アメリカン・グラフィティ

将造さんが、「湘南」から「渋谷」に移動していた目的を、他にも挙げてくれた。
「洋服も、サーフショップで買っていたから。タウンアンドカントリー、ローカルモーションン、ライトニングボルト。西武百貨店にサーフショップが多く入っていた。サーフボードもそこで買ったことがある。」

タウンアンドカントリー、ローカルモーション、ライトニングボルトはいずれも、ハワイのサーフショップの名前である。

前掲の小長谷の論文[*27]によれば、西武百貨店は、日本でサーフィンの歴史が始まってまもない一九六〇年代半ばから、サーフィン用品を販売していたと言う。一九六五年に発足した日本サーフィン連盟の本部を西武百貨店の池袋店の中に迎え、初心者向けの教室も開いていた。だから渋谷店にも、サーフショップが多くあったのだと考えられる。

西武百貨店は、一九七三年からアメリカのシアーズと「カタログ販売の提携」をし、日本から「シアーズ」の商品を直接買えるようにしたことも前に述べた。西武百貨店にも「アメリカの生活」や「ハワイの生活」を構成する「モノ」を「カタログ」のように並べて見せる方針があったのだろうか。

しかし最も多かった目的はこれだった。

「ファイヤー通りのメルス・クラブ。そこがたまり場だった。」

ファイヤー通りとは、渋谷駅から隣の原宿駅方面に、七、八分歩いたところから始まる、渋谷消防署がある道だ。

「サンデービーチ[*28]があって、文化屋雑貨店[*29]があって、その辺りの建物の二階にあった。ピンボールが置いてあって、アメリカのバーのような雰囲気。」

将造さんは、「湘南」に引っ越す前、「東京」の中学生だった頃から、そこに通っていた。

「メルス・クラブの由来は、『アメリカン・グラフィティ』に出てくるメルズ、ドライブインかもしれない。」

『アメリカン・グラフィティ』とは、アメリカで一九七三年、日本で一九七四年に公開されたアメリカ映画。のちに『スター・ウォーズ』シリーズなどを生み出すジョージ・ルーカスの監督作品である。

「一九六二年の夏、あなたはどこにいましたか?」というキャッチフレーズが掲げられたとおり、物語の設定は一九六二年。カリフォルニア州の小さな町を舞台に、高校を卒業したばかりの若者たちが過ごす最後の夏の夜を描いている。メルズ・ドライブインは、その中で、若者たちが度々集まるアメリカンダイナーの名前だ。

「雑誌は『ポパイ』、映画は『アメリカン・グラフィティ』。この二つがバイブルだった。」

『アメリカン・グラフィティ』は確かにアメリカの若者文化を描いたものだが、車や、ロックンロールに焦点が当てられており、サーフィンは登場しない。サーフィンに明け暮れていた将造さんにとって、『ポパイ』が「バイブル」だったことは納得がいくが、『アメリカン・グラフィティ』はなぜだろうか。

「『アメリカン・グラフィティ』には、ザ・ビーチ・ボーイズの曲も使われていた。そういう一九五〇年代、六〇年代の曲をよく聴くようになった。ベトナム戦争前の、一番輝いていたアメリカが、みんなの憧れだった。」

改めて『アメリカン・グラフィティ』のサウンドトラックを聴くと、確かに、ザ・ビーチ・ボーイズの曲がある。他にも、ジャン&ディーンやザ・サーファリスなどのサーフロックが多く含まれている。それらは一九五九年から一九六六年にアメリカで流行した「ビーチパーティ映画」でも使われていた音楽である。『アメリカン・グラフィティ』の時代設定である一九六二年は、「ビーチパーティ映画」や「サーフロック」が流行した、アメリカの「サーフィンブーム」の真っ只中である。

『アメリカン・グラフィティ』は、直接的ではないが、間接的に、アメリカの「サーフィンブーム」の頃の「サーフィン」のシーンを、一〇年以上の月日を経て、日本に伝えていたのだ。

その一〇年以上の間にあったのは、「ベトナム戦争」である。『アメリカン・グラフィティ』がアメリカで公開された一九七三年は、アメリカ軍の撤退が始まり、ベトナム戦争の終わりが徐々に見え始めていたものの、まだ終結前だ。そのような中、ゲリー・ジェンキンズ『ルーカス帝国の興亡』[*30]によれば「ベトナムとウォーターゲート事件が新聞の見出しを独占している日々に、この映画はアメリカが楽しかった時代を、束の間とはいえ思い出させてくれた」とあり、たちまち「全米を席巻」[*31]したと言う。

『アメリカン・グラフィティ』には、「アメリカが楽しかった時代」の、若者たちの「アメリカの生活」を構成する、ロックンロールや、ドライブインシアターや、ダンスパーティや、アメリカンダイナーの要素が「カタログ」のように並べられた映画だ。その中に、多くはないがサーフィンという要素も含まれていたのだ。

「アメリカが楽しかった時代」のカリフォルニアの「ビーチイズム」が、一〇年以上の月日を経て、『アメリカン・グラフィティ』にのって、日本に移動してきたのだ。

そして「アメリカが楽しかった時代」のシーンを再現する「メルス・クラブ」が「渋谷」にあったから、サーファーの将造さんも「渋谷」に行った。

「店長はサーファーで、お客さんには『ポパイ』に載っているようなモデルもいた。」

「メルス・クラブ」には「ガングロ・ルック」の若者が集まっていたことがうかがえる。

アメリカ学園映画

『アメリカン・グラフィティ』が、「アメリカが楽しかった時代」の若者たちの「アメリカの生活」を構成する要素を「カタログ」のように並べた中に、「サーフィン」があったが、他に「ロックンロール」があった。それをもとに、日本では、「ロックンロール」の外見の「モデル」が現れていた。

「原宿の歩行者天国で、ローラーをしていた」

と、イラストレーターの三原紫野さんは言った。

「ローラー」とは「ロックンロールローラー」の略である。

「原宿の歩行者天国」は一九七七年に始まった。「歩行者天国」は、東京では一九七〇年から始まり、日曜日の特定の時間だけ、人が多く集まる街の道路を自動車が入れないようにして、人が遊ぶ場にしたものだ。

原宿の歩行者天国では、一九八〇年前後から若者たちが集団でダンスをするのがさかんになった。それはちょうど、戦後は連合国軍に接収されて、一九六四年まで米軍住宅「ワシントンハイツ」があったところの脇である。

そこにまず集まったのが、独自のダンスをする「竹の子族」。そして次に集まったのが、ロックンロールのダンスをする「ローラー族」である。

紫野さんが「ローラー族」に関わったのは中学二年生の時で、一九八〇年だ。渋谷から北東に約一〇キロの上野にある中学校に通っていた。

「学校の同級生に誘われたのがきっかけ。その頃にはテレビなどでも取り上げられていたので、知ってはいた。詳しくはわからなかったけど、とにかく原宿へ行ってみた。」

近くに座ってダンスを見ていると。色々なチームから勧誘された。そして、その中の一つのチームに入った。その後、毎週日曜日の一二時から一七時、原宿の歩行者天国へダンスをしに行くようになった。

チームに入ることが決まると、

「まず、フィフティーズの映画のリストが渡された。それを全部見てきなさいと。」

『アメリカン・グラフィティ』の成功をきっかけに、『ルーカス帝国の興亡』によれば「かつてのロックンロールの波にひたれる映画[*32]」が次々と作られ、ヒットした。「ローラー」が手本にした「フィフティーズの映画」は、これらの映画と一致する。『アメリカン・グラフィティ』が象徴する「アメリカが楽しかった時代」の映画である。

それらの映画の時代設定は、『アメリカン・グラフィティ』が一九六二年であるように、一九五〇年代のみならず、一九五〇年代の文化が色濃く残る一九六〇年代初期の場合もある。しかし、その時期全体を、この頃の日本の雑誌などでは「フィフティーズ（50'S）」と呼ぶことが多かったので、ここでもそう呼ぶことにする。

「ローラー」が手本とする「フィフティーズの映画」の中でも最も主要なのは、やはり『アメリカン・グラフィティ』だった。

「踊る曲も、基本的には、『アメリカン・グラフィティ』で使われている曲が中心。」

ダンスも、基本的に、リストで渡された「フィフティーズの映画」に出てくる振り付けで構成されたと言うことだ。

「答えが明確にあるので、チームが違っても、曲や踊りはだいたい一緒になった。チームごとに、若干、創作を加えるようなことはあるけれど。」


そして外見も、もちろん「フィフティーズの映画」の登場人物が手本だ。

「女の子は、ポニーテールに、大きなリボンをつけて、サーキュラースカート。男の子は、リーゼントに、革ジャン。」

「フィフティーズの映画」を手本にした「ロックンロール」の外見の「モデル」があったことがわかる。

ただ、「モデル」に従うための「材料」は、一九五〇年代や一九六〇年代初期の設定の映画に出てくる服だから、一九八〇年代の日本で容易に手に入らなかった。

「お母さんがちょうど五〇年代を経験しているので、服を借りたり、サーキュラースカートは自分で作っていた。」

「サーキュラースカート」は、円形にきりぬいた布で作ると言うことだ。そうすると、ダンスでターンをした時に、円形に広がる。

「男の子のリーゼントはもっと手が込んでいたと思う。そのかわり、完成するとすごく高揚感があったみたい。中には、リーゼントをしていない姿は、絶対に見せないと言う人もいた。」

「チームに入る時には、サブネームをつけることも決まっていた。アメリカ人のような名前を。中には、名前だけでなく、性格のようなものも設定している人がいた。例えば、寂しがり屋のチャーリーというような。」

「フィフティーズの映画」は、「ダンス」や「外見」のみならず、「性格」の「モデル」まで示していたようだ。

「何か別のものになりたかったのではないかな。リアル世界だけど、アバターのように。」

紫野さんは、少し考えてから、こう言った。

「ローラーの女の子たちが目指していたのは、アメリカの高校生のプロムだったと思う。」

プロムとは、アメリカの高校で年度末に催されるダンスパーティのことである。[*23]

「若者をテーマにしたアメリカ映画やドラマでは、必ずといってもよいほど、プロムのシーンがある。恋愛も、友情も、たいてい、そこで物語の展開が起こる。」

「ローラー」の手本は、「フィフティーズの映画」の中でも、「フィフティーズの学園映画のプロム」のシーンだったのだ。長谷川町蔵と山崎まどかの『ハイスクールUSA―アメリカ学園映画のすべて―』[*33]でも、プロムは「学園映画の終着点」[*34]と呼んでいる。

『ハイスクールUSA』は、プロムについてこう説明する。

「男女ともに正装が義務づけられる。男女一組で出席することが基本。男子はリムジンを借りて女子を家まで迎えに行き、彼女の両親の目の前でコサージュを渡して一緒に食事をすることがプレ・プロム・イベントとして儀礼化している。[*35]」

アメリカの高校生たちの「プロム」には、外見のみならず、ありとあらゆることに「モデル」があるようだ。

「ビーチパーティ映画」もわかりやすい「モデル」を示したから、アメリカ全土のティーンエイジャーたちが、それに従って再現し始めた。同様に、「フィフティーズの映画」の中にあるアメリカの高校生たちの「プロム」もわかりやすい「モデル」を示したから、日本の若者たちは「原宿の歩行者天国」でそれを再現したのだろう。

しかし、「ローラー」がその外見をして、そこに集まり、ダンスをした理由は、そこにわかりやすい「モデル」があったからだけではない。他の理由もあった。

「カメラが集まっていたこともあるのではないかな。」

それはテレビなどのカメラだろうか。紫野さん自身も最初はテレビで見て「ローラー」を知ったと言っていた。

「平日は他の仕事をしているような、アマチュアのカメラマンも多く集まっていた。カメラマンの方も、その時間、その場所に来れば、必ず、撮影する対象があるのは貴重だったかもしれない。」

「毎週日曜日の一二時から一七時」の「原宿の歩行者天国」という明確なスケジュールが、「カメラ」と「若者」たちをマッチングしたようだ。

「ローラー」も「カメラが向けられる」ことを意識していたのか。

「していた。チームごとにフォーメーションを組んで踊る時、写真に映えるようなフォーメーションになるように工夫したりしていた。」

「ローラー」を撮影しにくるカメラマンの期待に応えられるように、「カメラが向けられる」準備をしていたと言うことだ。

撮影された写真は、その後、どうなったのだろう。

「私は、結局、そのままだけれど、そこから有名になりたい、という人は、もらったりしていたと思う。」

「原宿の歩行者天国」でダンスをしていた中からは、有名になる若者もいたようである。

「毎週日曜日の一二時から一七時」の「原宿の歩行者天国」も、「カメラが向けられ」た、「スターになれるかもしれない」ステージだったようだ。だから、「ローラー」を撮影しにくるカメラマンの期待に応えられるように、「ロックンロール」の外見の「モデル」に従う外見が「大量生産」されたのだと考えられる。

ただし、「毎週日曜日の一二時から一七時」の「原宿の歩行者天国」の、「カメラが向けられた」ステージは、ロサンゼルスのビーチのように「自然」にできたものではない。「ローラー」はいくつものチームで構成され、それが二つの連合に分かれていた。その連合のリーダーが、常に警察と調整を図っていた。日曜日のダンスの前後には、チームごとに朝礼と終礼があり、警察との間で決まったことが、リーダーからメンバーへと伝達されて、遵守した。そういう組織体制により、「人工」的に獲得した「カメラが向けられ」たステージだった。

その後、「原宿の歩行者天国」に集まる若者たちは多様化していった。

「ローラー族より渋谷側のエリアに、ブレイクダンスをする人たちが集まるようになり、さらにその後、それよりさらに渋谷側のエリアに、バンドで演奏する人たちが集まるようになっていったようだ。」

しかし、バンドブームがまだ収まらない頃の一九九〇年代に、原宿の歩行者天国は廃止される。

ここで注目した「ロックンロール」の外見は、「ガングロ・ルック」ではない。

「ローラー」が手本にした「フィフティーズの映画」の登場人物は、

「基本的に白人なので、肌は日に焼けないようにしていた」

と言う。

しかしデヴィエンヌ[*36]の論文では「二十世紀後半のアメリカの視覚イメージ」は「カリフォ

ルニア・ガングロ・ルック」が「重要な位置を獲得」したと述べていた。そこで『アメリカン・グラフィティ』を始めとした「フィフティーズの映画」を改めて観てみると、そこに出ているハリウッド映画スターは、意外と「カリフォルニア・ガングロ・ルック」をしていることが多い。

「ローラー」は、なぜ「カリフォルニア・ガングロ・ルック」であることの多い、ハリウッド映画スターを手本にしながらも、「ガングロ・ルック」にしなかったのだろうか。

そこにあるのは、趣味や嗜好による「認識」の違いではないかと考える。

さきほど、「サーファー・ディスコ」は、そこから「ビーチ」を見出す認識を持つ人によって、「ビーチ」に「見立て」られたと述べた。逆に「ビーチ」を見出す認識を持たない人によっては、そう見えなかったのではないか。

このような「認識」の違いはなぜ生まれるのだろうか。そこで思い出されるのが、『アメリカン・グラフィティ』の捉え方の違いだ。「サーファー」の将造さんは、ザ・ビーチ・ボーイズのサーフロックが流れる映画として捉えていた。一方、「ローラー」の紫野さんは、アメリカの高校生のプロムのダンスや外見の手本を示す映画として捉えていた。同じものを見ても、「趣味や嗜好」が違えば、「認識」も違うということだ。

「フィフティーズの映画」に出ているハリウッド映画スターの「カリフォルニア・ガングロ・ルック」から、「サーファー」は「ビーチ」を見出し、「ローラー」は「プロム」を見出した。その結果、前者はそれが「ガングロ・ルック」に見えたが、後者はそう見えなかったということではないか。

読者モデル誕生

紫野さんは、その後の一九八二年、都内の大学附属の高校に進学する。その夏、ご両親とヨーロッパ旅行したのをきっかけに、「ローラー」はやめる。

「その頃は、サーファーファッションをしてない人でも日に焼けていて、みんながいくらかサーファー風ではあった。」

紫野さんも「ガングロ・ルック」になっていく。そういう「ガングロ・ルック」の高校生たちが集まったのが、

「六本木。目的はディスコ」

だと言う。

「六本木には、大学ごとに、そこの学生の行きつけのディスコがあった。大学附属校の高校生は、附属する大学の行きつけのディスコに、大学生のふりをして行った。」

この頃の東京の高校生、とくに大学付属校の高校生が集まっていたのは、六本木のディスコだったようだ。

「六本木のジャック・アンド・ベティで集合して、ディスコへ行って、バーガー・インで解散するというのが、女子高生たちの憧れコース。」

ジャック・アンド・ベティは、将造さんが渋谷で行っていた店の六本木店。バーガー・インは、六本木にあったハンバーガーショップの「ザ・ハンバーガー・イン」である。

「高校生は、大学生になりたくてしかたなかった。制服を脱いで、大学生のようなハマトラの服に着替えて、ディスコに行くチャンスをいつも狙っていた。」

「ハマトラ」とは「横浜トラディショナル」の略。一九六〇年代に横浜に住むHさんもしていたような、横浜元町に本店があるフクゾーやミハマなどのブランドのアイテムを組み合わせた装いである。それがこの頃の大学生の装いであり、大学附属校の高校生も、同じような装いをしていたということだ。「ハマトラの服」を着た「ガングロ・ルック」が、この頃の大学生や、大学附属校の高校生の外見だったことがわかる。

このように、大学附属校の高校生は行動も外見も「大学生」を手本にしていたのはなぜだろうか。

「高校生が読んでいたのも、『JJ』を始めとした女子大生向け雑誌だった。」

『JJ』とは、一九七五年に光文社が創刊した「女子大生」を対象としたファッション誌である。

「『JJ』には、六本木のディスコで見かける高校生たちも、載ることがあった。今回は、どこの学校の誰が載っていたかという話題で、いつも持ち切りだった。」

これは「読者モデル」という仕組みである。米澤泉『私に萌える女たち』[*37]では「一九七五年当時、雑誌にプロのモデルではない素人の読者モデルを登場させるという手法は画期的であった」とされるので、最初にこの仕組みを使った雑誌は『ＪＪ』だと考えられる。

例えば、創刊号ではハマトラ特集が組まれており、プロのモデルがハマトラの装いをして見せるページのあとに、街でハマトラの装いをしていた一般の大学生のスナップ写真が並ぶページがある。いわゆる「街頭スナップ」だ。その後はさらに「街」で撮影した写真だけでなく、一般の大学生がファッションモデルになって「スタジオ」で撮影した写真も載るようになる。

「読者モデル」の仕組みは、その後、多くのファッション誌に取り入れられるようになる。次第に、「読者モデル」として頻繁に雑誌に登場する人が、有名になることも起こる。さらにはそういう人の中から「プロのモデル」になることも起こる。つまり、「読者モデル」の仕組みは、「スターになれるかもしれない」仕組みになっていった。

そういう中で、紫野さんたちは、『ＪＪ』に「どこの学校の誰が載っていたか」と注目していたのだ。

「みんなが『ＪＪ』に載りたいと思っていた。実際に、そういう中から有名になった人もいる。」

六本木のディスコで見かける人が『ＪＪ』によく載っていたということは、六本木のディスコ周辺は、『ＪＪ』の「カメラが向けられ」たステージになっていたということだ。六本木のディスコで、『ＪＪ』が示す「モデル」に従っていれば、『ＪＪ』の「読者モデル」

に採用され、「スターになれるかもしれない」ということだ。

『ＪＪ』は「女子大生」向けのファッション誌である。『ＪＪ』が示すのは「女子大生」向けの「モデル」である。だから大学附属校の高校生も、「女子大生」向けの「モデル」に従っていた。

「女子大生」向けのファッション誌『ＪＪ』のカメラを意識して、大学附属校の高校生も、大学生と同じ行動、同じ外見になったのだと考えられる。

「読者モデル」の仕組みについては、前にも触れた雑誌『Ｆｉｎｅ』にも注目したい。『Ｆｉｎｅ』も当初より、その仕組みを取り入れていた。その経緯がこう説明されている。

元々『Ｆｉｎｅ』は、前にも述べた通り、「健康的で、青い空、青い海をテーマにした、明るいアソビの雑誌」というコンセプトで作られた雑誌である。

そのような中、他のファッション誌に載っているような「波をこわがって逃げまわるモデルたちより、海を友達にしてのびのび遊ぶ」人をモデルにしたいという考えから、「〝読者モデル〟という考えが誕生[*38]」したということだ。

これは、アメリカの「ビーチパーティ映画」で、そこで映したいような美しい体は「スタジオでは製造できない」とし、それを作る「唯一の方法は、ビーチで暮らすことだ」として、「ほとんどの映画のエキストラをマリブのビーチで採用した」という考えとも重なる。

アメリカと渋谷

一九八〇年前後の「渋谷」に、サーファーや陸サーファーなど「ガングロ・ルック」の若者が集まるようになっていた理由として、「メルス・クラブ」のような、『アメリカン・グラフィティ』が象徴する「アメリカが楽しかった時代」のシーンを再現する店があったことが考えられた。なぜそのような店が、渋谷にできたのだろうか。

その頃、「メルス・クラブ」のあったファイヤー通りで、「ロックンロール」や「フィフティーズ」をテーマとした洋服店を開いていた、ファッションプロデューサーの小田原重秋さん（以下、シゲさん）に話を聞いた。

現在は、渋谷駅から道玄坂を上がったところにある百軒店というエリアでバーを開いている。バーの営業が始まる前の午後、近くの喫茶店まで来てくださった。ジーンズにTシャツにジャケットにキャップ。「フィフティーズの映画」の登場人物のようである。

シゲさんがファイヤー通りに店を開いたのは、一九七五年。「メルス・クラブ」は、そのあとすぐにできたと言う。

「隣の隣くらいにできた。まだバドワイザーが日本で流通していない時。わざわざ横浜の本牧PXに買いに行ってた。だからすごく高いんだけど、みんな飲んでいた。」

本牧PXとは、横浜の本牧地区にあった在日米軍住宅内のPXのことだ。日本に返還されるのは一九八三年だから、この頃はまだ返還前だ。

メルス・クラブは、横浜から渋谷に「バドワイザー」を「移動」させていた。一九六〇年代に、横浜から東京に「もとまちユニオンの紙袋」が「移動」すると価値を持ったことと重なる。

シゲさんが開いた店「セーフティカンバーセーション」がテーマとしたのは、とくに「ロカビリー」である。「ロカビリー」とは、アメリカ南部の白人ミュージシャンによって生まれた初期のロックンロールで、一九五〇年代中期から一九六〇年初期にかけて人気があった。まさに「フィフティーズ」を代表する音楽であり、有名なのはエルビス・プレスリーの音楽だ。一九七〇年代後期に再び注目されるようになった。

店で扱っていたのは、若者向けのユニセックスの服。半分がアメリカからのインポートの古着、半分がシゲさんによるオリジナルのデザインの品だった。

シゲさんはなぜ「ロカビリー」をテーマにしたのか。

シゲさんが「渋谷」に来たのは一九七〇年。一九五〇年生まれのシゲさんが、二〇歳の時である。

「青森県三沢の出身。三沢基地を囲む金網を見ながら、ずっとアメリカに憧れていた。そのまま田舎にいたら、農家か左官屋か大工になるしかない。歌手か絵描きになろうと思って上京した。」

三沢は、戦前は日本海軍の部隊の一つ三沢海軍航空隊の飛行場があり、戦後は連合国軍に接収され、一九五二年のサンフランシスコ講和条約の発効後も返還されず、日米安全保障条約に基づき在日米軍基地として、今も存続している場所である。

シゲさんは、在日米軍基地の近くで、まさにリアルタイムで、「フィフティーズ」のアメリカに「憧れて」きたのだ。

東京に来て、最初に着いたのは新宿だったが、新宿は嫌いだからすぐに渋谷に移ったということだ。

「今いる百軒店にも、ジャズ喫茶やロック喫茶が多くあった。BYGとか、今も残っているところはある。そういうところで歌っていた。」

ロック喫茶でバイトする傍ら、セツ・モードセミナーに通い、ファッションデザインの勉強も始めた。セツ・モードセミナーとは、ファッションのスタイル画で有名なイラストレーターである長沢節が創立した、美術学校である。

一番最初の作品は、世界的に有名なイギリスのロックバンドのローリング・ストーンズのギタリストであるキース・リチャーズが履いているのを、写真をもとに、見よう見まねで作った「錦蛇の柄のブーツ」だ。

その後、赤坂のディスコ「ムゲン」をプロデュースした浜野安宏のもとで、ファッションデザイナーとして働いたあと、アメリカへ渡った。永住する計画だったが、ビザなどの都合がどうしてもつかず、すぐに日本へ帰国する。

そこで、日本でファッションプロデューサーとして活動していく決心をする。中でも、シゲさんが小さい頃から影響を受けてきた、「フィフティーズ」の「ロカビリー」をテーマとした。

そうして「セーフティカンバセーション」が誕生した。

シゲさんは、なぜ「渋谷」の「ファイヤー通り」で店を開くことにしたのだろうか。

シゲさんは、本当は、活動の拠点を「青山」に置きたかったと言う。

「とにかく、青山の仲間に入れてもらいたいと、必死だった。田舎から出てきてるからね。」

ファッションデザイナーのコシノジュンコが、一九六六年に青山に洋服店の「コレット」を開店したのを始め、東京のファッションデザインの中心地は「青山」だったということだ。

そのような東京のファッション業界の人のたまり場があった。

「昼間は原宿のセントラルアパートの一階のカフェの「レオン」、夜中は赤坂の「ビブロス」に、入り浸っていた。」

赤坂の「ビブロス」は、一九六〇年代からある、則子さんも行っていたディスコだ。

原宿の「セントラルアパート」とは、表参道と明治通りが交差する角にかつてあった建物。「原宿」といえば、前にも述べた通り、戦後、一九六四年まで、在日米軍住宅の「ワシントンハイツ」があった場所である。そのような原宿で、この「セントラルアパート」は、穏田表参道町会の『原宿：一九九五』によれば、「昭和三三年の完成当時は、駐留軍関係を含む特別な人々の住居用アパートだったが、昭和三〇年代後半からは上に事務所、下にショップが入るという形が取られるようになった。それにともない、アパートにはカメラマン、コピーライター、イラストレーターといった、新しい文化の担い手となるクリエーターたちが多数入居、ここに事務所を構えることが文化人のステイタスになっていった。[*39]」

そのクリエーターたちのたまり場が、一階にあった「レオン」だったようだ。

「パルコ[*40]などは家賃が高くて、すでに有名なブランドしか入れない。セントラルアパートの地下は家賃が安かったけど、人気になりすぎて、簡単に入れなくなっていた。どこかに倒れかけのアパートでもないかと探していた時、ファイヤー通りの長屋を見つけた。ファイヤー通りは、まだほとんど何もないところだったけど、少し前に文化屋雑貨店ができて、そこに人が集まっていた。」

シゲさんが最初に目をつけた「セントラルアパートの地下」とは、「原宿プラザ」という商業空間だ。そこは、日本ショッピングセンター協会の『ショッピングセンター』一九七三年七月号[*41]によれば、「去年の一二月ごろから、一般のテナントを対象に公募した」とあるので、一九七三年初め頃にできたと考えられる。

「狭い階段を降りると、原宿ヤングのショッピングのたまり場、原宿プラザ。一坪～二坪のミニショップがほとんど」で「二九店舗のファッション関係の専門店で構成されている」とある。「当初から、ファッションゲリラ的な専門店を集めることを目的にして、各テナントの出店スペースのコマ割りを小さくして、出店しやすいようにレイアウトを進めた」とし、具体的には「家賃は、坪五〇〇〇円」とあるので、確かに安い。

しかし、シゲさんの言うとおり、一九七三年七月号の時点で「現在、テナントはフル出店の状態。スペースが空いたら入れてくれという出店希望者が引きも切らない」とある。

それに代わって目をつけたのがファイヤー通り。そこにすでにあった「文化屋雑貨店」も、「移動すると価値を持つ」ものが並んだ店である。創業者の長谷川義太郎自ら「ガラクタ」と呼んでおり、[*42] 中国を始めとした外国で生産された「ガラクタ」を並べた店である。

文化屋雑貨店が、なぜ渋谷のファイヤー通りに店を開いたかの経緯は、松井剛『「雑貨」という謎カテゴリーを創った男―文化屋雑貨店―』[*43]が、創業者の長谷川義太郎の言葉を引用して、こう説明している。

元々消防署や保健所しかない人通りの少ない場所だったが、「ファッション業界の人々の往来」があり、「雑誌屋がくる」場所であったことに注目したと言うことだ。ファッションや雑誌の関係者がいるのは「原宿と渋谷と青山」だったとし、ファイヤー通りは確かに原宿と渋谷の間にある。雑誌の「撮影用の小物として目をつけてもらう」ことにより、「お金を使わなくても、僻地にいても、人が来てくれる」ようになるだろうと考えたそうだ。

つまり、「渋谷のファイヤー通り」は、「青山」や「渋谷のファッションビル」よりも家賃が安かった。その前には「原宿のセントラルアパート」という家賃の安い場所があったが、そこはすでに埋まっていたが、「渋谷ファイヤー通り」は残っていた。

言い換えれば、一九七〇年代中期の「渋谷」にはまだ、「ファイヤー通り」のような、家賃の安い場所が残っていたということだ。だから「すでに有名なブランド」でない店でも開業できたのだ。

そこに一九七四年文化屋雑貨店ができて成功したことをきっかけに店が増えていった。それはちょうど『アメリカン・グラフィティ』が公開された年である。翌年にベトナム戦争が終結、さらに翌年に雑誌『ポパイ』が創刊する。日本の若者たちが一〇年以上遅れて、「アメリカが楽しかった時代」を手本にし始めた時だ。それにより、「渋谷」の「ファイヤー通り」中心に、「アメリカが楽しかった時代」のシーンを再現するための店が増えたのではないか。

さらに、シゲさんが「渋谷」の「ファイヤー通り」で店を開くことにした理由を示唆する、もう一つの言葉が出てきた。

シゲさんがファッションデザインをする時の発想の元になるものの一つに、

「古着がある」

と言った。

「セーフティカンバセーション」の品の半分を占めたのも、インポートの古着だった。

「卸元に、アメリカから三〇カートンや四〇カートン届く。それを一番最初に選ばせてもらっていた。」

それは、のちの一九七九年より「サンタモニカ」という店舗を展開する企業。それ以前から古着の卸売業をしていた。そこは原宿にあったが、

「古着は、原宿もあるが、渋谷の方が多かった」

と言った。

例えば、やはり卸売業で店舗も展開する「シカゴ」のオフィスも、渋谷の神泉にあったと言う。創業は一九六六年と古い。

「今、ＳＨＩＢＵＹＡ１０９があるところには、入り組んだ路地がいくつもあって、飲食から何から小さな店が集まっていた。そこにも、アメリカの古着があった。狭いところを、かき分けて入って、よいものを見つけた。」

「ＳＨＩＢＵＹＡ１０９があるところ」とは、ＳＨＩＢＵＹＡ１０９を頂点とし、道玄坂とＢｕｎｋａｍｕｒａ通りに挟まれる区域のことを指している。そこは「道玄坂三角地帯」などと呼ばれる。

石榑督和『戦後東京と闇市』[*44]によれば、終戦後に「焼け残ったのは道玄坂キネマの建物だけ」だった。そこに「闇市」ができた。具体的には「道路から敷地に通路を引き込み、その通路に沿って店舗を並べた市場のような建物」[*45]を示す「マーケット」という形態のものだったようだ。

そのような場所はその後、「闇市を起源とする不法占拠マーケットの整理」[*46]のための「戦災復興土地区画整理事業」の対象地区になるのだが、「道玄坂三角地帯」は「マーケットの整理が懸案となっている間に区画整理事業が収束し、途中で事業地区から外れた」ため「一九六〇年代までマーケットが増改築を続けながら残っていた」[*47]ので、「渋谷駅近傍でも最も遅くまで闇市を起源とするマーケットが残っていた場所」[*48]になった。一九六五年に起きた火災をきっかけに共同ビルの建設が進み、一九七九年にＳＨＩＢＵＹＡ１０９が開業することになる。しかし、その直前まで闇市の名残りがあったということだ。

その「道玄坂三角地帯」だが、一九四九年の地図にはもう「メリケン横丁というマーケット」の記載があり「おもに古着屋が並んでいた[*49]」ことがわかっている。「メリケン」というくらいなので「アメリカの古着」があったのではないか。

その近くにある通路についても「一四戸の店が並ぶ。このうち一二店舗が古着屋」や「ここも古着屋や衣料品店が多い[*49]」と言うので、古着屋が多いことがわかる。その全てが「アメリカの古着」を表すかはわからないが、アメ横の闇市でアメリカ製の「品物は店先に置くとすぐに売れ[*50]」たためアメリカ製の品物が増えていったように、渋谷の闇市でも「アメリカの古着」があった可能性は高い。

「道玄坂三角地帯」で有名なのは「恋文横丁」だ。そこにあった米兵へのラブレターを代筆する店が、丹羽文雄の小説のモデルになり、映画化されて一九五三年公開の映画『恋文』にもなった。この店も「元陸軍将校の菅谷篤二さんという人が古着屋を開店した。菅谷さんは、英、仏語が達者だった。それを伝え聞いてか、夜の女やオンリーたちがＧＩへ出す英文の代筆を頼みにくるようになり、菅谷さんは『手紙の店』という看板まで出した[*49]」という経緯のようで、元は古着屋だったことがわかる。

その恋文横丁に一九四八年からあった古着屋の「さかえや[*51]」は一九八七年まで残っており、その店じまいを伝える一九八七年五月二日の朝日新聞朝刊の記事には「流行の先端を行っていた『さかえや』には、高倉健や三國連太郎、黒柳徹子ら無名時代のタレントもよく出入りした」とある。ここも「アメリカの古着」を扱っていたと考えられる。

このように、「道玄坂三角地帯」を始め、「渋谷」には「アメリカの古着」を売る店があったから、渋谷には「アメリカが楽しかった時代」のシーンを再現する「材料」が手に入る店が増えたのではないか。


シゲさんは、ファイヤー通りの店の成功により、その後、念願の「青山」にオフィスを構える。シゲさんがプロデュースした服は、渋谷のみならず様々な街の店に並ぶようになる。しかし、二〇〇〇年くらいに会社をたたみ、その後、上京したての頃にロック喫茶で歌っていた渋谷の百軒店に戻って、バーの「バックタウンカフェ」を開いた。

「うちの店は、地方から東京に出てきた人が、挨拶しにくる店になっているんだよ。」

そこに集まるのは、元は、渋谷のライブハウスで公演するロック歌手が中心だった。今では色々なジャンルの人が集まっている。地方から来た人でも、シゲさんのお店で、東京のネットワークを作れるようになっているようだ。

しかし、シゲさんは、こう言う。

「渋谷は嫌い。新宿よりはましだけれど。」

その理由を聞くと、こう答えた。

「青山は、じっくりものを作れる街。原宿は、ものを作っても、すぐに盗まれる街。渋谷は、ものを作らない街。」

嫌いなのに、なぜ渋谷に戻ってきたのかと聞くと、

「もう歳だから。山奥に引っ込もうと思ったんだ」

と言い、最後に
「谷だけど」

と補足して、笑った。

確かに、「渋谷」に「ガングロ・ルック」の若者たちを引きつけた、バドワイザーも、古着も、ハワイのサーフショップも、サーファーディスコも、「横浜」や「アメリカ」や「ビーチ」から「移動」してきたもので、「渋谷」で作ったものは何もない。

第二節　一九八〇年代中期の渋谷・ガングロ・ルック
――ロコガール

ビーチに通う高校生

一九七〇年代後期からのサーフィンブームを通して、「ガングロ・ルック」の若者たちは、「ビーチ」だけでなく「渋谷」にも集まるようになったことがわかった。しかしその中心にいるのは、「サーファー」や「陸サーファー」など、「男の子スタイル」の若者たちだった。

この後、一九九〇年代後期の「渋谷」には、「ギャル」と呼ばれるような「女の子スタイル」の「ガングロ・ルック」の若者たちも集まるようになるのだが、そこにはどのような経緯があったのだろうか。

その源流を追い求めてたどり着いたのが、江東区深川だった。富岡八幡宮への参道を進むと、料亭のような立派な日本舞踊の稽古場に着いた。すでにお弟子さんが集まっていて、まもなくして師範が現れた。大友千里さんである。和服に日本髪で一見、「ビーチイズム」とはほど遠い。

お稽古が終わり、静かになった和室にお座布団を二つ並べ、千里さんとお話をした。

「高校一年生頃から、毎週、渋谷へ行っていた。センター街に。」

千里さんは一九七一年生まれ。渋谷に通うようになったのは、一九八六年からということだ。

「色々な学校の子がいた。男の子も女の子も、各学校から三、四人くらいかな。誰かが友達を連れてくれれば、その人も友達になる。私だけ都立だけど、東京の私立のいい高校のやつばかり。」

渋谷のセンター街を拠点に、学校の枠組みを超えた高校生たちの集団ができていたことがわかる。

「みんな肌は真っ黒に焼けていた。」

一九八六年頃の「渋谷」に「ガングロ・ルック」の「女の子スタイル」の高校生たちが現れたようだ。

なぜ「ガングロ・ルック」だったのだろうか。

「サーフィンをやっていたから。」

一九八六年頃、渋谷のセンター街を拠点に、千里さんと集まっていた高校生たちの集団は、みんなサーファーだったのか。

「男の子はみんなサーフィンをしていた。女の子はみんなではなくて、三、四割かな。でも、サーフィンをしていなくても、彼氏がサーファーだったり、サーフィンの技の名前は知っていたり、サーフボードにワックスを塗ったりはできる。みんなサーフィンに精通していた。」

私がこの集団に所属する高校生の基準を探っていると、千里さんは、

「海を愛し、ビーチに通う人たち」

と言った。

「世界中の海に行きたいといつもみんな言っていた。家に行くと鏡の周りに貝殻がついていたり。」

この集団は「海を愛し、ビーチに通う」人々ということで、「ビーチイズム」の厳密な実践者たちのようだ。

「みんなハワイが好きだし、千葉とか湘南の海にはいつも行っていたし。」

しかし東京は「ビーチ」に近いとは言えない。高校生が簡単に通えたのだろうか。

「車だとすぐよ。年上の人と付き合っている人も多かったから。子供だけど、みんなイケてるから、車に乗せてもらえた。」


この頃、渋谷のセンター街を拠点に、「チーム」と呼ばれる高校生たちの集団があったことが、既存の本で取り上げられていた。

増田海治郎『渋カジが、わたしを作った。団塊ジュニア&渋谷発 ストリート・ファッションの歴史と変遷』[*1]では「一九八四年、チームが誕生した」[*2]とし、「かれらは

〝チーム〟という集団で行動し、お揃いのスタジアムジャンパーやウィンドブレイカーを着て、渋谷センター街に〝縄張り〟を作った[*3]」とある。

雑誌『Ｆｉｎｅ』の一九八七年六月号[*4]にも、「渋谷ストリートは今、アメカジチームの占領下。おそろいのＷブレーカーに身をつつみ、センター街でたむろするその姿は、まさに『アメリカン・グラフィティ』の世界」とあり、お揃いのウィンドブレイカーを着た一〇～三〇人くらいの若者たちの写真が、その「チーム」の紹介と共に、いくつも掲載されている。確かに『アメリカン・グラフィティ』には、お揃いのジャンパーを着た不良グループが登場するシーンもある。

千里さんに、お揃いのウィンドブレイカーを着た「チーム」かと聞くと、千里さんと共に集まっていた「ビーチに通う」高校生の集団は、

「お揃いの洋服を着るようなことはしない」

と言った。既存の本で取り上げられている「チーム」とは異なるようだ。

「男の子も、女の子も、みんなかっこよかった。みんなイケてた。」

どんな装いだったのだろう。

「その頃の流行は、東京でまだ制服のスカートを長くするようなものが残っていた。でも私たちは、みんなスカートを短くしていた。」

その高校生の集団は、多くの人数がいたのだろうか。

「ほとんどいない。ほとんどいないからこそ、そこにいることがステータスだった。」

ギャルはお化粧しない

千里さんは、一九八六年頃渋谷に集まる「ビーチに通う」高校生の集団の、「男の子」はみんなサーファーだったと言った。それは「陸サーファー」ではなく「サーファー」だということか。

「陸サーファーはダサいの。ダサいから、からかった。」

一九八六年頃渋谷に集まる「ビーチに通う」高校生の集団は「みんなイケてた」と言っていた。その中に「ダサい」陸サーファーはいなかったということだ。

「サーファー」と「陸サーファー」は共に「ガングロ・ルック」で、その判別は、海の上では一目瞭然だろうが、渋谷ではできないのではないか。

「全然違う。すぐわかる」

と千里さんは言った。

「遠くから見てもわかる。」

私が腑に落ちていないのを察して、具体的な見分け方を教えてくれた。

「サーフィンをしている時は目を開けているから、サーフィンをしている人は、上まぶたが白い。サーフィンをせず、日焼けサロンで焼いている陸サーファーは、上まぶたも真っ黒。」

「ガングロ・ルック」に浮かび上がる「白い上まぶた」。それが「陸サーファー」にはない「サーファー」の特徴だったのだ。

それにしても、この一九八六年頃渋谷に集まる「ビーチに通う」高校生の集団では、「イケてる」か「ダサい」かの評価が、重要だったようだ。この集団は、学校の枠組みも超え、「誰かが友達を連れてくれば、その人も友達になる」とオープンだった。しかし、そこに参加するには「イケてる」基準を満たしている必要があった。

「イケてる」か「ダサい」かの評価が、センター街で常に面と向かい合って行われていた。「誰かが新しく友達を連れて来たとする。深く帽子をかぶってたりすると、帽子を外して、顔を確認したりして、イケてれば、よし、と。」

顔が評価の対象だったようだ。「帽子を外して、顔を確認」したという方法は、「男の子スタイル」の評価だろう。「女の子スタイル」の評価にはどんな基準があったのだろう。

「海で、小麦色に焼けた肌に、茶色い髪を無造作になびかせて、ジーンズに、白いサマーニットをさらっと着た感じ。元がイケてるからお化粧は薄い。お化粧しなくてもいいくらいきれいで、モテる、いい女がギャル。ギャルというのが褒め言葉だった。」

これが、「ビーチに通う」高校生たちの「女の子スタイル」における「イケてる」基準であり、「ギャル」の外見でもあったようだ。

のちの「一九九〇年代後期の渋谷・ガングロ・ルック」も、「ギャル」の外見と呼ばれるようになる。それと、一九八六年頃の「ギャル」の外見の特徴は大きく異なる。

一九八六年頃の「ギャル」の外見の特徴は、「薄い化粧」が重要な要素だ。

また、千里さんが、焼けた肌の色を「黒」でなく「小麦色」と言ったのは、「日焼けサロン」でなく「太陽の光」で焼けた肌であることを強調している。「日焼けサロン」で焼けた肌の陸サーファーを「ダサい」とし、「イケてる」のは「太陽の光」で焼けた肌だとした。

また、千里さんが「茶色い髪」と言ったのは、「太陽の光」と「海水」で脱色した髪を表す。ただし、ビーチに通っていても脱色されない場合は、「太陽の光」と「海水」によって脱色したような色になるように「ブリーチ剤」を使うことはあったと、千里さんは補足した。

つまり一九八六年頃の「ギャル」の外見は、「自然的ガングロ・ルック」に「薄い化粧」を理想としたものだった。それに対し、一九九〇年代後期の「ギャル」の外見は、「人工的ガングロ・ルック」に「濃い化粧」になる。

「私の時代のギャルは盛らなかった。盛っているのは私の時代のギャルではない。そのあと、ガングロとか、ヤマンバのようなのが出てくるけど、汚いのは、私の時代のギャルではない。」

その後の「ギャル」と区別するため、千里さんの時代の「ギャル」を、「一九八〇年代中期のギャル」と呼ぶことにする。

●一九八六年頃の渋谷に集まっていた「ビーチに通う」高校生、大友千里さん(右)。太陽の光と海水でできた自然な黒い肌と脱色した髪、薄化粧をしていた。(写真は一九九二年頃)

ロコガール・ルック

ところで、一九八六年頃にいた「ビーチに通う」高校生の集団は、なぜ「ビーチ」だけでなく「渋谷」にも集まっていたのだろうか。

「イケてる友達づくり。」

どこのお店に入るのでもなく、外にいたのだろうか。

「お店には入らない。センター街をフラフラ。お店に入ったら人に会えない。海に入ったら、人に会えない。ナンパもない。だからビーチにいる。それと同じ。」

「渋谷」について聞いたはずなのに、なぜか、千里さんが「渋谷」を「ビーチ」に「見立て」て説明してくれたので驚いた。

千里さんが、ビーチにいなければ「人に会えない。ナンパもない」と言ったのは、ビーチにいれば「人に会える。ナンパもある」ということであり、「ビーチ・コミュニケーション」を表していると考えられる。ビーチで行われているような、それぞれの人が一時的に「私有地」を形成し、「拒否してもよい」からこそ、「話しかけてもよい」という規範のあるコミュニケーションのことだ。

高校生たちは、なぜ「渋谷」を「ビーチ」に「見立て」ることができたのか。それは、「ビーチイズム」を肌というスクリーンに投影した「ガングロ・ルック」の人たちが集まる景色が、「ビーチ」を感じさせたからではないか。高校生たちは、そこから「ビーチ」を見出す「認識」を共有し、共に「ビーチ」に「見立て」ていたのだと考えられる。

ただし、その景色を作る「ガングロ・ルック」は、「自然的ガングロ・ルック」である必要があった。

一九八〇年頃、サーファー・ディスコに集まっていた人たちは、「人工的ガングロ・ルック」の陸サーファーが混ざった景色でも、そこを「ビーチ」に「見立て」ていたようだった。しかし、一九八六年頃、渋谷のセンター街に集まっていた「ビーチに通う」高校生たちは、「人工的ガングロ・ルック」の陸サーファーが混ざった景色では、そこを「ビーチ」に「見立て」られないから、陸サーファーを排除したと考えられる。両者には、「ビーチ」を見出す「認識」の違いがある。

しかしなぜ、高校生たちは、「ビーチ」で「ビーチ・コミュニケーション」をしていればよいのに、「渋谷」にも向かったのか。

「渋谷には、サーファーのお店があったから。」

「サーファーのお店」とはいったいなんだろう。具体的に店の名前を挙げてくれた。

「SHIBUYA109のサヤ（のちのミージェーン）、ロッキーアメリカンマーケット、宇田川交番横のスピンドルキャッツ、アッシュアンドダイヤモンド、ファイヤー通りのバハマパーティ、ピンクフラミンゴ。」

SHIBUYA109は一九九五年からのリニューアルのあと、全館上げて若年女性向けの洋服店が集まるファッションビルになるのだが、この頃はまだ総合的なファッションビルだった。

しかし、地下一階のみに若年女性向けの洋服を扱う店があり、千里さんが挙げた「サヤ」や「ロッキーアメリカンマーケット」はそこにあった。それどころか、サヤやロッキーアメリカンマーケットは、SHIBUYA109開業以前から、そこにあった。現在SHIBUYA109がある「道玄坂三角地帯」と呼ばれる区域は、SHIBUYA109が開業する直前まで、闇市の名残りがあったことは前にも述べたとおりだが、その中にあった。

さらに、サヤの前身である「モナリザ洋装店」は、『オール生活』一九六一年二月号[*5]によれば、一九四七年に創業。まもなく渋谷に二軒店舗を出したとある。

それが「道玄坂三角地帯」だったかどうかは確認できないのだが、前掲の『戦後東京と闇市』に掲載されている一九六〇年の「道玄坂三角地帯」の地図[*6]には、その名前が見つかる。だから、少なくとも一九六〇年にはそこにあったことがわかる。現在、SHIBUYA109の入口がある三叉路の角から、道玄坂に面して二軒目だ。

千里さんが挙げた「スピンドルキャッツ」「アッシュアンドダイヤモンド」「バハマパーティ」「ピンクフラミンゴ」は、やはり若年女性向けの洋服を扱う店で、小さな路面店だ。

なぜ「サーファーの店」なのか。

「私より七から一〇数歳上の、ものすごくかっこいい、ものすごくイケてるサーファーのお兄さん、お姉さんたちがやっていたお店。」

千里さんが挙げてくれた店の多くは、「イケてる」サーファーの先輩たちが経営する店だったようだ。

千里さんより、七から一〇数歳上といえばちょうど、一九七七年頃からのサーフィンブームを、一〇代後半から二〇代前半に経験した人たちということになる。『アメリカン・グラフィティ』の影響を受けた人たちかと千里さんに確かめると、みんなそれを好きだったと言った。

その頃は、「都市からビーチ」に行くサーファーで「女の子スタイル」をしていた人は少なかったと考えられたが、いたようだ。

「サーファーのお姉さんたちは、本当にきれいだった。」

「ビーチに通う」高校生たちの外見の「イケてる」基準、すなわち「一九八〇年代中期のギャル」の外見の手本を示すような人たちだったようだ。

「一ドル三六〇円の頃から、ロサンゼルスやハワイによく行っていたような人たちもいた。」

「一ドル三六〇円」の頃とは、戦後の国際通貨が「固定相場制」で、日本円が「一ドル三六〇円」に固定されていた時期を表す。その後、一九七一年のニクソンショックを機に、一九七三年から「変動相場制」になり、一九八五年のプラザ合意によって「一ドル一五〇円」にまでなる。

海外渡航が自由化されたのが一九六四年。そこから一九七一年までに、ロサンゼルスやハワイに行っていたような人たちもいたようだ。

この「イケてる」サーファーの先輩たちが経営するような渋谷の店では、「ビーチに通う」高校生たちの求める服が扱われていた。千里さんはそれらの服を「サーファー系」と形容した。具体的にどのようなものか詳しく聞いた。

すると、スポーツとしてサーフィンをするための服ではないと言った。一九八〇年前後の「ビーチに住むサーファー」の外見として、「黒く焼けた肌に、頭の上にサングラス、タンクトップ、短パン、サンダル」という特徴があったが、それとは違うということだ。

そこで扱われていた服を好む、「ビーチに通う」高校生たちも、「サーファー」は三、四割、「サーファー」でない人もいたということだった。だから、サーフィンをするための服ではない。

千里さんが、「ビーチに通う」高校生たちの外見の「イケてる」基準であり、「一九八〇年代中期のギャル」の外見の要素として挙げた、「ジーンズに、白いサマーニットをさらっと着た感じ」の服だ。身体を締めつけるような「従来の衣服」から「自由」になる服としては、一九二〇年代にココ・シャネルが提案してコートダジュールに広がった「ビーチパジャマ」や、一九六〇年代のHさんが鞄に詰めて持っていったような「ビーチ」で着るためだけの服と重なる。しかしそれらとは違って、「ビーチ」のみならず「渋谷」でも着る。

そこで扱われていた服をなんと呼んだらよいか、千里さんに相談する中で出てきたのは、

「ロコガール」という言葉だった。

「ロコ」とは、矢口祐人『憧れのハワイ日本人のハワイ観』[*7]によれば、「英語の「ローカル」、つまり「地元」という意味である」[*8]が「ハワイに住んでいる人びとと、その食生活やファッションなどを含む生活文化全般を指すもの」[*9]とある。

渋谷に集まっていた「ビーチに通う」高校生たちは、「ビーチに住んでいる人」でなかったが、千里さんによると、「ビーチに住んでいる」かのように、長く滞在していたということだ。

また、そこで扱われていた服が、「ハワイ」を手本にしたものか、「ロサンゼルス」を手本にしたものかは、関係者に会う度に聞いているが、意見が分かれる。シーズンごとに変化していたとも言われる。

議論の余地はあるのだが、ここでは「ビーチ」に通う高校生たちがしていたのを「ロコガール」の外見、着ていたのを「ロコガール」の服と呼ぶことにする。

「ビーチに通う」高校生たちが求めた「ロコガール」の服を扱う、「イケてる」サーファーの先輩たちが経営するような店は、なぜ「渋谷」にあったのだろうか。今回、残念ながら、その当事者に話を聞くことはできなかったのだが、こう推測する。

前に、一九七五年頃に「ロックンロール」をテーマとした服の店を「渋谷」に開いたシゲさんに、他ではなく「渋谷」で店を開いた理由を聞いた。すると、渋谷には「ファイヤー通り」のような「家賃が安い」場所が残っており、「すでに有名なブランド」でない店でも開業できたことが、理由の一つとしてあった。

『アメリカン・グラフィティ』が、「アメリカが楽しかった時代」の若者たちの「アメリカの生活」の構成要素を「カタログ」のように並べた中には、「ロックンロール」もあったが「サーフィン」もある。シゲさんは「ロックンロール」をテーマとした服をデザインし、渋谷に店を開いたが、同じような理由で、渋谷に「サーフィン」をテーマとした服の店もできていたのかもしれない。

実際に、千里さんが「サーファーの店」として挙げたうちのバハマパーティとピンクフラミンゴも「ファイヤー通り」にあった。

渋谷には、一九七〇年代後期や、もしかしたら一九八〇年代も、「家賃が安い」場所が残っており、「すでに有名なブランド」でない店でも開業できたから、「ビーチに通う」高校生たちがわざわざ「渋谷」に向かう目的とするような店ができたのかもしれない。

ただし、千里さんに限っては、そのような店に行っても、完全に気に入る洋服はなかったと話す。千里さんは小さい頃から洋服が好きで、小さい頃から一人で原宿の洋服店などに通っていたほどだ。しかし、どの店に行っても、完全に気に入る洋服が一つもなかった。

だから、自身がファッションデザイナーになることを目指し、高校卒業後は服飾の専門学校に進む。そして卒業後、「ロコガール」の服の店の一つ、「バハマパーティ」のデザイナーになるのである。

だから高校生の頃も、それらの店に行く目的は、服よりも、「イケてる」サーファーの先輩たちとのコミュニケーションだったようである。「イケてる」サーファーの先輩たちに車に乗せてもらって、サーフィンに行くこともあった。渋谷を抜け出して、ディスコにもよく行った。

渋谷では、世代の枠組みを超えた、「ビーチ・コミュニケーション」も行われていたことがわかる。

都外からの侵略

一九八六年頃渋谷に集まっていた「ビーチに通う」高校生たちの集団は、その後も続いたのかと聞くと、

「すぐに終わってしまった」

と言った。なぜ「終わってしまった」のか。

「ある時、渋谷のセンター街で、『お前ら、なにイキがってるんだ』と喧嘩沙汰があったの。この頃の渋谷の男の子たちは、アクセサリーとしてナイフなどもつけてたから、殴りかかられた時にとっさに、身を守るためにそれを出してしまった。それをきっかけに、都外近郊から喧嘩をしに、渋谷に集まってくるようになっちゃった。」

一九八八年のことだと言う。

一九八六年頃渋谷に集まっていた「ビーチに通う」高校生たちの「男の子スタイル」の装いは、「アメカジ」と呼ばれるものだった。

一九七〇年代後期、「アメリカの生活」を手本にする日本の若者たちが、『アメリカン・グラフィティ』が象徴する「アメリカが楽しかった時代」を手本にしたことを前に述べた。そのあとはもっと「広い時代」に視野を広げた。そのような中、アメリカのカジュアルな装い全般を手本にしたのが「アメカジ」である。

渋谷には「アメカジ」の服の店も増えた。初期の代表的な店は、ファイヤー通りに一九七七年に開業した「バックドロップ」である。[*10] 渋谷に「アメカジ」の服の店が増えた理由も、シゲさんが渋谷に店を開いた理由と同じように、渋谷には一九七〇年代後期も「家賃が安い」場所が残っており、「すでに有名なブランド」でない店でも開業できたことや、渋谷には元々「アメリカの古着」が集まっていたことがあると考える。

渋谷で「アメカジ」の装いをする若者たちは、「広い時代」のアメリカを手本とする中で、「ネイティヴ・アメリカン」の装いも手本にするようになった。それを導いたのが「ゴローズ」という店である。

「ゴローズ」は、実際にネイティヴ・アメリカンのもとで技を身につけ、ホーリーネームも受けた高橋吾郎が手作りするシルバージュエリーの店。一九七一年に創業し原宿にあったが、渋谷の若者たちがこぞって買い求めた。

それをきっかけに、ゴローズに限らず、ネイティヴ・アメリカンのようなシルバージュエリーや小物を身につけることが広がった。[*11] その一つとして、ナイフもあったのだ。

「都外」の人が、「渋谷」にきた理由として、この頃には、「渋谷」にマスメディアの「カメラが向けられ」るようになっていたことが考えられる。

「渋谷には、芸能プロダクションのスカウトの人たちも多くいた。スカウトされるのが目的で渋谷にいた人もいたと思う。」

実際に、その頃、渋谷に集まっていた中から、芸能人や雑誌のモデルになった人も多くいたそうだ。代表的なのは、一九八八年から映画やテレビに出演し全国的に有名になる俳優の東幹久である。

東幹久が出演した映画の二作め、一九九〇年に公開された『オクトパスアーミー シブヤで会いたい』は、まさに「渋谷」を舞台にした映画である。「オクトパスアーミー」は、実際に渋谷にあった「アメカジ」の服を売る店の名前。映画の中で、主演の東幹久は「アメカジ」の装いで「ガングロ・ルック」である。物語は『アメリカン・グラフィティ』とよく似ていて、当時の若者たちの渋谷の生活を構成する要素を「カタログ」のように並べている。

こうして、マスメディアを介して、渋谷の情報が「都外」まで伝わるようになっていたのではないか。

そして一九八六年頃、渋谷にあった「ビーチに通う」高校生たちの集団は、一九八八年には「終わってしまった」ようだ。

「本当にいい時は、短い。でも、本当にかっこいい時を知ってるから、私は幸せ」

と、千里さんは懐かしんだ。

ヒップホップ・ルック

その後、千里さんは、なんと、あの否定的だった「日焼けサロン」へ行くようになる。もう高校も卒業した、一九九二年頃のことだ。いったい何が起きたのだろう。

「ヒップホップにはまって、黒人さんのように黒くなりたくて。」

千里さんは、二歳から日本舞踊をしているが、その一方で、ヒップホップダンスにも夢中になった。

「ヒップホップ」は、一九七三年八月一一日、アメリカのニューヨークのブロンクス地区で開かれていた黒人が集まるパーティから始まった。*12

ヒップホップが日本でも広く知られるようになるきっかけは、一九八三年に日本公開され、その年の洋画の配給収入三位になったアメリカ映画『フラッシュダンス』だと言われる。プロダンサーを目指す若者の物語で、主人公が目指しているのは名門のクラシックバレエ団なのだが、クラシックバレエと対照的に、ヒップホップ音楽に合わせて「ブレイキンダンス」

をするシーンがある。

ブレイキンダンスは、アクロバティックな動きを特徴とするものだが、ヒップホップ音楽に合わせるダンスは、その後多様になっていく。


千里さんがヒップホップダンスを始めた頃は、

「まだスクールがなくて、クラブで覚えるしかなかった。よく行ったのは六本木。横須賀に船が着く情報を得て、黒人さんたちが多くいる日を狙って行って、一緒に踊った。とにかくダンスがうまくて、かっこよかった。」

横須賀とは、戦前は日本海軍の施設があり、戦後は連合国軍に接収され、一九五二年のサンフランシスコ講和条約の発効後も返還されず、日米安全保障条約に基づき在日米海軍施設として、今も存続している。横須賀に着く船とは、「米海軍の船」のことだ。

「ブラパンと呼ばれていたお姉さんたちにも、すごくダンスがうまい人たちがいて、教えてもらった。」

「ブラパン」とは、黒人男性を表す「ブラザー」と「パンパン」の合成語[*13]だが、その頃は黒人男性と親しい女性がそう呼ばれていたようである。

「六本木『サーカス』では、ＥＸＩＬＥの前身、『ＺＯＯ』のメンバーがいた。『ＺＯＯ』の人たちにもダンスを教えてもらった。」

「ＺＯＯ」とは、一九八九年六月から放送開始したダンスを扱うテレビ番組『ＤＡＤＡ Ｌ.

M・D』から生まれたヒップホップダンスのユニット。ボーカルも加えた曲が、一九九一年にはJR東日本のテレビCMに使われてヒットする。ヒップホップダンスが日本に広く知られることを導いた。

アメリカのヒップホップミュージシャンも、日本で人気を集めた。代表的なのは、ラップとダンスをするMCハマーである。とくに一九九〇年発表のシングル『ユー・キャント・タッチ・ディス』は多くの国でトップチャートに入り、グラミー賞の最優秀レコード賞にノミネートされた最初のラップソングになる。

一九九一年五月一一日の朝日新聞夕刊[*14]ではMCハマーの「踊りをまねする男の子は「ハマオ君」などと呼ばれる」とし「黒人の踊りや服装、音楽、しぐさまでまねた若者たちが増えている」とある。千里さんも行っていたという六本木のクラブ「サーカス」の総支配人が「彼らは黒人の踊りやしぐさを見たり、黒人アーチストのビデオをまねて踊りを勉強している」とコメントしている。

さらに「近く「ハマオ君」をターゲットに絞ったダンススタジオを兼ねた美容室・日焼けサロンまで登場する」とある。

このように、一九九〇年前後、ヒップホップダンスをする若者が増えた。ヒップホップは「黒人」から生まれたものだから、ダンスをする時の外見も「黒人」を手本にし、「ガングロ・ルック」にする人が増えた。

「黒人」を手本に「ガングロ・ルック」にすることはそれまでもあった。本書では一九六〇年代の「東京ヤンキー」に注目した。「ゴーゴーダンス」のディスコにいたが、そこに日本のマスメディアの「カメラが向けられ」て、大衆的で「ナショナル」なモデルに従う人が増えると、そこから逃げ出して、「R&B／ソウルダンス」のディスコへと移り、「トレンドチェイシング」した。それにより外見も、「カリフォルニア・ガングロ・ルック」から「黒人」を手本にする「ガングロ・ルック」へと変えた。

千里さんが、元々は渋谷の「ビーチイズム」のシーンにいたが「ヒップホップ」のシーンへと移ったのも、日本のマスメディアの「カメラが向けられ」て、大衆的で「ナショナル」なモデルに従う人が増えたから、そこから逃げ出し、「トレンドチェイシング」したのではないか。それにより外見も、「自然的ガングロ・ルック」から「人工的ガングロ・ルック」へと変えたのではないか。

一九六〇年代と違うのは、「ガングロ・ルック」を支援する「日焼けサロン」という「道具」の革新が起きたことだ。

一九六〇年代は、トレンドチェイシングして、「ガングロ・ルック」を「より黒く」したくても、「自然的ガングロ・ルック」であり続けた。しかし一九九〇年前後には、「ガングロ・ルック」を「より黒く」したければ、「自然的ガングロ・ルック」から「人工的ガングロ・ルック」になった。

これにより「ガングロ・ルック」の「イケてる」基準が更新された。「ビーチイズム」のシーンでは、「人工的ガングロ・ルック」は「ダサい」とされたが、「ヒップホップ」のシーンでは、「人工的ガングロ・ルック」も「イケてる」とされるようになった。

それが、のちの「ビーチイズム」のシーンの基準にも影響したと考えられる。

こうして、「ビーチイズム」のシーンから、「ヒップホップ」のシーンへと、アメリカから示された新しい「モデル」を求めて「トレンドチェイシング」したと考えられる千里さんだが、

「でも、私はそれが日本の文化より優れてると思ったことは一度もない」

と言った。千里さんは、高校を卒業してからは、ロサンゼルスやハワイやニューヨークへ頻繁に出かけた。千里さんはヒップホップダンスにも熟練し、ニューヨークのクラブに行った頃には、千里さんと一緒に踊るために黒人が並ぶほどになっていたが、こう言う。

「ニューヨークで一番のダンサーのダンスがすごくかっこいいと思ったけど、歌舞伎はもっとかっこいいと思ってた。」

千里さんは、その後、三〇歳の時に、日本舞踊の師範になる。そして生まれ育った深川を拠点に、日本文化継承に尽力している。

「今やっているのは、イキの追求。イキは、イケてるよりも、ずっと難しい。」

それが、千里さんの「トレンドチェイシング」が最終的にたどり着いた境地なのだろうか。

第三節　一九九〇年代初期の渋谷・ガングロ・ルック
――ポスト・ロコガール

渋谷の大きな高校生集団

一九八六年頃の「渋谷」には、すでに「ガングロ・ルック」の「女の子スタイル」の高校生たちも集まっていたことがわかった。それが、「ギャル」と呼ばれる「一九九〇年後期の渋谷・ガングロ・ルック」へと連続するのかと思えば、一九八八年頃には「終わってしまった」とのことだった。では、連続しないのだろうか。

それを悩んでいることを、湘南在住の知人に話したら、「サーフショップのつながりで、今は江の島にいるけれど、元は渋谷によくいたという方がいる」

と教えてくれた。何か知っているかもしれないので、お願いして、紹介していただいた。

電車で、東京から湘南へ向かった。片瀬江ノ島駅を降りてすぐのところに、待ち合わせをしたレストランはあった。テラス席に、大きなリングのピアス、細身のジーンズに、白いシャツをさらっと着た方が座っていて、潮風に髪がなびいている。「一九八〇年代中期のギャル」の外見であり、「ビーチに通う」高校生たちの「イケてる」基準を思わせる。間違いないと思った。

湘南でビーチに関わる仕事をしているFさんである。お会いしたのは秋の初め。繁忙期が終わって、ほっとしたところだと話した。

湘南の江の島に移住したのは二〇年前。その前は東京に住んでいた。

「一〇代は、渋谷で育ったといってもよいかも」

というくらい、渋谷に通っていた。

「中学三年生の時から。」

Fさんは一九七五年生まれ。受験を控えた高校三年生頃からは疎遠になっていったと言うから、とくに渋谷に通っていたのは、一九九〇年から一九九二年頃ということになる。

その頃にも、渋谷には、多くの高校生が集まっていたのだろうか。

「たくさんいた。私は同じ学校のお友達と三人で行っていたけど、渋谷に行けば、学校の違うお友達がたくさん。」

渋谷のどこに行っていたのだろうか。

「拠点はセンター街やハチ公前。センター街のマクドナルドによく集合した。」

それはどのくらいの規模の集団だったのだろうか。

「時々、みんなで集まることがあった。一〇〇人飲み会などと呼んでいた。渋谷の居酒屋を貸し切って。」

予想していたより大きな集団のようだ。

「夏休みや卒業の時には、男の子たちが主催する卒業パーティもあった。クラブの『ゴールド』を貸し切って。その時は他の人も来たから人数はもっと多かった。芝浦に大行列ができていたのを覚えている。」

一九九〇年代初期にも、「渋谷」を拠点に、学校の枠組みを超えた、高校生たちの集団があったことがわかった。

ミージェーンとアルバローザ

その高校生たちの外見について探ろうとすると、

「そういえば、センター街のマクドナルドで撮った写真があるはず」

と、スマートフォンに保存してある過去の写真を探してくださった。そして見つけ出してくれた写真には、マクドナルドのコップが置かれたテーブルを五人の若者が囲んでいた。

「三人は同じ学校で、二人は別の学校の子。」

みんな「ガングロ・ルック」で、お化粧はほとんどしていないように見える。髪型は、黒髪で、前髪のない、ロングスタイル。

「私たちは校則が厳しかったから。でも、茶髪にしている子もいた。」

そう言って、他の写真も見せてくれた。

「この子は、大学附属校で、自由だったから、茶色い。」

黒く焼けた肌に、脱色した髪に、薄化粧という特徴は、一九八六年頃の渋谷に集まっていた「ビーチに通う」高校生たちの外見の「イケてる」基準、つまり「一九八〇年代中期のギャル」の外見と重なる。

一九九〇年代初期に渋谷に集まっていた高校生たちも、一九八六年頃に渋谷に集まっていた高校生たち同様、「ビーチに通う」高校生たちだったのだろうか。

「みんな海は好きだったと思う。渋谷で見かける人を、江の島で見かけることもよくあった。」

Fさんは、東京に住んでいたが、別荘が湘南の江の島にあったので、小さい頃から、夏の間はいつも江の島で住ごしていた。夏の間は、江の島から渋谷へ通っていた。

やはり、サーファーが多かったのだろうか。

「男の子ではサーフィンをし始めた人はいたけれど、女の子ではいなかったと思う。都内在住だと、サーフボードを家に置くことも、持って海へ行くことも、中高生では難しい。別荘があるか、年上の知り合いがいて、連れて行ってもらえる人でないと。」

確かに、一九八六年頃の渋谷に集まっていた「ビーチに通う」高校生たちは、年上のボーイフレンドや、渋谷の洋服店を経営する「イケてる」サーファーの先輩に、車に乗せてもらっていたと言っていた。いくら「海が好き」でも、「ビーチに通う」ことは、簡単ではない。

「私もサーフィンはしない。運動は苦手で。」

Fさんは、サーフショップを拠点としたコミュニティの中にいるので、サーファーかと思っていた。しかし、サーファーの知人は多いが、ご本人はサーフィンをしないということだ。

「みんな日焼けサロンに行っていた。学校帰りに日焼けサロンへ行くというのが、定番のルート。私だけ、日焼けサロンに行かず、江の島焼け。」

Fさんはビーチに頻繁にいたので「自然的ガングロ・ルック」だったが、一九九〇年代初期に渋谷に集まっていた高校生たちの多くは、「人工的ガングロ・ルック」だったということだ。「海は好き」だが「ビーチに通う」高校生たちではなかった。

「人工的ガングロ・ルック」ということは、ヒップホップダンスをしていて、「黒人」の外見を手本にしていたのだろうか。

「ダンサーもいた。でもみんなではない。この頃、渋谷にいた子たちは、趣味はばらばらだった。」

それでは、「ビーチに通う」わけでもなく、「ヒップホップダンス」をしているわけでもない高校生たちが、なぜ「人工的ガングロ・ルック」にしていたのだろうか。

「サーファー風の服に、似合うように。」

「サーファー風」とは具体的にどういうものだろうか。

「SHIBUYA109の地下のミージェーンやアルバローザの服が中心だった。」

「ミージェーン」は、千里さんが名前を挙げた「サヤ」の後身。

「アルバローザ」は、「ミージェーン」で扱われていた洋服のメーカである。「ミージェーン」はセレクトショップであり、そこで扱う中で最も人気があったのが、「アルバローザ」の服だった。

「ミージェーン」で扱われていたような、一九八六年頃に渋谷に集まっていた「ビーチに通う」高校生たちも好んだ服を、本書では「ロコガール」の服と呼んでいる。つまり、Fさんが言った「サーファー風」の服とは、本書で言う「ロコガール」の服だ。

一九九〇年代初期、渋谷に集まっていた高校生たちは、「サーフィンをする」わけではないし、「ビーチに通う」わけでもないが、ミージェーンやアルバローザなどの「ロコガール」の服を着ていた。そしてその服に「似合う」ように、日焼けサロンに行って、「人工的ガングロ・ルック」にしていたのだ。そこまでさせた、「ミージェーン」や「アルバローザ」の服とは、どのようなものだろうか。


「ミージェーン」の前身の「モナリザ洋装店」について書かれた、前掲の『オール生活』一九六一年二月号の記事[*1]によれば、創業者の内海玉雄は当時四四歳とのことなので、一九一七年頃の生まれ。静岡県出身で一九三九年頃に上京し、洋裁を学び、一九四三年頃に

「メーカものの生地を材料に、加工」する事業を始め、その後「メーカから加工まで一本化」した工場を設ける。しかし第二次世界大戦の空襲で被害に遭い、戦後は「小売りに専念」する。そして一九四七年「モナリザ洋装店」を創業した。

「しばらくやっている中《うち》に、どうやら新宿西口と、渋谷に二軒、小さな店舗を出すことができ」て、そのあと「ついに待望の新宿東口の盛り場に店舗を入手することができた」とし、「新宿の街の人の流れ具合については十分の研究を重ねていた」と言う。「薄利多売」に重点を置き「あすこは商品が豊富だから、自分の好みにあったものを自由にえらぶことができる――そういう評判をとるまでには、それほど時間を必要としなかった」と低価格で、当時から若者の客が多かったと考えられる。「世の中には、つねに大きい波がある。その波に逆らってはダメだ。世の荒波に逆らわず、うまくその波に乗っていくことが大切」という創業者の内海の言葉が紹介されている。

日本で、和装から洋装へ世相が一変するのは「一九四〇年後半から一九六〇年代半ば」の「洋装ブーム」を通じてだといわれている。[*2] また一九六四年でもまだ「既製服」を買う人は二六・二パーセントだったことを前に述べた。[*3] まだ「洋装ブーム」の初期で、「既製品」の流通が少なかった頃から、「街の人の流れ」や「世の中の流れ」を読み、「人の好み」に合わせた売り方をしてきた店だと考えられる。

この記事では、新宿の店舗に主眼を置いて「新宿の街の人の流れ」を研究したとあるが、渋谷の店舗のためには「渋谷の街の人の流れ」を研究しただろう。

「ミージェーン」は、その前身を含めると、少なくとも一九六〇年にはすでに、「渋谷」の「若者」たちの流れを研究し、好みに合わせた売り方をしていた店だと考えられる。

一方、「アルバローザ」は、南目美輝『ファッションブランド「アルバローザ」のものづくりとその変遷』[*4]によれば、創業者の加藤保は一九二八年生まれ。「一九四九年から貿易会社に勤めたが、一九六〇年にその会社が倒産したので、自ら加藤商店を設立した。設立は一九六二年」とある。

一九七〇年一二月二一日の日本繊研新聞[*5]には、その加藤商店を分析した記事がある。そこでは加藤商店の六つの部門が紹介され、「カジュアルウェア部門」の説明には「パターン的にはアメリカンカジュアルを指向し、ボリュームゾーンは一六才ぐらいから二四才ぐらいの層」とあり、「貿易部門」の説明には「グアム、ハワイなど南国へのアプローチ」とある。当時から、「若者」を対象に、「アメリカンカジュアル」や「南国」に着目していたことがわかる。

また南目の論文によれば、加藤商店は「茅ケ崎のパシフィックホテル（正式名称「パシフィックホテル茅ヶ崎」）にブティックを持って」いた。湘南の茅ヶ崎のビーチの近くに店があったのだ。

その加藤商店は倒産し、一九七五年にアルバローザが設立される。アルバローザは「最初からリゾートカジュアル路線」で、当初は「商品のほとんどがバッグやルームシューズなどの雑貨」で「ターゲットは中高年がメイン」だった。しかし「一九八〇年代前半からターゲットをヤングにシフトし洋服も扱うように」なり「アメリカ西海岸の海辺を思わせるようなイメージの商品をオリジナルで製作」するようになった。

「アルバローザの主力商品」に「ハイビスカス、プルメリア、ジンジャー、パームツリーなど。そのほか海を思わせるモチーフやロゴを組み合わせた」プリントの服がある。それは「手捺染《てなっせん》のシルクスクリーンによる」とある。「手捺染」は手で染める手法の一つだ。

南目は、創業者の加藤の「メイドインジャパンで、丁寧に物を作って売っていく」という言葉を引用している。「生産数を調整し、商品を余らせない」方針で、「薄利多売」とは対照的だったことがわかる。

また、「社員教育として、デザイナーをコート・ダジュールなどヨーロッパのリゾート地」に連れて行き、「社員旅行では、バリやパラオ、グアムなどに行っていた。デザイナーにはアメリカ、ヨーロッパ、アフリカにも出張させて、サンプルとしてたくさんの商品を買って来させた。現地での風景や人々のスタイル、食事や気候など、全てをアイデアの元にした」とある。

南目は、アルバローザの広報担当とデザイナーへの聞き取り調査も行っており、それによれば「学生のころから、海が好きだった」や「リゾート地を実際に訪れ」ていたなど、実際に「海」や「リゾート」へ頻繁に行っていた人たちである。「ビーチイズム」の厳密な実践者たちによって作られていたことがわかる。

「アルバローザ」は、その前身を含めると、一九六〇年代から、「ビーチイズム」に基づく服を扱ってきたメーカだと考えられる。

このような経緯に注目すれば、「ミージェーン」は一見「ビーチイズム」と関係ないが、そうとも限らない。「ミージェーン」とは、物語の『ターザン』の中で、野生に生きるターザンと文明社会に生きるヒロインのジェーンが初めて出会い、自己紹介する時の有名な会話「ユー　ターザン、ミー　ジェーン」が由来かもしれない。

一九三二年に公開されたハリウッド映画『ターザン』の主演ジョニー・ワイズミュラーはオリンピックで金メダルを得た水泳選手で、ロサンゼルス郡の名誉ライフガードでもあり、[*6]「カリフォルニア・ガングロ・ルック」を代表する存在である。ただし、実際の映画の中でその有名な会話と似た会話は出てくるが、同じ会話は出てこない。

ちなみに「アルバローザ」の名前は、南目によれば、創業者の加藤の「知人で、パンアメリカン航空のキャビンアテンダントであったイタリア人女性のニックネームからきている。イタリア語で「バラ色の夜明け」という意味」だと言う。

「ミージェーン」とは、少なくとも一九六〇年にはすでに「渋谷」の若者に合わせた服を販売してきた店で、「アルバローザ」とは、一九六〇年代から「ビーチイズム」に基づく服を生産してきたメーカだとわかる。そのような「ミージェーン」で、そのような「アルバローザ」の服が売られることが「SHIBUYA109」の地下一階で起きた。それが、「サーフィンをする」わけではないし、「ビーチに通う」わけでもない渋谷に集まる高校生たちが、「ロコガール」の服を着ることを導いた。そして「ロコガール」の服に「似合う」ように、「人工的ガングロ・ルック」になることを導いた。

ロコガール・コミュニケーション

しかしそれは、ミージェーンやアルバローザなどの「ロコガール」の服が、渋谷の若者たちを魅了してならなかったからかというと、それだけでもないようだ。

Fさんも、「ロコガール」の服を着ていたが、Fさんが好きなのは「ロコガール」の服だけではなかった。

「私は、アメカジが好きだったので、リーバイス五〇一をはいたり、原宿のプロペラとかで買ったりも。」

「プロペラ」とは、一九八八年に原宿に創業。前に触れた渋谷の「バックドロップ」と並んで、「アメカジ」といえば必ず名前が挙がる店だ。

「高校生になると、スーパーモデルに憧れて、雑誌の『シュプール』や『フィガロ』や『エル・ジャポン』を読んだり、海外に行った時に雑誌を買い込んできたりして、モードの影響も受けた。」

『シュプール』は一九八九年に創刊、『フィガロ』は一九九〇年に創刊、『エル・ジャポン』は一九八二年に創刊した「モード雑誌」と呼ばれるファッション誌である。パリやミラノやニューヨークなどのコレクションで発表するような、グローバルに展開する高級ブランドの服を紹介している。

『シュプール』や『フィガロ』が、日本で相次いで創刊したことにも表れるように、この頃、日本の若者たちの間で、コレクションに出演するスーパーモデルがしているような、「モード」の外見を手本にすることも流行していた。

「だから、私は、ミージェーンやアルバローザの服の中でも、ハイビスカス柄がどかんとついているようなものは選ばず、その中にあるシックなものを選んでいた。」

「ハイビスカス柄」とは、アルバローザの服を象徴するものだ。前掲の南目の論文[*7]でも、「ハイビスカス柄を用いた商品は、最初から最後まで、特に人気がある商品だった」とあり、アルバローザで「一九八三年頃にはすでに使用」されていたことがわかっている。

しかしFさんは、敢えてそれを選ばないなどの工夫をして、「アメカジ」や「モード」と「ロコガール」を組み合わせていたようだ。

「この頃、渋谷にいた子たちは、洋服の趣味もばらばらだった。ヒップホップ風もいたし、モッズ風もいたし、パンク風もいたし、ロカビリー風もいたし、コムデギャルソンやヨウジヤマモトを着ている人もいたし、女子大生風にしている人もいたし。」

一九九〇年代初期、渋谷に集まっていた高校生たちは、趣味が多様だったが、好きな服も多様だったようだ。それなのに、その多様な高校生たちが、「ロコガール」の服を着た「人工的ガングロ・ルック」をすることだけは、共有していたのはなぜだろうか。

「海が好き」だが、「ビーチに通う」ことは容易でなかった高校生たちは、自ら「ロコガール」の服を着た「人工的ガングロ・ルック」で渋谷に集まることにより、「渋谷」を「ビーチ」に「見立て」ていたのではないか。そこで、学校の枠組みを超えた一〇〇人規模の集団ができていたということは、「ビーチ」に「見立て」た「渋谷」で、「ビーチ・コミュニケーション」が行われていたのだと考えられる。

一九八六年頃、渋谷に集まっていた「ビーチに通う」高校生たちは、「人工的ガングロ・ルック」が混ざった景色では、そこを「ビーチ」に「見立て」られないとした。しかし、一九九〇年頃、渋谷のセンター街などに集まっていた「海が好き」だが、「ビーチに通う」ことは容易でなかった高校生たちは、「ロコガール」の服を着た「人工的ガングロ・ルック」が集まる景色でも、そこを「ビーチ」に「見立て」るようになったのだと考えられる。「ビーチ」を見出す「認識」が、一九八六年頃と一九九〇年頃では変わったと考えられる。

ここで、なぜ、「ロコガールの服」を着る必要があったのだろうか。それは、その「人工的ガングロ・ルック」が、「ビーチイズム」を肌というスクリーンに投影したものであることを表すためだと考える。

その頃の渋谷には、ヒップホップダンスをしていて、「黒人」を手本に「人工的ガングロ・

ルック」する人も現れていた。それと区別するためではないか。

「人工的ガングロ・ルック」と「ロコガールの服」の組み合わせから、「ビーチ」を見出す「認識」が、高校生たちの間で共有されるようになったのだと考えられる。

一九九〇年頃渋谷に集まっていた「海が好き」だが「ビーチに通う」ことは容易でない高校生たちの「ガングロ・ルック」は、一九八六年頃の渋谷に集まっていた「ビーチに通う」高校生たちの「ガングロ・ルック」や、それによるコミュニケーションを継承しながらも、「自然的ガングロ・ルック」から「人工的ガングロ・ルック」へと変換したものである。

前者の外見を「ロコガール」と呼んだのに対し、後者の外見を「ポスト・ロコガール」と呼ぶことにする。

渋カジの高校生

「ロコガール」の服を着た高校生たちは、なぜ「渋谷」に集まったのだろうか。

「中三の時、学校の友達と渋谷を歩いていたら、高三のお兄さんたちから声をかけられた。カラオケ行くぞ、と。全部支払ってくれて、二二時頃になると、中坊帰れ、と言われて帰らされた。」

ここでのカラオケは、カラオケボックスではなく、広い空間にカラオケが一台あって多数のボックス席があるような店である。渋谷にはそういう店が多くあった。

「その頃、女の子たちはミーハーで、雑誌に載っているような格好をしていたけれど、男の子たちは、おしゃれだった。雑誌に載っていないような格好をしていた。」

一九八六年頃渋谷に集まっていた高校生たちの「男の子スタイル」の外見は「アメカジ」だったと前に述べた。渋谷の高校生たちがする「アメカジ」は次第に「渋カジ」と呼ばれるようになった。

前掲の『渋カジが、わたしを作った。[*8]』は、最初の「渋カジ」の特徴を「アメリカのジーンズメーカのリーバイスの「五〇一」パンツに、ライダースジャケット、エンジニアブーツ」と表している。その後、「渋カジ」の流行は次々と変化する。

前に述べた、「ネイティヴ・アメリカン」を手本にした外見も、その一つとして現れた。流行を作る「モデル」が次々と生まれたことがわかる。

そうして渋谷の高校生たちがしていた「渋カジ」は、「雑誌に載っていないような格好」だったとFさんはいう。

雑誌のような「マスメディア」が示す「モデル」が作る流行でなく、渋谷の高校生たちが示す「ローカル」な「モデル」が作る流行だということだ。そして渋谷の高校生たちは、アメリカの様々な地域、様々な時代を手本に「トレンドチェイシング」しながら、次々と「渋カジ」の「モデル」を示し、流行を作っていった。

これまで日本の若者たちに「ガングロ・ルック」の「モデル」を示してきた人を振り返る

と、一九六〇年代後期から一九七〇年代初期は「フランスの映画スター」や「アメリカの映画スター」、あるいは、日本の化粧品の「広告モデル」や、日本のテレビ番組でダンスを見せる「芸能人」だった。日本に駐留していた「米兵」ということもあった。

一九七〇年代後期から一九八〇年前期も「アメリカの映画スター」や、一般の若者だが雑誌に載った「読者モデル」ということもあった。「米兵」以外は、「マスメディアのスター」である。日本の若者たちの「ガングロ・ルック」は、「マスメディア」のスターが示す「モデル」に従って人々が外見を再現する、「グローバル」あるいは「ナショナル」なサイクルの中で現れた。しかしこの頃には、渋谷の高校生が示す「モデル」に従って人々が外見を再現する、「ローカル」なサイクルの中で現れるようになった。

しかしその渋谷の「ローカル」なサイクルが「マスメディア」のサイクルとつながることになる。「雑誌に載っていないような格好」に、雑誌の「カメラが向けられ」るようになった。難波功士『族の系譜学』[*9]は、新聞や雑誌で「渋カジ」が取り上げられた記事を抽出し、表にしている。それによると一九八八年末から若年男性向けのファッション誌で「渋カジ」の特集が増えている。

「渋谷には、『チェックメイト』とか、『ポパイ』とか、『メンズノンノ』に載っているような男の子たちがいた。」

『チェックメイト』や『ポパイ』や『メンズノンノ』は、「読者モデル」の仕組みがある雑誌ではない。しかし「渋カジ」の特集では、渋谷の一般の高校生たちの写真が誌面に載った。「テレビの『浅草橋ヤング洋品店』も始まった。そこに出てくる人などもいた。渋谷には、テレビや雑誌の人たちもたくさん来ていて、おしゃれな高校生たちには挨拶に行っていた。」『浅草橋ヤング洋品店』は一九九二年四月からテレビ東京で放送された番組である。そこでは、街にいる若者たちの間で流行するファッションが取り上げられた。渋谷に焦点が当てられることは多かった。

「その頃はみんな、芸能人などには興味がなかった。それよりも、そういう雑誌に載っている、タレント高校生みたいな人たちに注目していた。」

渋谷に集まる高校生たちは、「マスメディア」のスターには興味がなく、マスメディアに採用された、渋谷の「ローカル」なスターに興味があったということだ。

一九九〇年代初期に渋谷に集まっていた高校生たちの中心にいたのも、そのような、マスメディアに採用された、渋谷の「ローカル」なスターだったようである。渋谷の店を貸し切っての一〇〇人会や、クラブの「ゴールド」を貸し切っての卒業パーティなども、そういう人たちが中心になって開催されたようだ。

そういう人たちを中心に、渋谷に他の高校生たちも集まるようになった。

そのような、「渋カジ」のスターが生まれた背景にあるのは、元々渋谷に「アメカジ」の服の店が多かったことがある。さらにその背景には、渋谷には元々「アメリカの古着」が集まっていたことなどがある。

カルチャーの渋谷

Fさんが渋谷に通うようになった理由は、他にもあった。

「渋谷の目的はカルチャー。映画館があって、レコードショップがあって、クラブがある。一番よく行ったクラブは、宇田川町のCAVE。」

Fさんは元々映画や音楽が趣味だった。

「渋谷では、カフェでお友達とクラブの話などをしていると、隣のテーブルのおじさんが、ここのクラブがいいよ、と教えてくれるようなこともよくあった。それで、最後にお会計しようとすると、その人がすでにお支払いを済ませてくれていたことに気づくようなこともあった。渋谷は六本木とかと違って、分け隔てがない気がする。」

一九九〇年代初期、渋谷に集まっていた高校生たちは、趣味が多様だったと言っていた。「六本木」などより「渋谷」は、同じ趣味の人と、世代の「枠組み」を超えて、つながりを作れる街だったようだ。

「ゴールドにもよく行った。ゴールドも、有名なファッションのスタイリストさんとかがいて、一〇代に対しても分け隔てなく接してくれた。」

「ゴールド」は、一九八七年に芝浦にできたクラブである。「ゴールド」も、同じ趣味の人と、世代や立場の「枠組み」を超えて、つながりを作れる場所だったようだ。

「私たちはディスコにはあまり行かなかった。ジュリアナも行かなかった。この頃、高校生たちは、ボディコンに扇子のような格好でディスコに行く大学生や社会人たちを嘲笑っていた。大学生にもなってまだ遊んでいるの、と。」

「ジュリアナ東京」は、一九九一年五月に芝浦にできたディスコである。「ボディコン」とは、ボディコンシャスの略で、身体のラインをそのまま、あるいは強調して表す洋服のことだ。ここでの「扇子」は、「ジュリアナ東京」で流行した、鮮やかな色で、羽がついた扇子のことである。それらを組み合わせた「ボディコンに扇子」は、「ジュリアナ東京」に集まる多くの人がしていた外見の「モデル」である。

「ジュリアナ東京」や「ボディコンに扇子」は、「バブル景気」の象徴として、マスメディアでもよく取り上げられ、広く知られていた。「バブル景気」とは、日本で資産価格の大幅な上昇が起こった時期を表す。具体的には「一九八六年一二月から一九九一年二月」とされることが多く[*10]、「ジュリアナ東京」の開店はそれよりあとだが、一九九三年頃まではバブルの余韻が残っていたとされる。

しかしその頃渋谷に集まっていた高校生たちは、「バブル景気」を象徴するディスコやそこでの外見に否定的だったようである。

一九九〇年代初期は、「ディスコ」から「クラブ」へと流行が移行した時でもある。一般的に、「ディスコ」は、大きな空間で、多くの客のニーズに合わせた選曲をするのに対し、

「クラブ」は、小さな空間で、特定のニーズに合わせた限定的な選曲をする特徴がある。[*11]

一九九〇年頃渋谷に集まっていた高校生たちは、同じ趣味の人と、枠組みを超えてつながりを作ることができる「渋谷」や「ゴールド」を好む一方で、異なる趣味の人が、同じ音楽を聴き、同じ外見をして、同じ枠組みにはめられる「ディスコ」を好まなかったようである。

Fさんは、今では江の島に移住し、サーフショップを拠点としたコミュニティにいる。その集団についてもこう言う。

「色々な年齢、色々な職種の人がいる。」

そこにもサーフィンという趣味を共有する、世代や立場の「枠組み」を超えたつながりがあるようだ。

Fさんは、高校生の頃は渋谷で、必ずしも「ロコガール」の服が好きだったわけではないが「ロコガール」の服を着ていた。今は湘南に移住して、「サーフィン」をするわけではないが、「サーフィン」のコミュニティにいる。「ビーチ・コミュニケーション」でしか得られない何かがあることを示すのではないか。

「あの頃、渋谷に集まっていた人たちは、個人主義で、学校にはあまりなじめていないような人が多かった。そういう人たちが、程よい距離感でつながっていたと思う。だから、競い合ったり、誰かを排除するようなこともなかったのかな。」

一九九〇年代初期の渋谷にあったのは、学校という「集団」になじめない「個人主義」の高校生の「集団」だったということだ。

Fさん自身もそうだと言った。

「集団行動が苦手。学校もあまり好きではなかった。」

一九九〇年頃に渋谷に集まる高校生たちが行っていた「ビーチ・コミュニケーション」は、「拒否してよい」からこそ「話しかけてよい」という規範があるだけではなかったのかもしれない。「ロコガール」の服を着た「人工的ガングロ・ルック」によって一時的に形成する「私有地」は、「同じ趣味の人とはつながりたいが、枠組みにはめられたくない」こと、さらには「集団を形成したいが、個人主義を守りたい」ことを表したのではないか。

コルバンが表した、海のみが象徴する自然像の特徴の一つめに「あらゆる枠組みから逃れている」というものがあった。一九九〇年頃に渋谷に集まっていた高校生たちには、そのような「海のみが象徴する自然像」への憧れがあったこともうかがえる。

第四節　一九九〇年代中期の渋谷・ガングロ・ルック
──コギャル

「コギャル」の出現

渋谷には、一九八六年頃に続き、一九九〇年頃にも、「ガングロ・ルック」の「女の子スタイル」の高校生たちが集まっていたことがわかった。

そして一九九三年には、渋谷に集まる「ガングロ・ルック」の「女の子スタイル」の高校生たちに、マスメディアの目が向けられる。ファッション誌ではなく、男性誌が中心で、「コギャル」と呼ばれる。これは、日本の広い世代の人が、「ガングロ・ルック」の若者を意識するきっかけになる。

別冊宝島三九一号『超コギャル読本』[*1]内「コギャル興隆史を解剖する!」によれば、「マスメディアでは、九三年六月に『SPA!』が初めてコギャルという用語を記事タイトルに使用しており、テレビでは同年八月にテレビ朝日『マグニチュード一〇』がコギャル特集を放送している」[*2]とし、以降、多くのマスメディアが取り上げたことがわかる。

そこで「コギャル」の外見は、『超コギャル読本』内「コギャルの棲む街〜渋谷ストリート二四時」によれば、「全員ルーズソックスにミニスカ制服。おまけに日サロ焼けして白メッシュをしている典型的渋谷コギャル」[*3]と表されている。

『超コギャル読本』内「コギャルはテレビでどう扱われたのか」によれば、最初にテレビに取り上げられた『マグニチュード一〇』では「アルバローザ系フレアミニ、ビスチェ、ブルー系マスカラとピンク系ルージュ、茶髪にサロン焼け」[*4]という特徴が挙げられたということだ。

ところでマスメディアで「コギャル」の行動は、「ブルセラショップ」[*5]や「援助交際」[*6]という言葉で表されることが多かった。しかし『超コギャル読本』内「コギャル興隆史を解剖する！」では、「コギャルはあくまで、年齢やファッションやライフスタイルで分類されたひとつの「カテゴリー」」であるとし、「いうまでもなく、コギャルとブルセラ女子高生は用語的には本来まったく関係ない」とする。「「性的な女子高生」ブームが、その頃すでにひとつのピークをむかえて」おり、「コギャルが、不幸にもその登場のタイミングから、暗黙のうちに「＝ブルセラ女子高生（広く売春少女を含む）」というイメージを背負わされた」[*6]と言う。このように、マスメディアで取り上げられたコギャルの「外見」と「行動」は無関係という見方もある。

当時のマスメディアで取り上げられた「コギャル」の外見の特徴は、「ルーズソックスに、ミニスカートにした制服」あるいは「ロコガールの服」を着た「人工的ガングロ・ルック」ということだ。それらの外見をしていたのが「全員」や「典型的」と呼ばれているので、多くの人が従う「モデル」になっていたことがわかる。それはどこから示されていたのだろうか。

「コギャル」の外見については、私は前著『「盛り」の誕生』[*7]で紐解いた。ただし「コギャル」という言葉は、一九九三年頃渋谷に集まっていた高校生たち自身が呼んだものではない。男性誌を中心としたマスメディアが呼んだ言葉である。しかしここでは、一九九三年頃渋谷に集まっていた多くの高校生たちがしていた「ルーズソックスに、ミニスカートにした制服」あるいは「ロコガールの服」を着た「人工的ガングロ・ルック」を「コギャル」の外見と呼ぶことにする。当時そのような外見をしていた人に、話を聞いた。

千代田区の女子高校に通っていたMさんは、そのような外見をしていた理由をこう話した。

「あの頃は、流行に敏感で、華やかな、渋谷の有名人高校生グループのような人たちがいて、うらやましく見ていた。髪を茶色くして、肌を焼いて、ミージェーンやアルバローザの服に、ルイヴィトンのエピとか、シャネルの布のバッグをしょったりして、超かっこいいと思って見ていた。[*8]」

一九九三年頃の渋谷には、一般の高校生だが渋谷で有名な「ローカル」のスターがいて、その人たちが「コギャル」の外見の「モデル」を示していたことがわかる。

一九九〇年代初期の渋谷でも、一般の高校生が「渋カジ」の外見の「モデル」を示し、マスメディアに採用されて「ローカル」のスターになることがあった。その時は「渋カジ」という「男の子スタイル」だったが、一九九三年頃には「コギャル」という「女の子スタイル」の外見にも広がったようである。

ただ、「コギャル」の外見でも、「ロコガール」の服に「ルイヴィトン」や「シャネル」の鞄を持つという装いは、一九九〇年代初期のＦさんがしていたような「ロコガール」の服に「モード」を組み合わせた装いと変わらない。

「コギャル」の外見のもう一つの装いである「ルーズソックスに、ミニスカートにした制服」についても聞いた。

「慶應女子に、同じ歳の、すごく有名な子たちがいた。とくに、制服を着崩すような流行は、彼女たちが作っていたように思う。[*9]」

「慶應女子」とは、慶應義塾女子高等学校のことだ。

その一人と考えられるＣさんにも話を聞いた。

「いつもみんなで一緒にＳＨＩＢＵＹＡ１０９に行って、洋服のお店とか、ソニプラとかを見て回った。行く先々で、誰かが「これかわいくない？」と言うと、みんながノリで「いいね、いいね」と言って、その場でみんなで真似したりしていた。そしてすぐに飽きるので、また次のものを取り入れる。そういうことが常に繰り返されていた。[*10]」

「ソニプラ」とは「ソニープラザ」の略で、一九六六年に「アメリカンスタイルのドラッグストア[19]」として、銀座に一号店ができた。「日本初の輸入雑貨店[20]」とされる。ＳＨＩＢＵＹＡ１０９の地下二階にもある。

「高校生だから、それほどお金を自由に使えるわけでないので、本当にちょっとしたもの。小さなピンとか、手首に巻くミサンガとか、ソックスとか、バッグにつけるものとか。ソニプラで売ってるペンとかファイルのような文房具だったりもした。ルーズソックスもそういう感じで、最初誰かがソニプラで見つけて取り入れたのだと思う。[11]」

「ソニプラ」で売っていた「ルーズソックス」とは、アメリカのブランド「Ｅ・Ｇ・スミス」の商品を指している。一九九七年一〇月二二日の朝日新聞の記事[21]によれば「一九八〇年代前半に、デザイナーのＥ・Ｇ・スミス氏がウールの狩猟用靴下を綿製に変えて売ったところ、厚手の生地が自然にずり落ちる風合いが人気を呼び、ニューヨークなどで爆発的に売れた」とあり「米国では、子どもからお年寄りまで幅広い層が、色とりどりの商品をはいていたということだ。それが日本でも一九九二年二月から発売された。日本では当初の「ターゲットは男子高校生」で「赤やオレンジ、グレーなど二十四色」展開していた。しかし「女子高生が買っている」という「思わぬ報告」が入り「白ばかり売れた」という。それには、デザイナーのＥ・Ｇ・スミス氏も「一九九五年春に来日した際、東京・渋谷で、ルーズソックスをはいた女子高生の大群を見て『イッツ・ア・ミラクル（これは奇跡だ）』と叫んだ」と言う。「大流行もさることながら」誰もが白を履いている「日本での画一性も印象的だった」

ということだ。

「慶應女子」の高校生たちは、「すぐに飽きるので、また次のものを」と「トレンドチェイシング」していたことがわかる。一九九〇年代初期、「渋カジ」の「モデル」を示した渋谷の高校生たちも、「トレンドチェイシング」していた。

しかし、「渋カジ」の「モデル」を示した高校生たちは、「アメリカ」の様々な場所、様々な時代から手本を見つけて「トレンドチェイシング」いたのに対し、一九九三年頃、「コギャル」の「モデル」を示した高校生たちは、「SHIBUYA109」の中で「ちょっとしたもの」を見つけて「トレンドチェイシング」していたのだ。

そういう中で、「ミニスカートにした制服と、ルーズソックス」のような装いが生まれた。そうして示された「モデル」に、渋谷の多くの高校生が従い、「ローカル」な大量生産のサイクルが起きていた。「マスメディア」も介さず、なぜだろうか。

Cさんは理由をこう分析した。

「自由だったけれど、羽目を外すようなことはしなかったし、基本的にコンサバだったので、真似しやすかったのかもしれない。[*12]」

慶應女子は校則が厳しくなく自由だった。しかし、トレンドチェイシングして次々と示していた新しい「モデル」は多くの高校生が再現しやすい「コンサバ」なものだったというのだ。渋谷に集まる高校生たちがすでにしていた「ガングロ・ルック」をベースに、誰もが持っている「制服」を利用し、SHIBUYA109で手に入る「ちょっとしたもの」を取り入れるというのは、確かに「新しい」が「コンサバ」かもしれない。そういう中で、「ミニスカートにした制服と、ルーズソックス」のような装いが広がった。

Cさんは理由をこうも分析した。

「何か流行ったものが、学校の中で完結するのではなく、この学校で流行ると、あの学校でも流行るというような、横に拡散していく土壌はあった。[*13]」

渋谷には、「マスメディア」を介さなくても、渋谷の高校生のスターが示したモデルが、渋谷の多くの高校生たちへ伝わる、「ローカル」なプラットフォームが構築されていたようだ。なぜだろうか。

渋谷の「ローカル」なスターの高校生の一人だった、Bさんにも話を聞いた。ただし、Bさんがしていたのは「男の子スタイル」なので、「コギャル」の外見ではない。

この頃の渋谷の「ローカル」なスターの高校生たちがどういう集団だったのかを、教えてくれた。

「明確な境界はないけれど、誰かの友達ではないと、友達にならないから、クローズなコミュニティではあった。友達の友達と知り合っていって、都内の各学校の四、五人ずつがつながっているような状態だった。[*14]」

どのような外見をしていたのだろうか。

「イケてる格好。[*15]」

一九八六年頃、渋谷に集まっていた、「ビーチに通う」高校生たちと、同じ基準が出てきた。Bさんは、こう言い換えた。

「その瞬間の流行を捉えた格好。[*16]」

「流行」とは、ファッション雑誌などが示す「流行」とは違うのかと聞いた。

「それはそうだよ。流行といっても、世の中の流行ではなくて、その界隈の流行。雑誌になんて載っていないよ。街に出て、コミュニティに入っていないと、情報が得られなかった。だから、毎日、街に出た。[*17]」

渋谷の「ローカル」なスターの高校生集団がしていたのは、「マスメディア」が作る流行ではなく、渋谷の「ローカル」な流行を捉えた外見だったということだ。そしてその外見が「イケてる」とされた。

「ころころと変化していた。だから、それについて言っている人か、ついて言っていない人かは、中の人から見れば、一目でわかった。[*18]」

渋谷の「ローカル」なスター高校生たちの集団に参加するためには、「ローカル」な流行を捉えている必要があった。しかし、その流行は次々と変化していた。つまり、その集団に参加するためには、「渋谷に通っている」必要があったということだ。

また、渋谷の多くの高校生たちも、渋谷のスターの高校生の外見を「手本」にしていた。だから、渋谷の「ローカル」な流行を捉えていること、「渋谷に通っている」ことは、渋谷に集まる高校生たち全体の基準だったということだ。

渋谷に集まる高校生の集団は、次々と変化する「ローカル」な流行があることによって成り立っていた。そのためには、「ローカル」なスターが次々と新しい「モデル」を示し、周りの人がそれに従って外見を大量生産する、「ローカル」なサイクルが動き続けることが必要だ。

渋谷に集まる高校生たちは、自らの集団を成り立たせるために、「マスメディア」を介さなくても、渋谷の高校生のスターが示した「モデル」が、渋谷の多くの高校生たちへ伝わるような、「ローカル」なプラットフォームを構築していたのだと考えられる。

海の波より渋谷の波

ところで、一九八六年頃に渋谷に集まっていた「ビーチに通う」高校生たちの集団も、一九九三年頃に渋谷に集まっていた「コギャル」の高校生たちの集団も、共通するのは、「イケてる」かどうかの評価を重視したことだ。

「イケてる」という言葉は、国語辞典には収録されていない。米川明彦『平成の新語・流行語辞典』[*22]には、一九九六年の新語・流行語として収録されている。一九九六年から放送されたテレビ番組『めちゃ×二イケてるッ!』から流行した関西弁であるとされている。

同著者の『日本俗語大辞典』[*23]によれば、その意味は「服装や言動などが、かっこいい・おもしろい・よい。また服装などがおかしくないなど単に『それでいい、認める』という意味でも使われる」とある。

しかしこれは、一九九六年の新語・流行語である関西弁の「イケてる」の意味だ。一九八六年頃や一九九三年頃に渋谷に集まっていた高校生たちが共有していた「イケてる」の意味とは、必ずしも合致しない。

一九八六年頃、渋谷に集まっていた「ビーチに通う」高校生たちは、「ビーチ」に通っていることや、「ロサンゼルスやハワイ」に頻繁に行っていることを「イケてる」とした。それに対し、一九九三年頃、渋谷に集まっていた高校生たちは、「渋谷」に通っていることや、渋谷の「ローカル」な流行を捉えていることを「イケてる」とした。

「ナショナル」な基準に従うことが「ダサい」のは共通するが、一九八六年頃は「グローバル」な基準に従うことが「イケてる」とされたが、一九九三年頃には渋谷の「ローカル」な基準に従うことが「イケてる」とされるように変化した。しかし「イケてる」のが「ガングロ・ルック」であることは共通する。

渋谷のスター高校生たちは、「ローカル」な流行を常に変化させるために、多くの人が従いやすいような「ちょっとしたもの」を取り入れて、新しい「モデル」を次々と示していった。

「ちょっとしたもの」を取り入れることが積み重なるうち、次第に渋谷の「ローカル」な流行には「装飾」が増えていったようである。

現在メイクアップアーティストのともこさんは、前に述べた三人より一つ下の学年、高校一年生になった一九九四年から、「ロコガール」の服を着た「人工的ガングロ・ルック」で渋谷に通っていた。

その頃には、渋谷の「ローカル」な流行で、ピアスの穴がどんどんと増えていくことがあったと言う。

「ピアスの穴を、私が空けると痛くないという噂が広まって、渋谷のセンター街のファーストキッチンにいると、頼まれるようになった。そうすると、一度、ＳＨＩＢＵＹＡ１０９に行って、ピアッサーとピアスを買ってきてもらって空けてあげたり。」

また、渋谷の「ローカル」な流行で、「化粧」も濃くなっていった。

「鼻筋に白くハイライトを入れたりもするようになった。スーパーモデルブームとかがあったからではないかな。」

一九九〇年代初期、「モード雑誌」の創刊が相次ぎ、日本の若者たちの間で、スーパーモデルがするような「モード」の「装い」を手本にすることが増えたことを前に述べた。その影響で、「顔」もスーパーモデルを手本にするようになったようだ。

ハイライトを入れることには、顔を「立体的」に見せる効果がある。「日本人」は顔が「平面的」である特徴があるので、「スーパーモデル」との「ずれ」を埋めるため、「立体的」に見せようとしたのだ。「ローカル」な渋谷の基準に従いながら、「グローバル」なスターを手本にし、「ナショナル」な方法を取り入れている。

「アイラインを、マッキーで書くようなことも始まった。」

「日本人」は「目が小さい」特徴があるので、「スーパーモデル」との「ずれ」を埋めるため、「目を大きく」見せようとしたのだ。マッキーとは、文房具メーカのゼブラのフェルトペンである。化粧に文房具を使うことは、それまで一般的でなかったと考えられる。「グローバル」なスターを手本としながらも、独自の「道具」を取り入れている。

「口紅は、MACのシスかミスの二択。」

MACはカナダのトロントで生まれ、世界的に展開する化粧品ブランドである。[*24] その「シス（Siss）」と「ミス（Myth）」のリップは、いずれも、肌の色と近い「白っぽい色のリップ」といえる。その中で、「シス」はベージュ寄りの色、「ミス」はピンク寄りだった。

ともこさんが、化粧をするのも上手だという噂も広まった。

「みんなに、お化粧してと頼まれて、渋谷のセンター街のファーストキッチンにいると、私の前に人が並んでしまうこともあった。」

そこで、皆が喜んでくれるのがうれしかったことが、メイクアップアーティストの道に進むきっかけになったと話した。

「鼻筋のハイライト」と「濃いアイメイク」と「白っぽいリップ」という「一九九〇年代後期の渋谷・ガングロ・ルック」の化粧の特徴がここに現れた。

一九六〇年代後半にもすでに、大量印刷される化粧品の広告ポスターや、大量生産されるおもちゃの人形にまで、その特徴が現れたことがあった。

しかしこうして一九九〇年代中期、「ローカル」な流行を常に変化させるために、渋谷のスター高校生たちが「ちょっとしたもの」を取り入れることが積み重なる中で、「化粧」が濃くなり、再びその特徴が現れたようである。

こうして、一九八六年頃、渋谷に集まっていた「ビーチに通う」高校生たちの、「自然的ガングロ・ルック」を「イケてる」とする基準は忘れられていき、一九九三年頃、渋谷に集まっていた高校生たちの、「人工的ガングロ・ルック」をベースとした外見を「イケてる」とする基準が標準になっていく。

同時に、一九八六年頃、渋谷に集まっていた「ビーチに通う」高校生たちが、「自然的ガングロ・ルック」に対して呼んだ「ギャル」の意味も忘れられていき、一九九三年頃、「コギャル」と呼ばれた、「人工的ガングロ・ルック」をベースとした外見が、「ギャル」と呼ばれるようになっていく。

その変化を、現場で見てきたのが、一九八六年頃に渋谷に集まっていた「ビーチに通う」高校生の一人、現在は日本舞踊の師範である千里さんだ。

ボディコンの終焉

千里さんには、社会人になってからの話も聞いた。最初はそちらが目的だった。

一九九四年から渋谷に通っていたともこさんが、その頃に渋谷に集まっていた高校生たちが皆で着ていた服があると言った。

「最初の頃に友達とよく行った、ファイヤー通りのお店があった。そこの花柄のレギンスを、皆、買っていた。紫色の紐のショッパーのお店で、えーと、なんていう名前だったっけ。」

ロコガールの服の店のようだ。私は、その頃に渋谷に集まっていた人に話を聞く中で、似たような発言をそれまで何度も聞いていた。

「ミージェーンやアルバローザよりも前に、よく行っていたお店なのだけれど。」

後日、ともこさんから連絡があった。

「わかった。ババマパーティ。」

ババマパーティについて、残っている記録は少ない。そんな中、なんとか探り当てたのが、千里さんの存在だった。千里さんは、服飾の専門学校で学んだあと、一九九二年に「ババマパーティ」のデザイナーに就任した。

千里さんは、高校生の頃から、「イケてる」サーファーの先輩たちとディスコによく行っていたが、高校卒業後はさらにディスコやクラブに毎日のように通っていた。

中でもよく行っていたのは芝浦の「ゴールド」ということだが、これから述べるのはディスコの話だ。バブル景気の余韻がまだ残る、一九九二年頃のことだと考えられる。

その時、「コギャル」という言葉が、まだ明確な定義を持たないまま、ディスコで流行し始めていた。

「その頃のディスコには、五〇代や六〇代など、だいぶ年上の広告マンなども多く来ていた。そういう人たちが、私たちのことを『コギャル』と呼んだ。」

速水由紀子『あなたはもう幻想の女しか抱けない』[*25]によれば、「コギャル」とは、ディスコでは「一八歳以下は入店禁止のため、黒服が高校生ギャル（コーギャル）を呼ぶ隠語が、名の由来」である。

「年上の広告マン」は「隠語」を知らずに、そう呼んだかかもしれない。千里さんたちは、高校生の頃からディスコに行き、その頃から社会人と間違えられたくらいだからだ。

「ディスコに行くときは、ボディコンの服に、ヒールの靴を履いて、自分たちが、いい女の『ギャル』だと思っていたので、『コギャル』と呼ばれるのが、すごく嫌だった。」

一九八六年頃に渋谷に集まっていた「ビーチに通う」高校生たちは、当時から、昼の渋谷では「ロコガールの服」だったが、夜のディスコでは「ボディコンの服」に、ヒールの靴だった。

一九九〇年頃に渋谷に集まっていた高校生たちも、「一九八〇年代中期のギャル」の基準を引き継いでいた。現在は江の島に住むFさんは、その頃の高校生たちは、当時の大学生や社会人がディスコでしていた「ボディコンに扇子」の外見に否定的だったが、こうも言う。

「ゴールドとかCAVEに行く時には、サーファーファッションでは行かない。ボディコンにジャケットやモノトーンの服などを着ていった。」

昼の渋谷では「ロコガールの服」だが、夜のディスコでは「ボディコンにジャケット」だった。

一九九二年頃のディスコには、さらにその次の世代の高校生たちも来ていた。その人たちは違った。

「高校生たちは、それこそ渋谷のサーファーのお店で売っているような服を着て、ルーズソックスにスニーカーを履いてディスコに来ていた。」

夜のディスコにも「ロコガールの服」で来ていて、「ボディコン」ではなかった。

「そういう高校生たちを指して、『コギャル』っていうのはああいう子たちのことを言うのよ。私たちは『ギャル』よと言った。」

千里さんたちは「コギャル」の呼び名を押しつけた。そこから、そのような外見をした高校生たちが「コギャル」と呼ばれるようになったということだ。


つまり、「コギャル」という言葉は、それを「一九八〇年代中期のギャル」と区別する目的で生まれたことがわかる。

両者の違いを整理するとこういうことだ。「昼の渋谷」では、両者とも「ロコガールの服」を着た「ガングロ・ルック」をしている。しかし「夜のディスコ」では、「一九八〇年代中期のギャル」は「ボディコン」に着替えるのに対し、「コギャル」は引き続き「ロコガールの服」を着ていた。

両者には「ビーチ」を見出す「認識」の違いがあるのではないかと考える。

「一九八〇年代中期のギャル」は、「昼の渋谷」に「ロコガール」の服を着た「自然的ガングロ・ルック」で集まることにより、「渋谷」を「ビーチ」に「見立て」ていた。「夜のディスコ」で「ロコガールの服」を着なかったのは、「太陽」のない場所では、いくら「ロコガール」の服を着た「ガングロ・ルック」で集まったとしても、そこから「ビーチ」を見出せない認識を持っていたからではないか。

それに対し「コギャル」が、「夜のディスコ」でも「ロコガールの服」を着たのは、「太陽」のない場所でも、「ロコガール」の服を着た「ガングロ・ルック」で集まれば、そこから「ビーチ」を見出す認識を持っていたからではないか。

前に述べた、一九九三年頃、渋谷に集まっていた「ローカル」なスターの高校生の一人だったBさんは、渋谷にその集団が形成されていった経緯をこう話した。

Bさんも、中学二年生だった一九九一年からディスコの「ジュリアナ東京」によく行っていた。大人にかわいがられ、当時まだ重たかった携帯電話も持たせてもらい、そこに大人からよく電話がかかってきた。

「でも高校一年生になった頃、急に大人からの誘いがなくなった。[*26]」

一九九三年のことだ。ちょうど世の中がバブル景気の余韻から覚めた頃である。

「大人からの誘いがなくなって、同世代だけのコミュニティがだんだんとできていって、高校二年生くらいの時にそれが完成された。渋谷のセンター街らへんに行けば、みんな知り合いという感じになった。[*27]」

一九九三年頃、渋谷に集まっていたスターの高校生たちの中には、元々ディスコに集まっていた人たちがいたことがわかる。一九九二年頃のディスコで、「一九八〇年代中期のギャル」と識別するために「コギャル」と呼ばれた人たちと重なるかもしれない。

だとすれば、一九九三年頃以降、渋谷の「ローカル」なスターが示す、渋谷の「ローカル」な基準は、「コギャル」の認識に基づくことになる。すなわち、太陽のない場所でも「ロコガール」の服を着た「人工的ガングロ・ルック」で集まれば、そこから「ビーチ」を見出す認識だ。

そして「ギャル」という呼び名は、「一九八〇年代中期のギャル」のものではなく、「コギャル」のものになっていく。

元祖カリスマ店員

一九九四年頃渋谷に集まっていた高校生たちが、皆、「花柄のレギンス」を買っていたという「バハマパーティ」とはどのような店か。

一九八六年頃にはすでに、渋谷に集まっていた「ビーチに通う」高校生たちが求める「ロコガール」の服を扱っていた店だった。千里さんは、

「イケてるハワイ通のお兄さんの店」

と言った。千里さんは、元々親しんでいた店の服のデザイナーに一九九二年に就任し、翌年以降のババマパーティのデザイナーは千里さん一人になるので、以降の服は全て千里さんのデザインだ。

ババマパーティについて、残っている記録が少ないのは、

「ババマパーティの歴史はすごく短い」

からだとわかった。ババマパーティは一九九六年に閉業した。

一九九四年頃渋谷に集まっていた高校生たちが、皆、買いに行ったというとおり、その頃、高校生たちが大勢集まっていたようだ。

「ヒトミちゃんが、ババマパーティの服が好きで、アルバイトで、店員をしていたことがあった。ヒトミちゃんを見たくて、高校生くらいの子たちがたくさん集まった。」

「ヒトミちゃん」とは、その後の一九九四年に、音楽アーティストとしてデビューするｈｉｔｏｍｉのことだ。ババマパーティの店員をしていたのは、その前の一九九三年から一九九四年頃と考えられる。まだ、全国的には知られてはいない時のことだ。

しかし一九九三年から雑誌『Ｆｉｎｅ』の読者モデルをしていた。一九九三年や一九九四年頃の渋谷に集まっていた高校生たちに、読んでいたファッション誌を聞くと、「何も読んでいない」と答えるのだが、では『Ｆｉｎｅ』を読んでいたかと聞くと「読んでいた」と多くの人が答える。だから渋谷の高校生たちには知られていたと考えられる。

「ショップ店員を見るために、こんなに人が集まるということは、それまでなかった。」

洋服が好きで、小さい頃から原宿や渋谷の洋服店に通っていた千里さんが断言する。「カリスマ店員」という言葉が流行語となって広がるのは、その後の一九九九年だが、その五年以上前の渋谷に原点があった。

そこで高校生たちの眼差しが向けられたのは、ショップ店員だけではない。デザイナーの千里さんにもだ。千里さんもショップに立つことがあった。ある時、千里さんがレッグウォーマーをつけていた。千里さんはジャズダンスもしていたので、ダンスをする人が、足を冷やさないためのものだ。ダンス用品専門店「チャコット」で買った。

「お店に来ていた高校生たちから、お姉さんそれどこで買ったの？と何度もたずねられた。」

その時すでに、渋谷に集まる高校生たちの間ではルーズソックスが流行していた。

「レッグウォーマーが、大きいルーズソックスに見えたみたい。」

同じようにレッグウォーマーを履いて、バハマパーティに集まる高校生たちが増えた。まもなくすると、ルーズソックスのメーカが、大きなルーズソックスの商品を販売するようになり、「スーパールーズ」と呼ばれるようになる。

「スーパールーズを流行らしたのは私。」

千里さんの周囲の人たちも、そう言っている。

「バハマパーティ」の店は、渋谷のスターの店員やスタッフを観るために、渋谷の高校生たちが集まる「ステージ」のようになっていたとわかる。その中で、渋谷のスターたちも、渋谷の「ローカル」な流行を次々と生み出し、渋谷の高校生たちの集団を成り立たせることに貢献していたのだろう。

千里さんは、バハマパーティのデザイナーになってからも、ビーチへ通った。「バハマパーティ」だけでなく、渋谷の「ロコガール」の店の経営者やスタッフは、皆、そうだったと言う。

「みんな、朝は湘南にサーフィンに行って、午後に渋谷に戻って、仕事を始めていた。」

一九八六年頃の「ビーチに通う」高校生たちから、一九九三年頃の「コギャル」の高校生たちまで、渋谷の「ガングロ・ルック」の若者たちを引きつけ続けてきた「ロコガールの服」は「ビーチイズム」の厳密な実践者によって作られていたのだ。

「しかし、その後の若い子は、サーフィンもダンスもしないのに、そのスタイルだけをするようになってしまうのよね。」

「ビーチに通う」ことのなくなった渋谷の高校生たちの流行を作り出していたキーマンだが、「ビーチに通う」ことのなくなった「ビーチイズム」には否定的だ。

第五節　一九九〇年代後期の渋谷・ガングロ・ルック
――ガングロ

スターに会える街渋谷

一九九三年頃には、渋谷に集まる「ガングロ・ルック」の「女の子スタイル」の高校生たちが増え、「コギャル」として世間からも注目を集めるようになった。

最初、化粧は薄く、焼けた肌の色もそれほど黒くなかったが、どんどんと化粧が濃くなり、焼けた肌の色も黒くなる。そして「一九九〇年代後期の渋谷・ガングロ・ルック」が現れることになる。

その頃の渋谷の若者たちの姿は、それまでと違って多く記録されている。「ストリート雑誌」が現れたからだ。街の一般の若者たちを誌面に載せた雑誌である。

私はそれを古本で収集しており、暇さえあれば眺めているので、そこに頻繁に載っている人の姿は、脳裏に焼きついている。

その中の一人に、Nさんがいる。黒く焼けた肌に、脱色したような髪、白っぽいリップの

「一九九〇年代後期の渋谷・ガングロ・ルック」をしている。

そのNさんに、お会いすることができた。

Nさんは、ストリート雑誌に載る前から、学校が終わると毎日のように、学校の友達とみんなで渋谷に行っていた。高校一年生になった一九九七年からだ。何をしに行っていたのか。

「有名人を探しに。」

有名人とは、芸能人などということか。

「芸能人ではない。あの頃はみんな、芸能人には全く興味がなかったように思う。」

私が持っていたストリート雑誌を指さして、

「ここに出てる人」

と言った。Nさんが渋谷に向かった目的は、「ストリート雑誌」のスターに会うため。大量に印刷される「マスメディア」に載るスターだが、「芸能人」とは違うようだ。

その頃、ストリート雑誌が、『東京ストリートニュース！』を皮切りに、相次いで誕生した。代表的なものでは、一九九五年八月号から主婦の友社の『Ｃａｗａｉｉ！』、一九九五年九月号からミリオン出版の『ｅｇｇ』が創刊。それ以前からあった角川春樹事務所の『ポップティーン』もストリート雑誌の特徴を持つようになった。

街の一般の若者たちを誌面に載せる仕組みが、それまでなかったわけではない。『ＪＪ』

や『Ｆｉｎｅ』を始めとする「読者モデル」という仕組みは一九七〇年代からあった。しかし、街の一般の若者たちが載っているのは誌面の一部である。誌面の全体に、一般の若者たちが載っている雑誌の先駆けとしては、一九八九年にミリオン出版が創刊した『ティーンズロード』がある。それは、女性の暴走族である「レディース」に焦点を絞っていた。

一九九四年末から相次いで登場したストリート雑誌は、「街」の一般の高校生に焦点を当てたのが特徴で、『東京ストリートニュース！』は「東京近郊」の一般の高校生、『Ｃａｗａｉｉ！』や『ポップティーン』や『ｅｇｇ』は、街の中でも「渋谷」の一般の高校生に焦点を当てたのが特徴だった。

Ｎさんは、それらのストリート雑誌を、全て読んでいた。Ｎさんが渋谷に探しに行ったのは、中でも『ｅｇｇ』のスターの男子高校生たちだった。

「そこに出ている人たちが、渋谷に行けばいいた。たむろしていた。あの人はあそこの路地にいることが多い、あの人はあそこ、というのがあって、そこを探しに行った。ポケモンＧＯのような感じ。」

「ポケモンＧＯ」とは、二〇一六年に公開された、スマートフォン向けゲーム。スマートフォンが取得する位置情報を利用した「ＡＲ（拡張現実）」の技術で、ユーザは「現実空間」を動きながら、「スマートフォン」の画面上の「ポケモン」を探して捕まえられる。

それと同じように、Ｎさんは、「渋谷」を動きながら、「ストリート雑誌」の誌面上の「スター」を探して捕まえていたということだ。探して捕まえたらどうするのか。

「一緒に写真を撮ってもらう。」

捕まえた「スター」が収められたアルバムも見せてくれた。

「渋谷」と「ストリート雑誌」が「AR」のように融合していたということだ。


しかし、気がつけば、立場が逆転していたと言う。Nさんは、高校一年生の最初の頃は、渋谷に集まるストリート雑誌の「スター」を探して、写真を「撮らせて」もらっていたが、「探されて、写真を撮られる側になっていた」と言う。Nさん自身が、ストリート雑誌の「スター」になった。きっかけは、高校一年生の秋に『東京ストリートニュース!』の編集者さんに声をかけられ、誌面に載ったことだ。

そこからは、違う学校だが、同じようにストリート雑誌のスターになっている人たちと、渋谷で集まるようになった。

「コアに仲よいのは七~八人。広く浅い知り合いがたくさんいた。」

そういうつながりから、他のストリート雑誌にも載るようになった。


その頃の渋谷は、ストリート雑誌の「カメラが向けられ」ていて、「バーチャル（ストリート雑誌）とリアル（現実）が融合」した「スターに出会えるかもしれない」ステージ、さらにそこにいる大衆の若者が「スターになれるかもしれない」ステージになっていたことがわかる。ロサンゼルスのビーチにハリウッド映画の「カメラが向けられ」た時にできた仕組みと近い。

それに従えば、渋谷の「ローカル」な基準だった外見が、「マスメディア」が示す「モデル」になり、それに従った外見の大量生産が、「ローカル」のサイクルで、さらには「マスメディア」が情報を届けるもっと広い範囲のサイクルで起こっただろうと推測できる。

その状態を詳しく探る前に、なぜ渋谷が、ストリート雑誌の「カメラが向けられ」たステージになったかを明らかにしよう。

ストリート雑誌

誌面に「街の一般の高校生」を採用する仕組みを持つ「ストリート雑誌」の誕生が相次ぐきっかけを作ったのは『東京ストリートニュース!』である。

その発案者であり、最初の編集長である古田千恵美さんに、それがどのようにして生まれたのか、前著『「盛り」の誕生』[*1]で話を聞いた。

古田さんは、それ以前、女子高生向けのファッション誌の編集部にいた。しかし、ファッション誌が対象とする「全国」の高校生と「東京」の高校生、とくに「渋谷」の高校生との間に、大きな違いがあることを感じていたと言う。

「渋谷のセンター街に行くと、髪を長くして、トニーラマのブーツを履いているような、高校生には見えない男子高校生がいっぱいいた。女の子たちは、ミージェーンや渋谷のファイヤー通りにあったバハマパーティの服を着て、シープスキンブーツを履いて、日に焼けたサーフ系の女の子たちがいた。すごくかっこよかった。」[*2]

「トニーラマ」とは一九一一年にアメリカのテキサス州で誕生した代表的なウエスタンブーツのメーカである。[*5]それを履いていたのは、アメリカの多様な時代、多様な地域のシーンを手本にトレンドチェイシングしていた「渋カジ」の装いの高校生たちだと考えられる。「ミージェーン」や「バハマパーティ」を着た人とは「ロコガール」の服を着た高校生たちだ。

古田さんは、「マスメディア」が作り出す流行と、渋谷から「ローカル」に生まれる流行との間にある「ずれ」に注目した。

「東京の高校生が求めている情報だけを集めた雑誌を作ってみたいと思った。東京の高校生が、通学前に手に取りたくなるようなタウン誌のようなもの。」[*3]

そうして『東京ストリートニュース!』は、当初は「試しに一冊だけと出た雑誌」[*4]だったと言うが、予想を上回る反響に、一冊で終わることはなく、一九九五年からは一年に三〜四回刊行するようになる。毎回、渋谷、池袋、新宿、横浜を始めとした東京近郊の各街の高校生コミュニティを訪ね、さらにそこで話題になっていた高校生ＤＪイベントなどに出向き、高校生の口コミだけを情報源に雑誌が作られた。誌面に登場するのは全て「街の一般の高校生」だ。大量に印刷される「マスメディア」だが、その内容は「ローカル」な流行だけ。対象とする読者は「東京近郊」の高校生だけだ。そのような雑誌が誕生した。

初期の『東京ストリートニュース！』には、一九九三年から一九九四年頃に渋谷にいた「ローカル」なスターの高校生も載っている。前に述べた、一九九四年頃から渋谷に通っていて、当時からピアスの穴を空けることや化粧をするのが上手で渋谷で有名になり、現在はメイクアップアーティストのともこさんの姿もあった。

こうして、「ローカル」な「渋谷」のスターが、「東京近郊」のスターになっていった。渋谷の高校生の集団を成り立たせるために、「ローカル」な「渋谷」のスターが次々と新たに示していた、「ローカル」な「渋谷」の「モデル」が、「東京近郊」にも伝わるようになった。

『東京ストリートニュース！』は、少しあとの一九九六年の記録になるが、首都圏だけでしか販売していなかったのに、約一五万部も発行されていたことがわかる。

一九九六年に、渋谷からは南に約一六キロの川崎にある県立高校の一年生だったりかさんも、こう言っていた。

「学校には、ＤＪをやってる男の子、バンドをやっている男の子、渋谷に通うギャル、私のようにヒップホップのダンスをやっている人、色々なカルチャーの人がいたけれど、『ストニュー（東京ストリートニュース！）』はみんな読んでいた。」

『東京ストリートニュース！』では、「スナップ大会」という、誌面で日時と場所を告知し、そこに集まった高校生たちを撮影して誌面で紹介するイベントを、当初より継続して行っていた。

一九九八年にはついに、渋谷と原宿の間にある代々木第一体育館の裏の広場で開催されるスナップ大会に、『東京ストリートニュース！』で「VIP」と呼ばれる、すでにスターになっていた高校生たちもくるという噂が広まると、過去最高の二五〇〇人もの高校生が集まった。実際に「VIP」が姿を現すと、大混乱になった。

『東京ストリートニュース！』の「カメラが向けられ」るステージに、『東京ストリートニュース！』のスターに会いたい人、あるいはスターになりたい人が、それほど多く集まるようになっていたことがわかる。

このことが、渋谷に集まる若者たちの「外見」にも影響を与えることになる。

渋谷・ガングロ・ルック

Nさんは、なぜ、「ガングロ・ルック」にしていたのだろうか。

「それが好きというよりも、イケてる自分になりたかった。」

一九九〇年代後期の渋谷に集まる「ガングロ・ルック」の高校生たちの間でも「イケてる」かどうかの評価が重視されていたことがわかる。

「一度、出るようになると、そこには段階があった。『ストニュー』ならVIP、『ポップティーン』なら巻頭ページに載るというように。」

確かに、『東京ストリートニュース！』には、街の高校生たちがたくさん載っているが、その中の一部の人たちが「ＶＩＰ」と呼ばれ、他の人よりも頻繁に、大きな写真が載っている。また『ポップティーン』にも、街の高校生たちがたくさん載っているが、その中で、前の方のページに、大きな写真で載っている人たちがいる。

ストリート雑誌の中には、「写真の大きさ」や「登場回数」のような、「スター」の地位を評価する基準があったのだ。

「ギャル」を極めるとは具体的にどういうことなのだろうか。

「イケてるのは、やっぱり『ｅｇｇ』だった。黒くて、金髪で、メイクも濃くて。」

ここから、三つのことがわかる。

一つめに、ストリート雑誌の「スター」の地位の評価は、「イケてる」や「ギャル」の外見の評価と相関していたこと。

二つめに、「イケてる」や「ギャル」の外見の基準を示していたのは、ストリート雑誌の中でもとくに『ｅｇｇ』のスターであったこと。

三つめに、『ｅｇｇ』のスターが示す、「イケてる」や「ギャル」の外見の「基準」は、具体的には「黒く焼けた肌」と「脱色した髪」と「濃い化粧」という特徴を持つこと。その「濃い化粧」とは、『ｅｇｇ』のスターの化粧を見ると、「白っぽいリップ」と「鼻筋のハイライト」と「濃いアイメイク」という特徴がある。

つまり、「ストリート雑誌」の中では、『egg』のスターが示す「黒く焼けた肌、脱色した髪、白っぽいリップ、鼻筋のハイライト、濃いアイメイク」という基準に従っていれば、「スター」の地位を高められるかもしれなかった。

だから「スター」の地位を高めたい人は、その外見の基準に従うようになったわけだ。

それは、Nさんのように、すでに「ストリート雑誌」のスターになっている人だけではない。

「ストリート雑誌」の「カメラが向けられ」ている「渋谷」では、『egg』のスターが基準を示す「黒く焼けた肌、脱色した髪、白っぽいリップ、鼻筋のハイライト、濃いアイメイク」という基準に従っていれば、一般の高校生が「ストリート雑誌」の「スター」になれるかもしれない」ようになった。

それにより「スターになりたい」一般の高校生も、渋谷でその外見の基準に従うようになった。

前に述べた、一九九七年に、川崎にある高校の二年生で、ヒップホップダンスをしていたりかさんは、学校にいた人の状況をこう教えてくれた。

「半分くらいが、ギャルだった。その人たちは毎日、学校が終わると、渋谷へ向かった。」

ここでの「ギャル」とは、『egg』のスターが示す基準に従った外見を表すと考えられる。ストリート雑誌を読む「東京近郊」には、そのような外見をする高校生が増え、放課後は「渋谷」に向かったことがわかる。

『egg』のスターが示す「モデル」に従う外見が、「渋谷」で「大量生産」された。

ちょうどその頃、『egg』は、この「モデル」の特徴の一つである「脱色した髪」を「ガンメッシュ」と呼び「黒く焼けた肌」を「ガングロ」と呼んだ。ここから「ガングロ」という言葉が生まれ、その後も通用する言葉になった。

つまり、この「モデル」こそ、本書がずっとその謎を紐解いてきた、「一九九〇年代後期の渋谷・ガングロ・ルック」である。


ところで「一九九〇年代後期の渋谷・ガングロ・ルック」の「黒く焼けた肌、脱色した髪、白っぽいリップ、鼻筋のハイライト、濃いアイメイク」という特徴は、一九九四年頃、渋谷の高校生の集団を成り立たせるために、渋谷のスターの高校生たちが「ローカル」な流行を常に変化させるために現れた特徴である。

そのような「渋谷」に元々あった基準が、「ストリート雑誌」が示す基準になり、再び

●一九九〇年代後期の渋谷にガングロ・ルックの若者が急増する中で「イケてる」や「ギャル」と呼ばれる外見の基準を示していたストリート雑誌『egg』。（一九九七年一一月号）©株式会社 大洋図書／egg編集部

「渋谷」の基準、さらには「東京近郊」の基準になる「サイクル」が起きた。「渋谷」に元々あった外見の基準が「ガングロ・ルック」だったから、一九九〇年代後期の「渋谷」で大量生産された外見の基準も「ガングロ・ルック」になったのだ。

しかし、同じ特徴が現れても、一九九四年頃に「渋谷」のスターが示したローカルな「モデル」と、一九九〇年代後期に「ストリート雑誌」が示した「モデル」には、重要な違いがある。一九九四年頃の「モデル」は、「渋谷に通う人」にしか再現できないように、次々と「変化」させていった。しかし一九九〇年代後期の「モデル」にはそのような意図はなくなり、「固定」的になっていった。

「一九九〇年代後期の渋谷・ガングロ・ルック」をしたのは、必ずしも、放課後に「渋谷に向かう」人だけではなかったと考えられる。

一九九七年に、渋谷からも近い、校則の厳しい私立女子中学校の一年生だったUさんも、こう言っていた。

「中学生の頃はみんながギャル風だった。高校生になると、それにこだわりのある人だけがその格好をするようになった。」

二〇一八年に公開された日本映画に『SUNNY 強い気持ち・強い愛』(監督・大根仁)がある。この映画は、東京近郊の女子高校に通う六人グループと、それから二〇年以上経ったその人たちのふれあいを、時間を往復しながら、話が進むものである。

女子高生の頃の六人は、まさに、「ガングロ・ルック」をして、大きなルーズソックスを履いている。髪は、それほど脱色していないのだが。

途中、その六人の女子高生がいるクラスの、教室全体を写すシーンがある。そこではクラスのほぼ全員が「ガングロ・ルック」をしている。

映画は、阪神・淡路大震災のあった一九九五年という設定になっている。しかし「ガングロ・ルック」のその教室のシーンは、一九九七年から一九九八年頃の景色に近いのではないか、と考えている。

Nさんも『SUNNY』を観たといった。やはり、Nさんが高校生の頃、つまり一九九七年から一九九八年頃の景色にとても近いと言った。

「うちの学校は少ないほうだったけど。それでも高校一、二年生頃は、みんながそっちに興味があった。」

「一九九〇年代後期の渋谷・ガングロ・ルック」の「モデル」に従った外見の大量生産は、放課後に「渋谷に向かう」人のみならず「渋谷に向かわない」人も含めて「東京近郊」で起こったと考えられる。

統計資料はないのだが、「ガングロ」という言葉が広がった一九九七年から一九九八年頃、「東京近郊」で「ガングロ・ルック」の若者の人数は、最大化したのではないかと推測している。

この頃、「黒人」を手本にしたガングロ・ルックも増えたと考えられる。

先ほど学校の状況を教えてくれた、ヒップホップダンスをしていたりかさんは、ご自身は「黒人」の外見を手本にしていた。「黒人」の外見を手本にした「ガングロ・ルック」では、「ストリート雑誌のスター」を手本としたガングロ・ルックとは違い、髪は脱色せず、スパイラルパーマなどにして、化粧は濃くしていなかったということだ。

りかさんが通っていた川崎にある高校の学校では、「ストリート雑誌」のスターを手本に「ガングロ・ルック」をしていた人よりは少数派だが、同じ学年に二人いたと言っていた。学校では、「ストリート雑誌」を手本に「ガングロ・ルック」をしていた人たちと一緒にいることが多かった。しかし、放課後は「渋谷」に向かわず、ヒップホップダンスの練習のために「横浜」に向かったと言う。

ちょうどその頃の一九九七年には、ヒップホップをテーマとしたファッションを取り上げる雑誌『ウーフィン』も創刊し[*6]、「黒人」の外見を手本にした「ガングロ・ルック」の手本を示した。りかさんもそれを購読していた。

SHIBUYA109リニューアル

「一九九〇年代後期の渋谷・ガングロ・ルック」は、装いの「モデル」も示した。

「制服のときは、ルーズソックスの二〇〇〇や一八〇〇。」

二〇〇〇や一八〇〇とは、「コギャル」の外見の要素として前にも述べた、SHIBUYA109のソニープラザなどで売っていた、アメリカのブランド「E・G・スミス」のルーズソックスの商品。二〇〇〇や一八〇〇とは、一見、型番のようだが、二〇〇〇円や一八〇〇円という価格を表している。その価格が表すとおり、布を多く使った「スーパールーズ」。元はと言えば、一九九四年頃、「渋谷」のローカルな流行が次々と変化する中で千里さんが手本を示したものである。

「イケてるブランドは決まっていた。ミージェーン、アルバローザ、エゴイストなど。だいたいSHIBUYA109で買っていた。パルコには行かなかった。」

「ミージェーン」と「アルバローザ」は、一九八〇年代中期も、一九九〇年代初期も、一九九〇年代中期も、渋谷に集まる「ガングロ・ルック」の高校生たちがずっと着てきたロコガールの服の店とメーカだ。

Nさんが挙げてくれた中には、もう一つ新しい名前が加わっている。「エゴイスト」である。「ロコガール」の服の店ではない。「エゴイスト」とは一九九六年に、SHIBUYA109に入った店だ。

SHIBUYA109も、一九八〇年代中期も、一九九〇年代初期も、一九九〇年代中期も、渋谷に集まる「ガングロ・ルック」の高校生たちがその外見を作るための材料を買いに行く場所だったが、一九九五年からリニューアルが行われていた。

その背景には、SHIBUYA109は、一九八〇年代に日本経済のバブル景気と共に右肩上がりの推移を見せ、一九九〇年には開業以来最高の一九三億円という売上を達成するが、バブル崩壊と共に売上を落とし、一九九五年には一四一億円にまで落ち込んでいたことがある。[*7]

その回復のためのリニューアルで、店舗の選定などを担当した中里研二さん（現・株式会社SHIBUYA109エンタテイメント コーポレート戦略室 総務・人事部所属）に、前著『「盛り」の誕生』[*8]で話を聞いた。それまでのSHIBUYA109は、紳士服、婦人服、呉服、宝飾、スポーツ用品などを総合的に扱うファッションビルだったが、「全館の売上が落ちている中、地下一階だけが、売上を伸ばしていることに注目」[*9]したと言った。

SHIBUYA109の地下一階では若年女性向けの服を扱っていた。そこには「ミージェーン」の店があり、「アルバローザ」の服を売っていた。

他に、一九八六年頃渋谷に集まっていた「ビーチに通う」高校生たちが行った店として名前を挙げた「ロッキーアメリカンマーケット」も、地下一階にあった。「ミージェーン」や「ロッキーアメリカンマーケット」は、一九七九年にSHIBUYA109が開業する前から、戦後の闇市の名残りが残る「道玄坂三角地帯」にあった店だと述べた。他にも、「アサヒ」（現・スニープディップ）など、地下一階にはその頃からあった店が多くあった。「ミージェーン」の前身、一九四七年創業の「モナリザ洋装店」が、当初から「街の人の流れ具合については十分の研究を重ねていた」ことを前に述べたが、そのように「渋谷の街の人の流れ」に詳しい店が地下一階には多かったかもしれない。

それらの店は、他の街にはないことも多かった。だから、一九九三年頃の渋谷のスターの高校生たちが、「渋谷に通う人」にしか再現できない「モデル」を示すために、「ちょっとしたもの」を求めて「トレンドチェイシング」するのにも貢献したのだと考えられる。

そのようなことから、SHIBUYA109のリニューアルでは、それまで地下一階にあったような店を、全館に展開することが計画された。そのために、SHIBUYA109では、大企業が全国展開しているような「ナショナルチェーン」ではなく、小さい会社が入れるよう、小さい会社でも契約できる環境を整え[*10]たと、中里さんは言った。

そうして、リニューアル後のSHIBUYA109は、建物中央にあるエスカレーターを囲むように、一五〜二〇坪程度の小さな店で埋め尽くされた。そのほとんどが、若年女性向けの他のファッションビルでは見かけない店だった。

リニューアル後の「SHIBUYA109」が、他のファッションビルのように「ナショナル」なファッションを扱うのではなく、渋谷の「ローカル」ファッションだけを扱った構造は、「ストリート雑誌」が、従来のファッション雑誌のように「ナショナル」な流行を取り上げるのでなく、渋谷などの街の「ローカル」な流行だけを取り上げた構造とも近い。

また、売り上げが低迷した「SHIBUYA109」が、他のファッションビルのように「広い層」を対象にした商品を提供するのではなく、「若者」だけを対象にした商品を提供した構造は、古く一九五〇年代のアメリカで、テレビの普及と共に映画館の入場者数が減ったあと、「独立系映画製作会社」が、「メジャースタジオ」のように広い層を対象にした映画を制作するのではなく、ドライブインシアターに集まる「若者」だけを対象に、エクスプロイテーション映画の「ビーチパーティ映画」を制作した構造も思い出す。

リニューアル計画は成功して、SHIBUYA109はV字回復。「一九九六年には一五二億円、一九九七年には一六八億円、一九九八年には一九四億円と二桁成長」[*11]を果たすことになる。

エゴイストの化粧

「エゴイスト」は、そうしたリニューアルの直後の一九九六年にSHIBUYA109に入った小さな店の一つだった。当初はヨーロッパからの輸入品を販売していたが、一九九八年頃からはオリジナル商品を韓国で短期間で生産し、販売する方法をとっていた。これは、SHIBUYA109の多くの店がとっていた方法だ。

その中で売られる「エゴイスト」の服が、なぜ、「一九九〇年代後期の渋谷・ガングロ・ルック」の「モデル」の要素になったのだろうか。

Nさんからヒントになる言葉が出てきた。

「雑誌に出ている人以外で憧れたのは、SHIBUYA109の店員。エゴイスト。」

「イケてる」外見になり、「ギャル」を極め、「スター」を極めようとしていたNさんが、外見の手本にしたのは、「ストリート雑誌」のスターだけでなく、「エゴイストの店員」もあったようだ。

「エゴイストの店員」の外見を手本にする若者が増えたことは、後に、社会現象としても注目され、「カリスマ店員」と呼ばれるに至る。きっかけになったのは、一九九九年四月一七日の日経流通新聞。[*12] 二人の「エゴイストの店員」が並ぶ大きな写真が掲載され、そこに「私たちカリスマ店員」というタイトルがついた。

そこにはこのような説明がついている。「都会で生活するファッションのお手本は、もはや雑誌やモデルではない。人気ショップの店員こそが彼女らのアイドルなのだ。」「お客さんはヘアスタイル、メイクなど店員が演出するすべてにあこがれ、まねをする」とある。

「エゴイストの店員」も「ストリート雑誌」のスターに並び、渋谷の若者たちに「一九九〇年代後期の渋谷・ガングロ・ルック」の「モデル」を示していたようだ。しかも、洋服店の店員なのに、「服」だけでなく「化粧」や「髪型」も含めてトータルに「モデル」を示していたことがわかる。「一九九〇年代後期の渋谷・ガングロ・ルック」になるための「材料」だけでなく「方法」も提供していたことがわかる。

それにしても、なぜ、SHIBUYA109の中の小さな店の店員が、マスメディアも介さず、多くの若者たちに「モデル」を示すことになったのだろうか。

「カリスマ店員」の社会現象として注目される前から、「エゴイストの店員」の外見を手本にする若者が増えていることに注目していたのが、『東京ストリートニュース！』である。『東京ストリートニュース！』は、エゴイストの店員をファッションモデルにしてエゴイストの服を紹介する特集を組む。その後、一冊全て、ＳＨＩＢＵＹＡ１０９の店員だけをファッションモデルにした別冊『ＳＨＩＢＵＹＡ ＮＥＷＳ』を一九九九年四月一六日に発売する。第四号まで続く。

そこでは、エゴイストの店員を始め、ＳＨＩＢＵＹＡ１０９にある洋服店の店員がする「化粧」や「髪型」の方法を紹介する特集がたびたび組まれた。

とくに一九九九年一一月発売の第三号には、「全プロセス初公開！エゴ・メイク&エゴ・ヘア」[*13]というタイトルで、八人のエゴイストの店員をファッションモデルにして、エゴイストの店員がしている化粧と髪型の方法が紹介されている特集がある。ファッションモデルになった店員は一人を除き、七人が「ガングロ・ルック」である。

ここで紹介されている「エゴイストの化粧」の特徴的なところを挙げる。

まずは目。黒いアイラインで際を囲み、上のアイラインは目じりを大きくはみ出して長くひいている。その上に大きなつけまつげをつけている。

上まぶたには暗い色のアイシャドウを濃く塗っている。上まぶたの上と下まぶたに、はっきりと白いアイシャドウを塗っている。

目の中には、薄いグレーや茶色の、カラーコンタクトレンズを入れている。

次に口。唇に、肌の色か、それより白っぽい色のリップを塗っている。

鼻筋や頬などには、はっきりと白い色のハイライトを入れており、鼻の脇や顔の輪郭などには暗い色のシェードを入れている。

全て、ドラッグストアなどで手に入る、低価格の化粧品を用いている。

化粧前の顔写真と、化粧後の顔写真が載っているのだが、大きく違う印象だ。

『東京ストリートニュース!』の最初の編集長の古田さんは、『SHIBUYA NEWS』の編集長でもある。前著『「盛り」の誕生』[*14]で『SHIBUYA NEWS』についても話を聞いた。「エゴイストの化粧」の特集の撮影にも居合わせた古田さんが、こう言っていた。

「私もずっとファッション誌をやってきたので、メイクのプロセスを撮るということはいくつもやってきました。しかし、彼女たちのメイクプロセスは、それまで見たこともないようなものでした。それまで当然と思っていたことが、全て覆されました。でも、できあがりは、完璧で

●モデルをつとめるのが全てSHIBUYA109の店員であるファッション誌『SHIBUYA NEWS』。エゴイストの店員(右)の化粧や髪型の方法も紹介された。(一九九四年)

した」[*15]

古田さんが「見たこともないようなもの」と言ったのは、この「エゴイストの化粧」の基準が、従来の「ファッション誌」が示す「ナショナル」あるいは「グローバル」な基準と全く違うからではないか。

「エゴイストの化粧」は、渋谷の「ローカル」な基準を元にして、「ストリート雑誌」が示した「一九九〇年代後期の渋谷・ガングロ・ルック」が基準になっている。「白っぽいリップ」「濃いアイメイク」「鼻筋のハイライト」という特徴を持っていることがそれを示す。

しかし、古田さんが「できあがりは、完璧」と言ったのは、従来の「ファッション誌」が示す基準とは違うものの「化粧」として完成されていたからではないか。

「一九九〇年代後期の渋谷・ガングロ・ルック」に従った化粧は「ストリート雑誌」でも紹介されていた。しかし一般の高校生である「ストリート雑誌のスター」が紹介する化粧は、「鼻筋のハイライト」の境界がグラデーションになっていなかったり、「濃いアイメイク」のために化粧品ではなく文房具を使ったりするなど、化粧を逸脱することもあった。それに対し、「エゴイストの化粧」はグラデーションがあり、化粧品を用いていて、化粧の範囲にある。

「エゴイストの化粧」は、低価格な化粧品を用いて、「一九九〇年代後期の渋谷・ガングロ・ルック」の基準に従いながらも、化粧として「完璧」だったから、多くの若者たちが「手本」にしたのではないか。

「エゴイストの店員」が、「一九九〇年代後期の渋谷・ガングロ・ルック」の手本をトータルに示したことにより、「エゴイストの服」が「一九九〇年代後期の渋谷・ガングロ・ルック」の材料になったのだと考えられる。

「エゴイストの服」が「一九九〇年代後期の渋谷・ガングロ・ルック」の「モデル」に従って外見を再現するための「材料」となれば、それが売れるのは当然だ。

エゴイスト社長の鬼頭一弥へのインタビューをした、飯塚敞士『人力経営』[*16]によれば、一九九九年九月、SHIBUYA109の「エゴイスト」は「わずか十六・九坪の店舗で月商二億八万円という前代未聞の売上を残す。勿論、月坪売上の世界新記録[*17]」というほどになる。

「エゴイスト」は、SHIBUYA109以外にも店舗を展開する。一九九九年一〇月二一日の日経流通新聞[*18]によれば、その時すでに「横浜市、新宿、仙台市、柏市と拠点を広げ、十一月十一日には埼玉県大宮市に六号店をオープン」とある。

「一九九〇年代後期の渋谷・ガングロ・ルック」の「モデル」に従って外見を再現するための「材料」が手に入るのが「渋谷」だけでなく「東京近郊」に、その後さらに「全国」に広がっていくことになる。

「エゴイスト」を始め、元々は「ローカル」にSHIBUYA109だけにしかない小さな店だったが、「ナショナル」に展開するようになる店が増え、それらは「マルキューブランド」と呼ばれるようになる。

欧米人憧れの終着点

「エゴイストの化粧」には、「一九九〇年代後期の渋谷・ガングロ・ルック」の化粧の当初の「モデル」にはない、独自の特徴もあった。「アイホールのシャドウ」「アイホールの周りのハイライト」「頬の上のハイライト」「鼻脇のシャドウ」「輪郭のシェイド」などである。そこにはどのような目的があったのだろうか。

前掲の『SHIBUYA NEWS』の「エゴイストの化粧」の特集[*19]には、エゴイストのプロデューサーによる解説が載っている。

「メイクはきつく、しっかり。うちはスタッフのコたちにも、きちんとメイクするように指導しています。」「ホリの浅い日本人の顔で、ナチュラルメイクって好きじゃないんですよ。童顔だからかわいくはなるけれど、カッコよくはならない。[*20]」

「エゴイストの化粧」には、「平面的」な特徴を持つ日本人の顔を「立体的」に見せる目的があったことがわかる。

顔を「立体的」に見せるために「凸部を明るい色に、凹部を暗い色」にする方法は古くから行われてきた。例えば「鼻筋のハイライト」を入れることや、「黒く焼けた肌」にすることにもそのような効果があると考えられた。

「エゴイストの化粧」も「凸部を明るい色に、凹部を暗い色」にする方法をベースとしている。化粧を濃く塗り重ねることによって、これまで行われてきた化粧よりもさらにきめ細かく「凸部を明るい色に、凹部を暗い色」に塗り分けている。「平面的」な特徴を持つ日本人の顔を「立体的」に見せるための、究極的な化粧を提案したのではないかと考える。

また、エゴイストのプロデューサーは次のようにも言っている。

「私の理想は、目が大きくて口が大きい顔。目はメイクで、いくらでも大きく見せられるじゃないですか。でも、口はどうしようもないんですよね。だから口が小さい人なんかは、存在自体を消しちゃうのがいいと思うんです。[*21]」

「白っぽいリップ」には、日本人の顔の「口が小さい」特徴を抑える目的があったことがわかる。そのために、「口を消す」という方法があると言う。これは広く知られている方法ではない。

しかし、「白っぽいリップ」にすることも、古くから行われていた。

そこにはいつも、日本人の「口が小さい」特徴を抑える目的があったのだろうか。日本の若者たちが共有する経験則として古くからあったのかもしれないが、「エゴイストの化粧」によって初めて形式知になったのではないかと考える。

『SHIBUYA NEWS』第一号[*22]には、エゴイストのプロデューサーへのインタビューが載っている。

「〝映画スター〟の影響が大きいかな。中学のころ、ヘップバーンの『ローマの休日』から始まって、ヘップバーンシリーズを全て見て、べべ（ブリジット・バルドー）、モンロー、ソフィア・ローレン・・・人物中心に見たりして、そこで自分のスタイルが決まりました。[*23]」

エゴイストの外見の手本には、往年のフランスやアメリカの映画スターがあったことがわかる。

「凸部を明るい色に、凹部を暗い色」に塗ったり、「白っぽいリップ」にする化粧は、日本で「ガングロ・ルック」をする若者たちの間で古くからあった。一九六〇年代、フランスの映画スターを手本に「ガングロ・ルック」にしていた若者たちから行われていた。一九九四年頃、渋谷のスター高校生たちが、次々と新しい「ローカル」な「モデル」を示す中で、スーパーモデルの顔を手本にするようになった時も行われた。

欧米の「グローバル」な手本に従うため、日本人の顔の特徴との「ずれ」を埋めるために生まれた「ナショナル」な化粧が、渋谷の「ローカル」な「モデル」となっていった。そして、渋谷から生まれた「エゴイストの化粧」によって、それが究極的な方法になり、形式知化された。

このあと、「エゴイストの化粧」の独自の特徴も、「一九九〇年代後期の渋谷・ガングロ・ルック」の「モデル」の中に取り込まれていく。

ビーチイズムの肌

一九九〇年代後期に渋谷に集まっていた高校生たちが「ガングロ・ルック」になったのは、ストリート雑誌が示す「モデル」に従って渋谷にいれば、ストリート雑誌のスターになれるかもしれなかったり、スターの地位を高められたりするかもしれなかったからだとわかってきた。

「ガングロ・ルック」は、「ビーチイズム」を肌というスクリーンに投影したものだが、そこにはもう「ビーチに通う」人々にあったような精神性はないのだろうか。

Nさんに、ビーチに行くこともあったかと聞くと、やはりこう答えた。

「海に行くこともあったにはあったけれど、それよりも渋谷。」

しかし、Nさんは、「渋谷」に通っていた理由をこう話した。

「他の学校の友達といるのが楽で、楽しかった。学校というのは、どうしても、ちょっとした悪口や、いざこざが起こるもの。他の学校の、同じ方向を目指す友達といると、そんなことはどうでもよくなった。」

Nさんが、「一九九〇年代後期の渋谷・ガングロ・ルック」で「渋谷」に通った目的は、ストリート雑誌のスターの地位を高めることだけではなく、「ガングロ・ルック」をしている人同士の、学校の枠組みを超えた「コミュニケーション」もあったのだとわかる。

Nさんに、最後に改めて、なぜ「一九九〇年代後期の渋谷・ガングロ・ルック」にしていたかを聞いた時、新たな理由が出てきた。

「南国のような装いがよかった。」

当時の記憶を呼び起こしながら、その理由をこう答えた。

「細かいことを気にしない、そういう私であることを、装いたかったように思う。なんでもいいよ、どうでもいいよ、そんなことは気にしてないよ、という感じが、みんなの中にあった。」

Nさんや、一九九七年頃の渋谷に集まっていた高校生たちは、「一九九〇年代後期の渋谷・ガングロ・ルック」に、「細かいことを気にしない自分である」ことへの理想を投影していたようだ。「細かいことを気にしない自分である」という理想は、コルバンが表した、海のみが象徴する自然像の特徴とも重なる。

若者たちは、自ら「一九九〇年代後期の渋谷・ガングロ・ルック」で渋谷に集まることにより、渋谷を南国の「ビーチ」に「見立て」ていたのではないか。ミージェーンやアルバローザの服を着る場合は「ロコガールの服」と「人工的ガングロ・ルック」で、エゴイストの服を着る場合は「人工的ガングロ・ルック」だけで、そこから「ビーチ」を見出す「認識」を共有するようになったのだと考えられる。

第六節　二〇〇〇年代の渋谷・ガングロ・ルック
――ゴングロ・ヤマンバ・マンバ

ガングロからゴングロへ

一九九〇年代後期、「ストリート雑誌」のカメラが向けられた「渋谷」で、黒く焼けた肌、脱色した髪、白っぽいリップ、鼻筋のハイライト、濃いアイメイクなどを特徴とする外見が現れた。それは「ガングロ」や「ギャル」と呼ばれるようになり、渋谷から東京近郊、さらには全国へと拡大していった。

そしてその後、さらに肌を黒く、髪を白く、化粧を濃くして、「妖怪っぽく」したような外見まで現れることになる。

そこにはどのような目的があったのだろうかと探っていた時、知人から、「渋谷で昔、ガングロのギャルだった方と会った」と連絡があった。普段は遠野に住んでいるけれど、東京にくることがありそうだと言う。会えるかどうか聞いてみてくれることになった。遠野とはまた珍しいと思いながら、お願いした。

私はこの本のために、かつて「ガングロ・ルック」をして「渋谷」にいたという人たちを見つけて、話を聞いてきた。今も東京、横浜、湘南などに住んでいることが多い。人づてには、海外に住んでいる人の話もよく聞く。日本の若者たちの「ガングロ・ルック」は、振り返れば「欧米人」を手本にして始まったので、海外にたどり着いたというのも納得がいく。

それに対して岩手県の遠野とは、まず思い浮かぶのは『遠野物語』だ。民俗学者の柳田國男が、西洋文化が入る前の日本人の文化を探究するために、その地を選んだくらいだ。「欧米人」を求めて向かう方向とは、反対にありそうだ。

また、「ガングロ・ルック」は「ビーチイズム」を肌というスクリーンに投影したものである。遠野は山に囲まれた盆地で、「ビーチ」を求めて向かう方向とも、反対にある。

遠野から東京へ仕事で来ている時を狙って、渋谷のオフィスを訪ねると、本人が出迎えてくれた。家富万里さんである。「ガングロのギャル」を連想させない肌だが、金色の髪は名残りかもしれないなどと考えながらついて行き、案内してくれた会議室に入った。

万里さんが、渋谷に通っていたのは、高校生の頃だという。二〇〇三年から二〇〇五年頃だ。当時の写真を見せてくれた。「黒く焼けた肌」は「一九九〇年代後期の渋谷・ガングロ・ルック」よりもさらに黒い。

「日焼けサロンに、週六回通っていた。」

黒くなりづらい肌なのだという。

「白っぽいリップ」も、「濃いアイメイク」も、「一九九〇年代後期の渋谷・ガングロ・ルック」よりさらに白く、さらに濃い。なぜ、そのような外見をしていたのか。

「小六のときに、表紙いっぱいにブリテリが出ている『egg』を見て、ギャルになると決めた。」

「ブリテリ」とは、一九九九年頃から『egg』によく載っていたストリート雑誌のスターである。一九九九年というと、万里さんはまだ小学校六年生だ。

「小学生の時はまだ、日焼けするようなお金を持っていなかったから。したためていたのだと思う。中学三年生の終わりに、初めて日焼けサロンに行った。」


ちょうど同じ話を、他の人からも聞いたことがあった。

前著『「盛り」の誕生』[*1]では、万里さんと同じく二〇〇三年頃から渋谷に通っていた、万里さんより学年は一つ下の由佳さんにも話を聞いた。

写真で見せてもらった由佳さんも、「一九九〇年代後期の渋谷・ガングロ・ルック」よりもさらに「黒く焼けた肌」、さらに「白

●二〇〇三年頃から「ガングロ」よりもさらに肌を黒く焼いた外見で渋谷に通っていた家冨万里さん（右）。（二〇〇三年頃）

っぽいリップ」、さらに「濃いアイメイク」をしていた。

由佳さんの場合は、それに加えて、「脱色した髪」をさらに白くして、部分的にピンク色で染めており、「白い鼻筋」、「黒いアイホール」、「白いアイホール周り」をしていた。[*2]

由佳さんからも「ブリテリ」の名前が挙がった。

「テレビなどで見て、かっこいいなと思って、憧れていた。[*3]」

中学生になって、ブリテリが載っている古い『ｅｇｇ』の古本をオークションで買って、読んでいたという。

「たぶん、ちょうど私のように、小学生の頃にブリテリさんを憧れて見ていて、高校生くらいになって始める人も多かったのだと思う。[*4]」

二〇〇三年頃の渋谷には、「一九九〇年代後期の渋谷・ガングロ・ルック」よりもさらに「黒く焼けた肌」の若者たちが集まっていた。そしてその若者たちが共通して手本にしたのが、そこから四年ほど前の、一九九九年頃にストリート雑誌のスターだった「ブリテリ」だとわかる。


これまで、「渋谷」に集まっていた「ガングロ・ルック」の若者たちが「手本」にしてきた人を振り返ると、一九七〇年代後期はジェリー・ロペスやファラ・フォーセットのような「マスメディア」のスターで、「会えない」人だった。

しかし一九九三年頃には、渋谷のスター高校生や渋谷のスター洋服店員のような「ローカル」なスターで、「会える」人になる。

一九九七年頃には、ストリート雑誌のスターや渋谷のスター洋服店員（カリスマ店員）のような「ローカル」なスターでもありながら「マスメディア」のスターでもある、「会える」人になる。

しかし二〇〇三年頃には、「ブリテリ」という四年ほど前に「ローカル」のスターでありながら「マスメディア」のスターだった、「会えない」人になったということだ。

ブリテリとゴングロ

二〇〇三年頃渋谷に集まっていた、「一九九〇年代後期の渋谷・ガングロ・ルック」よりもさらに「黒く焼けた肌」を黒くした若者たちが共通して手本にしていた「ブリテリ」とは、どのような人か。

ブリテリが、『egg』に最初に登場したのは、一九九九年七月号[*5]の小さい記事だ。「プリクラグランプリ」という、編集部に投稿されたプリクラ写真を多数紹介するページで、その中の一つに、肌を真っ黒に焼いた四人の若者が写るプリクラ写真があった。その四人は、すでに『egg』によく載ってるいてる「ストリート雑誌のスター」だった水野祐香と、「ゴングロ三兄弟」だと紹介された。ブリテリはその一人だ。

そこでは「ゴングロ三兄弟の外見」がこう描写されている。

「なんですか!?この…黒人か日本人なのかわからない人たちは（笑）!!しかも、鼻だけ白くて線が入っているみたい?!（略）たぶん、祐香ちゃんもガングロなんだろーケド、まったく美白な人に見えちゃいますもん、うん（笑い）。」

「ゴングロ」という言葉は、一つ前の六月号でも、誌面に載っている若者たちが使っている言葉の中に見つかる。「ガングロ」よりも「黒く焼けた肌」が、この頃、すでにそう呼ばれ始めていたことがわかる。そこに「ゴングロ三兄弟」が現れ、以降の『egg』では、この言葉が頻繁に用いられるようになる。

次の一九九九年八月号[*6]では、巻頭の二ページから七ページで、「行け!!ゴングロ三兄弟withU」という特集が組まれる。「ゴングロ三兄弟withU」とは、ゴングロ三兄弟と水野祐香を合わせた四人組のことだ。

特集の最初のページの写真にうつるゴングロ三兄弟withUの外見は、次のようなものだ。「一九九〇年代後期の渋谷・ガングロ・ルック」よりも、さらに「黒く焼けた肌」、さらに「白いリップ」、さらに「濃いアイメイク」、さらに「脱色した髪」をしている。その他、「白い鼻筋」、「黒いアイホール」、「白いアイホール周り」という特徴がある。

これは「一九九〇年代後期の渋谷・ガングロ・ルック」の中でも、「エゴイストの化粧」で、「凸部を明るい色に、凹部を暗い色」にした特徴と一致する。しかし「黒い部分」がより黒く、「白い部分」がより白い。

ゴングロ三兄弟ｗｉｔｈＵが示したこのような特徴を持つ外見を、ここでは「ゴングロ・ルック」と呼ぶことにする。

「ゴングロ三兄弟エッグデビューへの道（笑）」というタイトルで、ゴングロ三兄弟の「発見者」である編集者のコメントも掲載されている。渋谷にあったクラブの「パイロン」で「目立ちまくって」いたから「口説い」たとあり、「ギャルだらけの渋谷でもやつらくらい目立つやつらは他にはいない」とある。渋谷にいた、一般の若者だったことがわかる。

次の一九九九年九月号でも、[*7]六ページにわたって「行け!!ゴングロ三兄弟 ｗｉｔｈＵ 渋谷編」という特集が組まれる。タイトルのとおり舞台は渋谷だ。「ゴングロ・ルック」をした四人が、水着にパレオを着て、厚底のサンダルを履き、満面の笑みで、渋谷駅前のスクランブル交差点を渡っている写真が、ページいっぱいに掲載された。

以降の『ｅｇｇ』では、ゴングロ三兄弟ｗｉｔｈＵが、毎号、大きく掲載されるようになる。

●雑誌『egg』の巻頭で大きく取り上げられた、「ガングロ」よりもさらに肌を黒く焼き、それまで見たこともないような外見をした「ゴングロ三兄弟ｗｉｔｈＵ」。（一九九九年八月号）©株式会社 大洋図書／egg編集部

中でも、ブリテリは、とくに注目を集める。

ブリテリの外見は、他のゴングロ三兄弟ｗｉｔｈＵの外見よりも、さらに「真っ黒い部分」が黒く、「真っ白い部分」が白く見える。また、化粧の「真っ黒い部分」と「真っ白い部分」の面積が、さらに大きく見える。

渋谷を舞台とした特集のあった九月号では、ゴングロ三兄弟ｗｉｔｈＵの四人がそれぞれ「ゴングロメイクのポイント」を答えている。そこでブリテリは「メイクのテーマは山んば風！」と答えている。以降の『ｅｇｇ』では、ブリテリのような外見を「ヤマンバ」と呼ぶようになる。

さらに一九九九年一〇月号[*8]には、ブリテリの髪型の特集がある。ブリテリは自身の髪型をこう解説している。

「ヘアのポイントは山姥（ヤマンバ）。」「痛みまくった髪がヤマンバ。」「ヤマンバなのでヘアスプレーやムース類はほとんどつけない。」

それに合わせる化粧についても解説する。

「メイクは濃く、妖怪っぽく。」

化粧や髪型を形容するために、これまで、使われてこなかったような言葉が並ぶ。「妖怪」という言葉まで使われている。「妖怪」とは、「人知の及ばない異常な事物や現象[*9]」を意味する。確かに、それまで「人間の外見」として見たこともないようなものだ。だから「妖怪っぽい」と表したのだろう。

ここでは、この「ゴングロ・ルック」を「妖怪っぽく」した「ヤマンバ」の外見を、「ゴングロ・ルック」の一つと位置づける。

二〇〇〇年三月号[10]は、フレームアウトしそうなほど、ズームアップした、ブリテリの顔写真が表紙になる。

ズームアップしたことでよくわかるのが、顔の「真っ黒い部分」と「真っ白い部分」の間が「グラデーション」になっておらず「境界がはっきり」していることだ。このような「ゴングロ・ルック」の化粧は、これまでの「ガングロ・ルック」の化粧に一貫してあった性質をも覆している。

一つめに、「自然的」でないことだ。「ガングロ・ルック」は元々、太陽の光と海水によって「自然」にできたものだが、渋谷の若者たちの間では、日焼けサロンとブリーチ剤で作られた「人工的ガングロ・ルック」を基準とするようになった。とはいえ、日焼けサロンもブリーチ剤も、「自然」の日焼けや脱色を模倣する技

●ゴングロ・ルックをさらに「妖怪っぽく」した「ヤマンバ」の外見の手本を示したブリテリ。数年後に渋谷に集まるようになる若者たちにも大きな影響を与えた。（二〇〇〇年三月号）©株式会社 大洋図書／egg編集部

術だ。

しかし、ブリテリが見せた「ゴングロ・ルック」の化粧からはもう、「自然」を模倣する意図がうかがえない。

二つめに、「立体的」でないことだ。日本の若者たちの「ガングロ・ルック」で、「白い部分」と「黒い部分」を塗り分ける化粧は、一九六〇年代から行われていた。「凸部を明るい色に、凹部を暗い色」にすることにより、「平面的」な特徴を持つ日本人の顔を「立体的」に見せるためだ。ただし「真っ黒い部分」と「真っ白い部分」の間を「グラデーション」にするのが前提だ。

しかし、ブリテリが見せた「ゴングロ・ルック」からは、「立体的」に見せる意図はうかがえず、むしろ「平面的」に見える。

このような「人工的」で「平面的」な化粧は、現代の「一般的な化粧」とは異なる。厚生労働省による化粧品の定義は「人の身体を清潔にし、美化し、魅力を増し、容貌を変え、又は皮膚もしくは毛髪を健やかに保つために、身体に塗擦、散布その他これらに類似する方法で使用されることが目的とされている物で、人体に対する作用が緩和なもの」[*11]だが、ブリテリが見せた「ゴングロ・ルック」の化粧は、これには当てはまらない。

鈴森正幸『人はなぜ化粧をするのか』では、そのような「一般的な化粧」ではないものとして、「儀式・祭礼・宗教行事における化粧」「演劇などの扮装化粧」「医療分野の化粧」[*12]という三つを挙げる。そして、この最初の二つを「一時的に仮の姿を粧《よそお》う」という意味の「仮粧（けしょう）」と呼んでいる。ブリテリが見せた「ゴングロ・ルック」の化粧は、「化粧」より「仮粧」に近いものと考えられる。

『egg』二〇〇〇年三月号のブリテリの顔写真は、「仮粧」をしたブリテリが、口を大きく開け、何かを叫ぶような表情をしている。

これを見て、万里さんは小学六年生の時に、「ギャルになると決めた」わけだ。

『egg』は、この二〇〇〇年三月号を最後に、一時休刊する。「五十万部に近い部数を誇っていたが、急速な部数の伸びに編集部の体制が追いつかず部員の疲労がピークに達している、などの理由」と二〇〇〇年五月三〇日の日経流通新聞[*13]にある。ゴングロ三兄弟withUやブリテリが特集されていた頃の『egg』が、いかに多くの人に読まれていたかがわかる。

「ストリート雑誌」の中でも『egg』は基準を示す役割を担っていた。その『egg』が新しい外見を示せば、それは「モデル」となり、それに従った外見の大量生産が起こることになる。渋谷では「ゴングロ・ルック」の若者が増えた。「ゴングロ・ルック」を「妖怪っぽく」した「ヤマンバ」までも増えた。

しかし、まもなくして、「ヤマンバ」は一度いなくなったようだ。

週刊朝日二〇〇四年七月二三日号[*14]では「四年前、東京・渋谷のセンター街を席巻したガングロに白い髪の「ヤマンバギャル」。「美白ブーム」の影響ですっかり絶滅したと思われていた種族だが、今年は「マンバ」と名前を変えた〝新種〟が出現しつつある」とある。朝日新聞二〇〇四年八月六日夕刊に[*15]「今年になって渋谷に「マンバ」という少女たちが現れているという。五年前に世間を騒がせたヤマンバ、ガングロが復活」とある。

つまり、渋谷にいた「ヤマンバ」は二〇〇〇年頃に一度いなくなるが、二〇〇四年に再び現れて、名前が「マンバ」に変わったということだ。ただし、当時、渋谷にいた若者たちに聞くと、「マンバ」は二〇〇四年よりも前、二〇〇二年や二〇〇三年からいたという。

その「マンバ」とはどのようなものか。「ヤマンバ」と「マンバ」の違いを、由佳さんはこう言った。

「一九九九年頃の流行は、髪は白かシルバーか、ガンメッシュ。アイメイクは目をつり目に見せて、きつく見せました。二〇〇三年頃の流行は、髪はレインボーとか、カラフル。アイメイクは目をたれ目に見せて、そのまわりにきらきらのシールをつけたり、かわいく見せます。かわいいといっても、周りの人から見たらかわいくないでしょうけれど。[*16]」

「ヤマンバ」は「きつめに」見せたのに対し、「かわいく」見せた外見が「マンバ」ということだ。ここではそのような「マンバ」の外見も「ゴングロ・ルック」の一つと位置づける。

ガングロ道

二〇〇〇年代中期、渋谷で「マンバ」にしていた由佳さんは、こう言っていた。

「外見を極めることで、色々な大人の方々とのつながりができた。雑誌の編集者、テレビのプロデューサー、海外のジャーナリストなどとも、人脈ができると、色々な仕事ができた。それが楽しかった。[*17]」

「ストリート雑誌」のカメラが向けられた渋谷で、ストリート雑誌が示す外見の「モデル」に従っていれば、「ストリート雑誌」に採用されるかもしれず、スターになれるかもしれない仕組みはすでにあった。二〇〇〇年代中期には、渋谷で「マンバ」の「モデル」に従えば、主に「東京近郊」に向けて情報を伝える「ストリート雑誌」だけでなく、「ナショナル」や「グローバル」に向けて情報を伝える「マスメディア」にまで採用されるようになっていたようだ。

それもブリテリがきっかけだと考えられる。ブリテリは、「ストリート雑誌」での反響から「テレビ」にも出た。例えば、フジテレビで平日昼に全国放送していた『笑っていいとも！』というテレビ番組にも出た。ブリテリの「妖怪っぽい」外見は、全国の広い世代から注目を集めた。

だから由佳さんはこうも言っていた。

「渋谷は日本で一番の街。その渋谷で一番になりたかった。[*18]」

ただし、「渋谷で一番」を目指すためには、外見を「極める」必要があったと言うのだ。「極める」という呼び方は、「一九九〇年代後期の渋谷・ガングロ・ルック」の時からあった。

それは、「一九九〇年代後期の渋谷・ガングロ・ルック」の基準である「焼けた肌の黒さ」と「脱色した髪の金色さ」と「化粧の濃さ」の程度を大きくすることだった。そして基準を満たした状態を「イケてる」と呼んだ。

「マンバ」の由佳さんは、「外見を極める」ために、具体的にどんなことをしていたのか。

「黒く焼けた肌」は、このように作っていた。

「初めは、日焼けサロンの弱いマシンで二〇分くらい焼く。そして日ごとに、時間を伸ばし、強い機械を使うようにしていって、最後に海に行って仕上げる。最初から海で焼くと、やけどしてきれいにならない。逆に日焼けサロンだけでも、ここまで黒くはなれない。[*19]」

「脱色した髪」は、このように作っていた。

「業務用の一番強力なホワイトブリーチを、問屋さんで買ってきて、本当は、三〇分くらい置いて洗い流すための薬だけれど、そのまま一晩寝て、一〇時間くらい置いてから洗い流してた。そうすることによって、色を完全に抜くことができた。[*20]」

「濃い化粧」は、このように作っていた。

「マッキーやポスカを使っていた。[*21]」

「マッキー」は、前にも述べた通り、ゼブラが販売する油性ペン、「ポスカ」は三菱鉛筆が販売する不透明の水性ペンである。黒のマッキーでアイラインを、白のポスカでアイホールの周りや鼻筋や唇を塗っていたということだ。文房具を使うことで、化粧品を使うよりも、発色よく仕上がるからだ。肌も、髪も、化粧も、「黒い部分」をより黒く、「白い部分」をより白くするために、創意工夫をしていたことがわかる。
服は「アルバローザ」と決まっていたと言う。「アルバローザ」は、それまでも渋谷に集まっていた「ガングロ・ルック」の若者たちが、ずっと着てきた「ロコガール」の服だ。しかし「アルバローザ」の服は、国内生産を中心に丁寧に作られた商品で高価格だった。だから、それまで渋谷に集まっていた「ガングロ・ルック」の若者たちは、「ミージェーン」で売っている他のメーカの低価格な服や、低価格な「エゴイスト」の服を取り混ぜていた。しかし「マンバ」で「外見を極める」ためには、高価格な「アルバローザ」の服に絞られた。

このように「マンバ」には、黒く焼けた肌、脱色した髪、黒いアイライン、黒いアイホール、白い唇、白い鼻筋、白いアイホール周り、そしてアルバローザの服を着ることなどの特徴を持つ「モデル」があったことがわかる。そしてその「モデル」に従って外見を再現するために、創意工夫をしたり、時間や労力やお金をかけていたことがわかる。

ここから「マンバ・ルック」の「モデル」には、日本文化としての「型（かた）」の特徴があるように考える。

源了圓の『型』[*22]では、日本文化における「型」をこう説明している。

「型」は、出来上がる前には「制作者の人格や個性」[*23]を帯びているが、出来上がると「制作者の人格や個性」から離れていく。「型」を継承する側にとっては「『規範性』『模型性』『模範性』を獲得し、私どもにそれに向かっての、あくことのない努力精進を促す『強制力』を獲得する。つまりモデルとなる。[*24]」

「マンバ」の「モデル」も、それが出来上がる前は、「制作者」であるゴングロ三兄弟withUやブリテリの「人格や個性」を帯びていたが、出来上がるとそこから離れていった。そして「継承者」である由佳さんたちは、そこから得る「規範性」「模型性」「模範性」に向かって、あくことのない「努力精進」をしていた。それを「極める」と呼んでいた。

「マンバ」の外見をする若者たちは、「イケてる」という言葉を使わなくなった。

渋谷に集まる「ガングロ・ルック」の若者たちの間では、「イケてる」かどうかの評価が重視されてきた。一九八六年頃は、ビーチに通っていることや、ロサンゼルスやハワイによく行っていることなど、「グローバル」な基準に従うことを、一九九三年頃は、渋谷に通っている人だけが知っている「ローカル」な流行を捉えていることを「イケてる」とした。「ナショナル」な基準に従うことを「ダサい」とするのは共通していた。

しかし「マンバ」の外見をする若者たちは、ビーチに通っていることや、ロサンゼルスやハワイによく行っていることなど、「グローバル」な基準に従うことを評価しなくなったと考えられる。渋谷に通っている人だけが知っている「ローカル」な流行を捉えていることも、評価しなくなったと考えられる。「型」を「極める」という姿勢は日本文化を継承しており、「ナショナル」な基準に従うことに否定的でなくなった様子も見られる。「イケてる」ことよりも「極める」ことを重視するようになったのではないか。

また「イケてる」という言葉に代わって用いられるようになったのは「ツヨめ」という言葉である。「マンバ」の「型」を「極める」ことを「ツヨめ」と評価するようになった。

「ツヨめ」とは、荒井悠介『若者たちはなぜ悪さに魅せられたのか―渋谷センター街にたむろする若者たちのエスノグラフィー』[*25]は「脱社会性」と説明する。荒井は、渋谷に集まっていた若者たちの参与観察とインタビューをもとに、「極端に目立つファッションや行為など、常識や前例にとらわれない発想と行動がツヨめとして評価されていた」[*26]と明らかにしている。

外見に託す「願い」

二〇〇〇年代中期、「ゴングロ・ルック」で渋谷に通っていた若者たちには、「スターになりたい」目的の人もいたが、そうでない人もいた。

万里さんは、仲のよい四人組で渋谷にいることが多かった。二人は同じ学校だったが、残りの二人はそれぞれ別の学校で、放課後に集合した。四人組には、

「F4（エフフォー）」

と名前をつけていた。

F4のメンバーであるまなみさんも、一緒に話を聞かせてくれた。まなみさんが、当時の「プリ帳」を持ってきて見せてくれた。「プリ帳」とは、プリクラで撮影したシールを貼った

手帳である。

「私たちはマンバというほどではない。」

確かに「妖怪っぽい」ことはない。しかし、四人とも「一九九〇年代後期の渋谷・ガングロ・ルック」よりも、さらに「黒く焼けた肌」で、さらに「白いリップ」で、さらに「濃いアイメイク」をしている。

四人組は、地元も近かったので、地元で集まる時も多かったが、渋谷に行く日は、「外見を極めて」行ったようである。

「休み時間ごとに化粧して、放課後に向けて仕上げていった。」

朝はまず素顔で学校へ行っていたということだ。

「まなみはきれいなメイク。私ともう一人は汚かったね。マッキーで描いてね」

と万里さんは笑う。そのもう一人の方は、

「つけまつげを一ヶ月くらい同じの使っていて、糊がベトベトになってたね」

とまなみさんも笑った。

「スターになりたい」ために外見を「極める」人ほど、「化粧」に時間や労力をかけていなかったようだ。服についても話を聞くと、アルバローザ、ミージェーン、エゴイストの他にココルルなどの名が挙がった。「ココルル」もリニューアル後のＳＨＩＢＵＹＡ１０９にできた小さな店の一つである。

「スターになりたい」ために外見を「極める」人ほど「アルバローザ」にこだわらなかった

ようだ。

ただし、私は以前、各時代の若者たちの「プリ帳」を見せてもらう調査をしたことがある。その時に気づいたのが、二〇〇〇年代中期に渋谷に集まっていた「ゴングロ・ルック」の若者たちの多くが使っていた「プリ帳」が、シンプルなデザインが特徴のブランド「無印良品」の無地の手帳の表紙に、「アルバローザ」の「ハイビスカス柄」のロゴを自分で貼りつけたものだったことだ。

その「プリ帳」を常に持ち歩き、友達と会うたびに見せ合っていたと言った。「アルバローザ」の服を着ていなくても、「アルバローザ」の「ハイビスカス柄」のロゴのついた持ち物は持っていた。


なぜ「ゴングロ・ルック」にしていたのか。

「怒ってたよね」

と万里さんが言うと、

「怒ってたね」

とまなみさんも言った。

「大人に社会をコントロールされて、自分たちにはお金も権力もないからどうにもならなくて。」

それが、なぜ「ゴングロ・ルック」を導いたのだろうか。質問を続ける中で、手に入れたのが、「ブリテリ」というキーワードだった。万里さんは、小学校六年生の時に、ブリテリの顔写真が載った『egg』の表紙を見て、そうすると決めたということだった。

「衝撃的だった。その時の感情は言語化しづらい。やばい、いいな、と思った。」

いったいどんな「感情」だったのだろう。

「言語化できない、願いのようなもの。」

いったいどんな「願い」なのだろう。もう少し踏み込みたかったが「言語化できない」というのに、言語化してほしいと望むのは強引なので、一旦、質問を飲み込んだ。

しかし、万里さんがブリテリを手本に「ゴングロ・ルック」にしたのには、「願い」を叶えたい目的があったようだということはわかった。「願い」を叶えるために、なぜ「ゴングロ・ルック」で「渋谷」に行っていたのだろう。

オープンソースな外見

万里さんは高校生の頃を振り返ってこう言った。

「見た目の類似性で友達を選んでいた。」

万里さんが「ゴングロ・ルック」で「渋谷」に行っていた目的は、「ゴングロ・ルック」を共有している人との「コミュニケーション」だったとわかる。

「高校生の時、同じ願いを持つ友人たちと共にいられたことは、私の人生戦略として、とても良かったと、今も思っている。」
若者たちが「ガングロ・ルック」にする目的が、それを共有する人とのコミュニケーションであることは、それまでもあった。万里さんの場合は、その先に、「願い」を共有する人とのコミュニケーションがあったようだ。

「教養とか思想とかは、どうしても階層の影響を受ける。学校に行っているかどうかなど。それで人を選びたくはなかった。」

「ガングロ・ルック」を共有する人とのコミュニケーションはかつては「階層」などの影響を受けた。

「ガングロ・ルック」が誕生し、「ビーチ」では「ガングロ・ルック」を共有する人とのコミュニケーションが始まった。当初、フランスでそれをできるのは、パリから鉄道で二四時間かかったコートダジュールへ行かれるような、「上流階級」や「エリート」だけだった。

ロサンゼルスは、ビーチと都市が近いので、当初から「あらゆる階層」が「ビーチ」に集まり、「ガングロ・ルック」で、コミュニケーションをしていた。

フランスやカリフォルニアの影響を大きく受けた東京は、パリほど「ビーチ」と遠くないが、ロサンゼルスほど「ビーチ」と近くない。高校生で「ビーチに通う」ことができるのは、別荘があったり、連れて行ってくれる大人がいるような人だけだった。当初は、「階層」の影響を受けた。

東京の若者たちは、「ビーチ」に行かず「渋谷」で、「ビーチ・コミュニケーション」をするようになった。ビーチでできる「自然的ガングロ・ルック」ではなく、都市で作る「人工的ガングロ・ルック」で集まり、「渋谷」を「ビーチ」に「見立て」るようになった。そこから「ビーチ」を見出す認識を共有してきた。

そして二〇〇三年頃には、渋谷で「ゴングロ・ルック」の「モデル」に従う人同士でコミュニケーションをするようになった。「スターになりたい」ために外見を「極める」人が、高価な「アルバローザ」の服にこだわることはあったが、それにこだわらなければ、お金はかからなくなった。

「見た目の創意工夫が集団を作っていたと思う。」

「ゴングロ・ルック」は、化粧の「黒い部分」をより黒く「白い部分」をより白くするために、文房具のマッキーやポスカを使うなど、身近な材料で「創意工夫」するのが特徴だった。

振り返れば、渋谷に集まる若者たちが共有してきた「人工的ガングロ・ルック」はいつも、渋谷で手に入る材料で「創意工夫」してきた。渋谷にある店の「ロコガールの服」を着たり、SHIBUYA109の中にある「ちょっとしたもの」を取り入れたり、誰もが持っている制服を着崩したり、お金をかけず、渋谷で手に入る材料でできた「人工的ガングロ・ルック」を共有して、コミュニケーションしてきた。

こうして歴史を振り返ってみると、渋谷に集まる若者たちは、「階層」の影響を受けずに、ガングロ・ルックをする人同士のコミュニケーションをすることを、脈々と、追い求めてきたのかもしれないと考えられる。

万里さんならずとも、「ビーチコミュニケーション」の先に、「願い」を共有する人とのコミュニケーションを求めてきたのかもしれない。

渋谷の祭り

万里さんは「ゴングロ・ルック」で渋谷に行き、「願い」を共有する人とのコミュニケーションをしていたことがわかる。それにより、当初の目的である「願い」は叶えられたのだろうか。

「イベントで、パラパラを踊っていたこともある。イベントも、全部、自分たちの手で作っていた。」

「パラパラ」とは、「一九九〇年代後期の渋谷・ガングロ・ルック」や「ゴングロ・ルック」の若者たちの間で流行していたダンスだ。二〇〇四年九月七日の日経流通新聞は[*27]「八〇年代に日本で誕生したダンススタイルで「全員が同じ振り付けで踊ること」「曲ごとに異なる細かい振り付けをマスターしなければならないこと」が最大の特徴」とし、この頃の流行は「四度目となるパラパラブームの到来」としている。

前に、一九六〇年代にアメリカの影響を受けて、日本の若者たちの間でも流行した「ゴーゴーダンス」で、最初に流行していたダンスの種類に「サーフィン」があり、それはサーフィンの「せまいボードに乗っているごとく、足のステップが全くなく、腰や上半身のバリエーションで踊る」ものと述べた。前掲の『中川三郎ダンスの軌跡』[*28]は「バブル崩壊後のディスコで女子高生が流行らせた「パラパラ」も、ステップがほとんどなく手だけの踊りであり、この系統」としている。

もしそうなら「ガングロ・ルック」で「パラパラ」を踊ることも、渋谷を「ビーチ」に「見立て」て行われていた可能性がある。

万里さんは、「渋谷」で「ゴングロ・ルック」をする人と「コミュニケーション」をし、「パラパラを踊る」ことにより、当初の目的である「願い」は叶えられたのだろうか。そう質問しようとした時、万里さんに先を越された。

「神楽で、仮面をつけて、祭りで舞って、五穀豊穣を願う。それと近いのかもしれない。」

「ガングロ・ルック」とも、「ビーチ」とも、関係がなさそうな「神楽」という例えが出て、驚いた。神楽の「仮面」を「ゴングロ・ルック」、「祭り」の会場を「渋谷」、「舞」を「パラパラ」に例えた。

万里さんは、東京生まれ、東京育ちだが、一二年前に遠野に移住した。遠野で神楽を習った。本来は女人禁制だが、代表から特別に参加を許可され、習うことができたのだと言う。

それを聞いて、さきほど口に出かけていた質問は、飲み込んだ。それは「仮面をつけて、祭りで舞えば、五穀豊穣は叶えられるのか」と聞くような愚問になってしまう。万里さんが、「ゴングロ・ルック」をして、渋谷に向かった目的は、「願い」を「叶える」ことではなく、「願い」を「乞う」ことだったのだと気づく。

二〇〇三年頃には、「願い」を乞うために、「ゴングロ・ルック」にして、「渋谷」に集まっている若者たちがいたのだ。

それでは、なぜ若者たちは、願いを乞うための「祭り」の会場を「渋谷」に、「仮面」を「ゴングロ・ルック」にしたのだろう。

万里さんは、「渋谷」に集っていた理由をこう説明した。

「あの頃は、渋谷にたむろできる隙間がいっぱいあったから。」

渋谷には二〇〇三年頃にはすでに、所狭しと建物が並んでいたように思うが、「隙間」がどこかにあったのだろうか。

万里さんは、「神楽」の「仮面」についても色々教えてくれた。

「仮面を被っている間だけは、私ではなく、神様になる。」

若者たちが、「自分」ではなく「神様」になる間に被った「仮面」が、「ゴングロ・ルック」だったということになる。いったいなぜだろうか。

考えられる理由の一つめに、「自分」ではないものになるために、「ゴングロ・ルック」が相応しかったことがある。

「ゴングロ・ルック」の「化粧」は「一般的な化粧」とは異なり、「一時的に仮の姿を粧う」という意味の「仮粧」の特徴を持つことを前に述べた。それは「仮面」の特徴に近い。だから、「ゴングロ・ルック」は「仮面」の代わりになりやすかったのではないか。

考えられる理由の二つめに、「神様」になるために、「ゴングロ・ルック」が相応しかったということがある。

「ゴングロ・ルック」は、一九九九年にゴングロ三兄弟ｗｉｔｈＵが提示したものだ。その一人であるブリテリが載った雑誌の表紙を、小学校六年生だった万里さんが最初に見た時の感情は、「願い」のようなものだったと言っていた。同じ世代の由佳さんも、それに近いことを言っていた。ブリテリやゴングロ三兄弟ｗｉｔｈＵは、「願い」を象徴する存在だったようだ。「神様」のような存在だったのかもしれない。

だから二〇〇三年頃渋谷に集まっていた若者たちは、「神様」になるために、ゴングロ三兄弟ｗｉｔｈＵが提示した「ゴングロ・ルック」の「仮面」を被ったのではないか。

では、なぜ、ブリテリやゴングロ三兄弟ｗｉｔｈＵが「願い」を象徴する存在になったのだろうか。

前に、ゴングロ三兄弟ｗｉｔｈＵが、雑誌で大きく取り上げられた『ｅｇｇ』の一九九九年九月号[*29]に注目した。そこでページいっぱいに掲載されたのは、ゴングロ三兄弟ｗｉｔｈＵ

が「ゴングロ・ルック」で、服は「水着にパレオ」、靴は「厚底のサンダル」を履き、満面の笑みで、「渋谷駅前のスクランブル交差点」を渡っている写真だった。

「渋谷駅前のスクランブル交差点」で「水着にパレオ」である。

一九六〇年代に湘南や沖縄のビーチに行っていたHさんも、「水着にパレオ」を着ていたと言っていた。しかしHさんの場合は、そのようなビーチでする装いは鞄につめて持って行った。ビーチに着いても、まず着替えるのはシャツやショートパンツで、「水着にパレオ」になるのはビーチにシートを敷いて寝転ぶ直前だった。

ゴングロ三兄弟ｗｉｔｈＵは、そのような、「ビーチに敷いたシート」の上だけでするような装いで「渋谷駅前のスクランブル交差点」を渡っている。

その写真を見ていると、背景にある「渋谷駅前のスクランブル交差点」が「ビーチ」に見えてくる。

そこでは、「ゴングロ・ルック」の「人工的」で「平面的」な化粧が、より強く「ビーチ」を「感じさせ」るようでもある。

これは、水を使わず水の景色を「感じさせ」た、「枯山水庭園」の「見立て」の構造とも重なる。「枯山水庭園」のような「写意庭園」は、丹羽鼎三によれば、前述したように、「非写実的な意匠や手法」を用いて、具体的な景観を超えた「想像の境地」に導く庭園だ。それを成り立たせるためには、鑑賞者に、作庭者の「非写実的な意匠や手法」を理解するための「芸術的素養」が求められた。丹羽はさらにこう言っている。「作者と鑑者が庭園に関する芸術的素養を等うする場合」には「意匠や手法の非写実性の程度を、甚だ強化することもまた可能である」[*30]。

「人工的」で「平面的」な「ゴングロ・ルック」は、「人工的ガングロ・ルック」の「自然的ガングロ・ルック」に対する「非写実性」をさらに強化した。若者たちは、「人工的ガングロ・ルック」で渋谷に集まることにより、そこから「ビーチ」を見出す「認識」とその背景にある「素養」を、脈々と発展させてきた。それにより「ゴングロ・ルック」で渋谷に集まることで、具体的な景観を超えた「想像の境地」としての「ビーチ」を導くようになったのではないか。

「渋谷」を「ビーチ」に「見立て」ることを、東京の若者たちは、脈々と追い求めてきた。ゴングロ三兄弟ｗｉｔｈＵは、その到達点を示したのではないか。

だから渋谷の祭りでは、ゴングロ三兄弟ｗｉｔｈＵが提示した「ゴングロ・ルック」の「仮面」を被るようになったのではないか。

これにより、なぜ万里さんが、二〇〇三年頃の渋谷には「隙間」があったと言ったのかも理解できてきた。

「ゴングロ・ルック」をする若者たちにとって、その頃の「渋谷」は「ビーチ」に見えていたのではないか。だから、大人から見れば、渋谷は建物が「所狭し」と並んでいる空間だったが、「ゴングロ・ルック」をする若者たちから見れば、ビーチのように「隙間」がいっぱいの空間だったのかもしれない。

●雑誌『egg』の渋谷を舞台にした「ゴングロ三兄弟with U」の特集。水着にパレオの装いで、渋谷のスクランブル交差点を渡った。(一九九九年九月号)©株式会社 大洋図書/egg編集部

その頃の渋谷には、「ビーチに敷いたシートの上に寝転ぶ」ように、一日中たむろしている若者たちも多くいた。それも「渋谷」が「ビーチ」に見えていたからではないか。

どこでもカメラ

二〇〇〇年代中期の渋谷には、「スターになりたい」あるいは「願いを共有する人とコミュニケーションしたい」目的で、「ガングロ・ルック」の若者たちが集まっていた。しかし次第に状況が変わっていく。二〇〇八年には、本書の冒頭で引用した由佳さんのブログが伝えたように、「ガングロ・ルック」の若者たちはいなくなったと言う。

由佳さんは、「二〇〇六年か二〇〇七年頃」から状況が変わっていったと言った。[*31] 由佳さんはそれを「インターネットのせい」と分析した。[*32] なぜインターネットのせいで渋谷から「ガングロ・ルック」の若者たちはいなくなったのだろうか。

「二〇〇六年か二〇〇七年頃」はちょうど、「渋谷」以外のところにも、「カメラが向けられ」て、大衆の若者が「スターになれるかもしれない」ステージが現れた頃である。

「渋谷」に代わるステージの一つめは「キャバクラ」である。

二〇〇五年、全国のキャバクラで働く人、いわゆる「キャバ嬢」に焦点を当てた雑誌『小悪魔ａｇｅｈａ』が創刊された。誌面に載っているのも全て「キャバ嬢」。つまり、全国のキャバクラに、「マスメディア」の「カメラが向けられ」るようになったのである。

そこに載っている「キャバ嬢」の外見の特徴は、「ガングロ・ルック」ではなく、化粧や照明や画像処理などで「白い肌」に見せるものだった。髪は脱色するなどで茶色にし、当初は「大きくカールした髪」、次第に「高く盛り上げた髪」になった。化粧は「濃い化粧」で、とくに目を大きく見せる「デカ目」だった。

このような、『小悪魔ａｇｅｈａ』が手本を示す「白く見せる肌、盛り髪、デカ目」の特徴を持つ外見は、「アゲ嬢」と呼ばれるようになった。

その基準に従った外見をして「キャバ嬢」になれば、『小悪魔ａｇｅｈａ』のスターになれるかもしれない。だから「アゲ嬢」の「モデル」に従った外見の大量生産が起きた。渋谷で「ゴングロ・ルック」をしていた人からも、日焼けサロンに行くのをやめて、キャバクラの面接を受けに行ったり、実際に働いたことがあるという話をよく聞く。

ただし、キャバクラで働くことは、渋谷に足を運ぶことほど、手軽ではない。「アゲ嬢」の外見の大量生産は、「ガングロ・ルック」の大量生産よりも、小規模でありそうだが、そうとも限らなかった。

その理由として、『小悪魔ａｇｅｈａ』が示した「アゲ嬢」の「モデル」には、「外見」の「モデル」だけではなく、「文章」の「モデル」もあったことが考える。

『小悪魔ａｇｅｈａ』には、キャバ嬢の人生に焦点を当てた記事もあり、「人生を赤裸々に語る」ような文章があった。

『小悪魔ａｇｅｈａ』が創刊された二〇〇五年頃、ちょうど携帯電話向けのブログサービス「ケータイブログ」が、若者たちの間で普及し始めた。とはいえ、まだ複数の写真を貼ることは容易でない通信環境だった。

そこに「アゲ嬢」の「モデル」に従った外見をした一枚のプロフィール写真と、「アゲ嬢」の「モデル」に従った「人生を赤裸々に語る」文章を投稿する人が増えた。交流が生まれ、広く知られる人も現れた。

このような『小悪魔ａｇｅｈａ』が「モデル」を示した「白く見せる肌、盛り髪、デカ目」の特徴を持つ外見は「姫ギャル」や「白ギャル」と呼ばれ、次第にそれも「ギャル」と呼ばれるようになっていく。

「渋谷」に代わるステージの二つめは、その「ケータイブログ」である。

二〇〇九年頃には、ＩＭＴ二〇〇〇を拡張したＬＴＥの通信サービスが開始し、一ページに複数の写真を貼ることが容易になった。

そのような中、若者たちの間では、携帯電話のカメラで「自撮り」した自分の化粧や髪型や服装を、ブログに投稿する人が増えた。中でも、目を大きく見せる「デカ目」の方法を見せ合うことがさかんになっていった。

その理由として、携帯電話のカメラを使って「自撮り」する時に、「目」が最も撮影しやすい対象であったこと、「つけまつげ」や「サークルレンズ」などの「デカ目」の化粧雑貨が、インターネット通販で多く流通するようになったことなどが考えられる。

新しい材料や道具や方法を次々と取り入れて、「デカ目」の「手本」を示す人も現れた。

その頃、若年女性が多く利用したケータイブログサービスに、二〇〇五年に開始した「クルーズ」、二〇〇七年に開始した「デコログ」がある。それらはトップページで、ページビューのランキングを公開していた。

当初、ページビューランキングの上位にいるのは、ストリート雑誌のスターが多かった。つまり「渋谷」に集まっていた「ガングロ・ルック」の若者たちだ。しかし次第に、そうではなく、新しい材料や道具や方法を次々と取り入れて、「デカ目」の「手本」を示す一般の若者になっていった。

二〇一一年には、「デコログ」のページビューランキング上位の一般の若者のブログに、一日に一〇〇万以上ものページビューがあるようになった。そこで現れた「ケータイブログのスター」には、近畿地方や中国地方に住む人が多かった。

そのような「ケータイブログのスター」が、「デカ目」の「モデル」を示すようになっていった。その外見の特徴は、「ガングロ・ルック」ではなく、化粧や照明や画像処理などで「白い肌」に見せるものだった。

このような「ケータイブログのスター」が「モデル」を示した「白く見せる肌、デカ目」の特徴を持つ外見も「ギャル」と呼ばれるようになっていく。「ギャル」という呼び名が、「ビーチイズム」を肌というスクリーンに映し出した「ガングロ・ルック」でない外見に対しても使われるようになっていく。

　こうして「カメラが向けられ」た、大衆の若者が「スターになれるかもしれない」ステージは「渋谷」だけではなくなった。「インターネット」とつながった「携帯端末のカメラ」を誰もが持つようになり、「カメラが向けられ」た、大衆の若者が「スターになれるかもしれない」ステージが「あらゆる場所」になった。

「渋谷」の近くに住む人だけでなく、「あらゆる場所」に住む人が、「スターになれるかもしれない」機会を得ることになった。「渋谷」よりも「インターネット」に、多くの若者が向かうようになっていった。由佳さんはこう言った。

「渋谷で一番になることを目指していたけれど、渋谷に魅力がなくなってしまった。でも日本に渋谷以上の街もない。海外に行くしかない。」[*33]

ネット・サーフィン

　高校生の頃は、渋谷で「ゴングロ・ルック」を共有する人とのつながりを作ることにより、「願い」を共有する人とのつながりを作っていた万里さんだが、その後は状況が変わったようだ。

万里さんは、高校を卒業したあとの二〇〇六年から、美術大学を受験するための予備校に通った。

「予備校で、ギャルの見た目の私に、そうでない子が話しかけてくれた。そこから、見た目がギャルかどうかなどではなく、何かを一緒に目指して、ディスカッションできるような友達との、発展的な関係性に傾倒していった。」

高校生の頃、万里さんは「願い」を「言語」にできないとしていた。しかし「言語」にするようになったようだ。

万里さんが、高校生の頃、「願い」を「言語」にしなかったのは、「教養や思想」を必要とし、それらを持つことが「階層」の影響を受けるからだった。それなのに、高校を卒業したあと、「願い」を「言語」にするようになったのには、次のような理由があると考える。

一つには、万里さん自身が、大人になったことがあるだろう。大人になれば、「教養や思想」を持つことに、「階層」が影響しづらい。

もう一つに、インターネットが普及したこともあるのではないか。インターネットは「階層」によらず、「教養や思想」にアクセスする機会を広げた。インターネットが普及する前なら、「願い」を「言語」にできなかった「階層」でも、インターネットの普及後は、「願い」を「言語」にできるようになったのではないか。

「階層」の影響を受けずに、「願い」を共有する人とのつながりを得るために、「外見」を共有する必要はなくなったのではないか。

そもそも、ビーチや渋谷で行われてきた、不特定多数の人との「拒否してもよいから、話しかけてもよい」という規範のあるコミュニケーションは、それまでは「視覚」情報を用いることが容易だった。だから、ビーチでは「シート」を敷き、渋谷では「ガングロ・ルック」をして、情報を伝達した。

しかし、インターネットでは、不特定多数の人との「拒否してもよいから、話しかけてもよい」という規範のあるコミュニケーションが、「視覚」情報を用いなくても容易にできるようになった。むしろ、データ量の大きい「視覚」情報よりも、データ量の小さい「言語」情報の方が、操作性が高い。

とくに、二〇〇〇年代から普及したSNSは、不特定多数の人との「拒否してもよいから、話しかけてもよい」という規範のあるコミュニケーションを支援する機能が多い。

例えば、「いいね」や「シェア」の機能、「フォロー」や「フォロワー」の機能では、「話しかけてもよい」ことを示すことができ、「ハッシュタグ」の機能では、どんなテーマで「話しかけてもよい」かを指定することもできる。「コメント」の機能で実際に「話しかける」ことができる。また「プライバシー設定」の機能で、「拒否」や「話しかけてもよい」程度をコントロールすることもできる。

こうして不特定多数の人と「拒否してもよいから、話しかけてもよい」という規範のあるコミュニケーションをするために、「ガングロ・ルック」をして「渋谷」に行く必要はなくなった。

しかし高校生を卒業してからは「願い」を「言語」にするようになった万里さんだが、今も、こう言っている。

「言語化できないものもある。」

そう言いながら、最近の写真を見せてくれた。万里さんが、高校生の頃、渋谷のイベントでパラパラを踊っていた時、流れていた音楽の種類はトランスだった。今も、万里さんはトランスが好きで、トランスのレイブによく参加している。

「寄付などで行われていて、誰でも参加できる。フジロックなどはお金持ちの人にしか行かれないけれど。」

「言語」化できない「願い」を共有する人が、「階層」の影響を受けずにつながれる場を、今も必要だと考えているようだ。

「遠野に、センター街のようなコミュニティの場を作りたい」

と言って、街づくりの仕事に奮闘している。

ガングロのアイコン化

高校生の頃、「ビーチ」に「見立て」られた「渋谷」に向かった万里さんが、次なる先として向かった「遠野」のことが気になった。

遠野といえば、以前、お土産に、「河童」がパッケージに描かれたクッキーをいただいたことがある。なぜ「河童」が描かれていたのだろうか。『遠野物語』を読んだ。

『遠野物語』[*34]は、明治時代の一九一〇年、柳田國男によって発表された。西洋文明が入り、忘れ去られるかもしれない民間伝承を、記録に残したものである。

一一九話の物語で成るが、真ん中くらいから河童の物語が何篇か続いた。

もし産まれた子供が河童だったら、殺したり、捨てたり、流したりしてよいという風習に基づく物語である。古くは、子供の間引きがあったことが関わっているという説もある。クッキーのパッケージに描かれていた「河童」の背景にある歴史を知った。

『遠野物語』は、西洋文明が入り、忘れ去られるかもしれなかった民間伝承を「記録」し、さらに「河童」のような、わかりやすい「文化的アイコン」に変換した。それによって、遠野の「観光資源」になり、後世にも忘れ去られない仕組みが構築されているのだとわかる。

このように、わかりやすい「文化的アイコン」があることにより、歴史が忘れ去られないようになった例は、他にもある。「忍者」や「侍」などは代表的だ。

東京の渋谷の若者たちの「ガングロ・ルック」の歴史が今も忘れ去られていないのも、そのせいではないか。「妖怪っぽい」化粧に「山姥」のような髪型をした「ヤマンバ」や「マンバ」は、「ガングロ・ルック」の歴史を、わかりやすい「文化的アイコン」に変換した。

もちろん、柳田國男が『遠野物語』を表したように、意図的に行われたわけではないだろう。しかし、インターネットの普及により、「ガングロ・ルック」の歴史が忘れ去られるかもしれなかった直前に、ストリート雑誌の『ｅｇｇ』と、渋谷にいた若者たちの「ゴングロ三兄弟ｗｉｔｈＵ」や「ブリテリ」の連携で行われた。

「文化的アイコン」になったからこそ、二〇一〇年代以降も継続的にテレビで「ギャルタレント」が人気を集め、二〇二一年頃からは若者たちの間で「平成ギャルブーム」の流行が広がっている。

また「ギャルカフェ」という「コンセプトカフェ（コンカフェ）」もある。コンカフェとは、「メイド喫茶」[*35]を始め、「特定の世界観をテーマにし、内装や接客、メニューなどにとことんこだわった飲食店」[*36]のことだ。その中で「ギャルカフェ」は、「ギャル」をテーマとしたコンカフェで、「ガングロ・ルック」を含む「ギャル」の外見をした店員による接客などが行われる。

例えば、渋谷のセンター街に二〇一二年に開業した「10ｓｉｏｎ」というギャルカフェがある。経営する株式会社ＧＡＬＴＰＯＰは、二〇一七年には「忍者」をテーマとしたコンカフェの「忍者茶房ＫＵＮＯＩＣＨＩ」も開業した。「ガングロ・ルック」は「忍者」のような「文化的アイコン」になったことを象徴する出来事だ。

そして、『遠野物語』を通して、西洋文明が入る前の日本人の民間伝承を探求する人が、後世にも続いているように、インターネット普及前の渋谷の「ガングロ・ルック」の若者たちの民間伝承を探求する私のような人がいるのだ。

終章
ハロウィンの渋谷

ハロウィンの集会

二〇二三年一〇月三一日、用事があって渋谷駅を降りると、物々しい雰囲気が漂っていた。スクランブル交差点に面したハチ公口が閉鎖され、反対側の宮益坂口に誘導された。宮益坂口を出ても、駅に沿って反対側に回る道は閉鎖され、駅から離れる方に誘導された。スピーカーから「スクランブル交差点に行かないでください」という声が連呼されていた。そうだ、今日はハロウィンの日だ。

インターネット普及後の時代になって久しく、今はもう、渋谷で「ガングロ・ルック」の若者を見かけることもなくなった。しかし、渋谷の「ガングロ・ルック」の最期に「ヤマンバ」や「マンバ」のような「化粧」というより「仮粧」をした若者たちがいた渋谷には、今でも毎年ハロウィンの日だけは仮装した若者たちが集まる。

しかし二〇二三年は、渋谷区長より「ハロウィーン目的で渋谷に来ないでほしい」との呼びかけがあった。群集事故などが起こるリスクを警戒してのことだ。そんな日に、うっかり、渋谷の人数を一人増やしてしまって、後ろめたい。

でも用事の後、せっかくだから、ハロウィンの渋谷を少し観察することにした。まずは、SHIBUYA109へと向かった。本書のために、渋谷で「ガングロ・ルック」にしていた人に話を聞いた中で、最も登場回数が多かった場所だ。

SHIBUYA109の外階段から二階に上がった。そこからはSHIBUYA109の前の道を見下ろせる。すでに一〇〇人くらいの若者たちがいたが、私もそこに混ざった。

ここは、結局、渋谷に「ガングロ・ルック」の若者が集まる源流となった場所だ。

一九七〇年代後期の渋谷に「サーファー」や「陸サーファー」が集まったのも、一九八〇年代中期の渋谷に「ビーチに通う」高校生が集まったのも、一九七九年にSHIBUYA109ができる直前まであった、闇市を起源とするマーケットが影響している。

そのマーケットには古くから、「アメリカの古着」を売る店が多くあり、そこにあった店が「ロコガールの服」を売る店になって渋谷の「ガングロ・ルック」の若者たちをひきつけた。

だから私がいるSHIBUYA109の外階段から二階に上がったところにも「ガングロ・ルック」の若者がよく集まっていた。

道行く人を眺めていると、ハロウィンの仮装をした若者たちが次々と現れた。仮装をしている人が、仮装している人に声をかけて、一緒にスマホのカメラで自撮りしている。また、一眼レフカメラを持った人が、仮装している人に声をかけて、写真を撮らせてもらっている。

渋谷では今もハロウィンの日は、かつての「ビーチ・コミュニケーション」のように、「拒否してもよい」からこそ「話しかけてもよい」という規範のあるコミュニケーションが行われていた。ただし明日以降は、そこで撮った写真を使って、SNS上で、コミュニケーションが行われるのだろう。

インターネット上で自由に「拒否してもよい」からこそ「話しかけてもよい」という規範のあるコミュニケーションをできるようになった今でも、ハロウィンの日には、警備をかいくぐってまでも、渋谷に若者たちが集まっている。

「皆で、同じ場所に集まって、同じ物事を共有する」ことへの欲望は、今も変わらずあるのだと気づかされた。

渋谷クロッシング

そのあと、「スクランブル交差点」に向かった。

そこは、「ゴングロ・ルック」が最初に提示されたストリート雑誌『egg』の写真で、ゴングロ三兄弟withUが「水着にパレオ」で歩いたステージである。

近づくとそこは厳重に警備され、ハロウィンの仮装をする若者もほとんどいなかった。そこで観察するのは後ろめたいので、スクランブル交差点の一角にあるファッションビル「MAGNET by SHIBUYA 109」の屋上に上がった。期間限定でルーフトップバーが設置されていた。ワンドリンク制だったのでビールを手にして、外の見えるところに立った。

そこはちょうど、周囲のビルに設置される大型ビジョンや電光の看板と同じくらいの高さだ。スクランブル交差点の上空が、こんなにも色鮮やかに、ダイナミックに、電光に囲まれていたのかと驚いた。そこには、東京育ちの私が全く知らなかった渋谷の景色があった。

次に見下ろしてみると、スクランブル交差点が一望できる。放射状に伸びる灰色の五つの道路と、白い線で描かれた五つの横断歩道。

今日は警備体制が敷かれているので、信号が替わると、テープを持った警備員が走って横断歩道に沿った道を作り、そこを群衆が移動する。また信号が替わりそうになると、警備員がテープで道路と歩道の境界を作り、群衆が道路から消えていく。

その規則正しい動きは、かつて「ビーチ」に「見立て」られた自由な「渋谷」とは対照的だ。

ルーフトップバーには、他にも一五人くらいの客がいた。日本語は全く聞こえてこないので、外国人の方々だと思われる。誰もが、スクランブル交差点にカメラを向けている。信号が青になって、群衆が渡っていくところの、映像を撮っている。

ビールを飲んだ勢いで、かつての渋谷の若者たちの「ビーチ・コミュニケーション」に倣い、そこにいた外国人の方に話しかけてみた。手にしていた一眼レフカメラに保存された映像を少し見せてもらった。

いずれも「色鮮やかな電光と群衆」というシーンだ。

そこには、屋上に上がる前に、スクランブル交差点を渡りながら撮ったというものもあった。そこからは音も聞こえてきて、「ドローンを使わないでください」という声がスピーカーから連呼されている。使う人がいるからだろう。映像を見せてくれた方も、自撮り棒のようなものを持っていた。

インスタグラムやＴｉｋＴｏｋやユーチューブを調べてみた。そこには、ハロウィンの日に限らず、渋谷の「色鮮やかな電光と群衆」のシーンの映像が大量に投稿されていて、そこには「#shibuyacrossing」とハッシュタグがついている。

これはＳＮＳコミュニケーションで大量生産されている「渋谷クロッシング」という「モデル」に従った映像だったのだ。

「色鮮やかな電光と群衆」といえば、二〇〇四年に公開されたアメリカ映画『ロスト・イン・トランスレーション』で、渋谷スクランブル交差点を映したシーンにも、そのようなものがあった。さらに遡れば一九八二年に公開された『ブレードランナー』が描いた未来都市のシーンにも近い。

「渋谷クロッシング」の「モデル」は、元をたどれば、ハリウッド映画が示した「モデル」なのだろうか。「渋谷・ガングロ・ルック」の「モデル」も、元をたどれば、フランス映画やハリウッド映画が示した「モデル」だったように。

近年、アニメなどの日本映画などでも、渋谷スクランブル交差点の「色鮮やかな電光と群衆」というシーンを見かけることが増えている。栃木県の足利には、渋谷スクランブル交差点を再現したスタジオ[*1]までできたようだ。グローバルな「渋谷クロッシング」の「モデル」から、日本のナショナルな「モデル」への「変換」も起きているかもしれない。

「色鮮やかな電光と群衆」のシーンを観たいだけなら、スマートフォンの画面の上でいくらでも観られる。しかし、海の向こうから「渋谷」に向かって「移動」してきて、「創意工夫」しながら、そのシーンの映像を撮っている多くの人がいる。

ここでもまた、「皆で、同じ場所に集まって、同じ物事を共有する」ことへの欲望が、変わらずあることに気づかされた。

インターネットが盗んだもの

本書の冒頭では、ノエル・ギャラガーが一九九六年のオアシスのライブを「インターネット誕生前」の「盛大な人々の集会」と称し、「インターネットが俺たちが育ちながら憧れて崇拝してきたものをすべて破壊した」と述べたことに注目した。ここで、インターネットが破壊したとされる、若者たちの「憧れ」や「崇拝」の対象は、「皆で、同じ場所に集まり、同じ物事を共有する」ようにさせる「特別な存在」のことではないか。

日本の若者たちも、古くはフランス映画やハリウッド映画のスターに憧れ、インターネットが普及する直前は「ブリテリ」のようなストリート雑誌のスターに憧れ、皆で同じ場所に集まって「ガングロ・ルック」を共有していた。しかし、インターネットの普及と共に、そのような若者たちがいなくなった。

そこで「インターネットが盗んだ」ものを、ノエル・ギャラガーは「魔法」と呼んだが、その正体は、一方向に伝達する「マスメディア」の構造にあると考える。

かつて、コミュニケーションの主たる舞台は一方向に伝達する「マスメディア」だった。マスメディア企業は、人々に同じ情報を与え、同じものを消費させ、同じ方向に移動させることで、大量生産する企業から広告費を得られる構造になっていた。だから人々が「皆で同じ場所に集まり、同じ事柄を共有する」ことを求めるように仕向ける必要があった。

しかし、現在はコミュニケーションの主たる舞台が「インターネット」へと移り、そこには一方向に伝達する「マスメディア」の構造は存在しない。

それにもかかわらず人々は、今もなお、インターネットを通じて「皆で同じ場所に集まり、同じ物事を共有する」ことを求めている。その時に集まる先として、今もなお、「渋谷」を選んでいる。

しかし、本書で歴史を振り返ってきたとおり、「渋谷・ガングロ・ルック」は、決して、一方向に情報伝達する「マスメディア」が発展させてきたものではない。

ブリテリのような「特別な存在」が「一方向」に示すモデルに従って、皆が「ガングロ・ルック」を共有する前から、渋谷に集まる「一般の高校生」たち同士で「双方向」に示すモデルに従って、皆が「ガングロ・ルック」を共有していた。

今日、スマートフォンに付いた「カメラ」を使って、渋谷の若者たちが撮影しているハロウィンの仮装や、渋谷の外国人たちが撮影している渋谷クロッシングのシーンは、スマートフォンとつながる「インターネット」によって、多くの人に共有される。インターネットは「双方向」に情報伝達する「マスメディア」だ。それと同じような外見の共有が、渋谷の中でも古くから行われていた。

外見を大量生産する「工場」が、かつては「渋谷」の街に大きく広がっていたが、今では渋谷にいる人々が手にしている小さな「スマートフォン」の中に収まったのだ。今、インターネット上に大量生産される外見のモデルが、次々と変化しているように、かつて渋谷に大量生産された「渋谷・ガングロ・ルック」のモデルも、渋谷の若者たちのトレンドチェイシングによって次々と変化していた。

「ガングロ族の最期」は、「渋谷」から「インターネット」へと引き継がれた、次々と変化する「渋谷・ルック」の歴史の一つの節目に過ぎないかもしれないと、ハロウィンの渋谷を観察しながら思った。

脚注

序章

＊1 NME JAPAN「ノエル・ギャラガー、携帯でライヴを撮影されることが再結成に気乗りしない理由であることが明らかに」二〇二〇年三月四日。
https://nme-jp.com/news/86390/

＊2 『ロッキング・オン』二〇二一年七月号。

＊3 久保友香『「盛り」の誕生』太田出版、二〇一九年。

＊4 日本経済新聞「「ギャルの聖地」イメージ払拭　渋谷109が新ロゴ」二〇一八年七月二二日。

＊5 日経ビジネス「「ギャル」は褒め言葉　Z世代がその生き方を好む理由」二〇二二年八月二二日。

＊6 Business Insider Japan「ウチら可愛い、生きてるだけでえらい」Z世代が今〝マインドギャル〟に憧れる切実な理由、二〇二三年三月一〇日。

第一章　第一節

＊1 「カーマインローション」とは、一九三七年発売の収れん化粧水。
https://thestore.shiseido.co.jp/article/782/

＊2 「収れん化粧品」とは、化粧水や乳液で肌を整えた後に使う「引き締め化粧水」。肌にうるおいを与えること以外に、清涼感を与えて皮膚温・血行を調整し、ほてりを鎮める、過剰な皮脂分泌をコントロールし、べたつきを抑える、肌をすっきりと引き締めて肌表面をサラサラにキープする、毛穴が目立たないほどなめらかなキメに整えるなどの効果がある。
https://www.shiseido.co.jp/sw/beautyinfo/DB008049/

＊3 文化庁『これからの日本映画の振興について　日本映画の再生のために(提言)』平成一五年四月二四日。
https://www.bunka.go.jp/seisaku/bunkashingikai/kondankaito/eiga/eigashinko/pdf/korekara_nihoneiga_shinkou.pdf

＊4 総務省『昭和六二年版通信白書』
https://www.soumu.go.jp/johotsusintokei/whitepaper/ja/s62/index.html

＊5 アラン・コルバン『浜辺の誕生：海と人間の系譜学』藤原書店、一九九二年。

＊6 前掲書、一三三頁。

＊7 前掲書、一三四頁。

＊8　前掲書、一四〇頁。
＊9　前掲書、一四二頁。
＊10　前掲書、一四三頁。
＊11　前掲書、一三三頁。
＊12　前掲書、一五八頁。
＊13　前掲書、一五九頁。
＊14　前掲書、一四〇頁。
＊15　前掲書、一五九頁。
＊16　前掲書、一四一頁。
＊17　前掲書、一六三頁。
＊18　romanticism.Oxford Learner’s Dictionaries. https://www.oxfordlearnersdictionaries.com/
＊19　Bernard Andrieu, Bronzage:Une petite histoire du soleil et de la peau, Cnrs Eds, 2008.
＊20　前掲書、九九頁。
＊21　前掲書、四八頁。
＊22　前掲書、五二頁。
＊23　前掲書、七六頁。
＊24　前掲書、七三頁。
＊25　前掲書、七三頁。
＊26　前掲書、七頁。
＊27　前掲書、七三頁。
＊28　前掲書、六八頁。
＊29　前掲書、六八頁。
＊30　前掲書、三三頁。
＊31　前掲書、六四頁。
＊32　前掲書、九四頁。
＊33　前掲書、九四頁。
＊34　前掲書、二七頁。
＊35　前掲書、九六頁。
＊36　前掲書、八〇頁。
＊37　前掲書、八九頁。
＊38　前掲書、八〇頁。
＊39　前掲書、六四頁。
＊40　Pascal Ory, nL’invention du bronzage, COMPLEXE, 2008.
＊41　前掲書、二八頁。
＊42　前掲書、二三頁。
＊43　前掲書、二三頁。
＊44　前掲書、二七頁。
＊45　前掲書、二六頁。
＊46　前掲書、六六頁。
＊47　前掲書、三二頁。
＊48　前掲書、四三頁。
＊49　前掲書、四五頁。
＊50　前掲書、一一六頁。
＊51　前掲書、一〇六頁。
＊52　BBC.com. When pyjamas ruled the fashion

world, 2016-1-31
https://www.bbc.com/news/magazine-35427892
*53 小口千明「日本における海水浴の受容と明治期の海水浴」『人文地理』、三七巻、三号、一九八五年、二一五-二三九頁。
*54 大矢悠三子「鉄道の開通と「湘南」イメージの形成」『海外大学院とのジョイント教育 日本学共同ゼミ 研究報告「日本の文化と社会」』、二〇〇六年、一〇四-一一二頁。
*55 高橋雅夫『化粧ものがたり：赤・白・黒の世界』雄山閣、一九九七年。
*56 前掲書、iii頁。
*57 前掲書、六〇頁。
*58 村澤博人『美人進化論：顔の文化誌』、東京書籍、一九八七年、三四-三六頁。
*59 蔵琢也『美しさをめぐる進化論：容貌の社会生物学』勁草書房、一九九三年、一五七頁。
*60 『朝日新聞』一九三六年七月二四日朝刊。
*61 工藤雅人「『服飾雑誌』の歴史的成立―一九五〇～一九六〇年代の『装苑』の誌面構成と読者の変容に焦点を当てて」『マス・コミュニケーション研究』二〇一〇年、七六巻、一五七-一七六頁。
*62 『装苑』一九六二年七月号「三つの魅力・小麦色のはだか」。
*63 久保友香『「盛り」の誕生』太田出版、二〇一九年。
*64 前掲書、二一一頁。
*65 埴原和郎『日本人の顔：小顔・美人顔は進化なのか』講談社、一九九九年。
*66 前掲書、一六一頁。
*67 前掲書、一三八-一三九頁。
*68 前掲書、一四三頁。
*69 前掲書、一六二頁。
*70 前掲書、一三八頁。
*71 前掲書、一六三頁。
*72 前掲書、一六三頁。
*73 前掲書、一六三頁。
*74 前掲書、一六四頁。
*75 前掲書、一六四頁。
*76 前掲書、一六四頁。
*77 前掲書、一六二頁。
*78 前掲書、一六六頁。
*79 朝日新聞デジタル「前田美波里　ポスター1枚で人生一変した前田美波里　結婚で気づいた舞台への情熱」
https://www.asahi.com/articles/ASS2F1125RDQUCVL03G.html
*80 福本邦雄「化粧品の殿堂・資生堂とパピリオ」『日本の花形会社』東洋書館、一九五七年、六五頁。
*81 『平凡』一九六八年七月一八日号。

＊82　ロバート・B・エジャートン『ビーチの社会学』現代書館、一九九三年。

＊83　前掲書、二二六-二二九頁。

＊84　前掲書では「タオル」と記されているが、本書ではHさんの発言に合わせて「シート」と読み替える。

＊85　前掲書、二三四-二三七頁。

＊86　前掲書、二〇五頁。

＊87　新島村情報サイト「史跡・名勝」。
https://www.niijima.com/kankou/niijima/spot/2014-0214-1108-90.html

＊88　広野広「争いの島・新島の秘密」『中央公論』中央公論新社、七六（八）、一九六一年八月。

＊89　「新島の観光計画」新島調査、『週刊新潮』新潮社、六（一〇）（二六四）一九六一年三月、二一頁。

＊90　『朝日新聞』一九七一年八月二日朝刊、二四頁。

第一章　第二節

＊1　NHKアーカイブス「一九五六年」。
https://www.nhk.or.jp/archives/bangumi/special/year/1956/

＊2　安田常雄「大衆文化のなかのアメリカ像：『ブロンディ』からTV映画への覚書」『アメリカ研究』、二〇〇三巻、三七号、二〇〇三年、一-二一頁。

＊3　『パパは何でも知っている』は一九五八年八月から日本テレビで放送開始されたアメリカドラマ。『うちのママは世界一』は一九五九年三月からフジテレビで放送開始されたアメリカドラマ。

＊4　SmithsonianMAGAZINE. Before Folding 30 Years Ago, the Sears Catalog Sold Some Surprising Products.
https://www.smithsonianmag.com/innovation/before-folding-30-years-ago-the-sears-catalog-sold-some-surprising-products-180981504/

＊5　「西武百貨店」とは、一八三〇年に創業した百貨店。

＊6　戸田裕美子「堤清二の流通産業論と消費社会批判」『社会科学論集』第一五四号、二〇一八年六月。

＊7　VOGUE JAPAN「ルイ・ヴィトンと旅する一〇章の物語。歴史と最新のテクノロジーが融合したSpecial Voyage」二〇二四年三月二一日。
https://www.vogue.co.jp/special-feature/2016-05/23/louisvuitton

＊8　阪本博志「『平凡』の四二年」『出版研究』三三巻、二〇〇二年、一〇七-一四六頁。

＊9　木下明浩『アパレル産業のマーケティング史』同文舘出版、二〇一一年。

＊10　長田昭『アメ横の戦後史：カーバイトの灯る闇市から六〇年』ベストセラーズ、二〇〇五年。

＊11　前掲書、七〇頁。

*12 前掲書、四六頁。
*13 前掲書、七八頁。
*14 GI.Oxford Learner's Dictionaries.
https://www.oxfordlearnersdictionaries.com/
*15 PX.Oxford Learner's Dictionaries.
https://www.oxfordlearnersdictionaries.com/
*16 Randall Clark, At a Theater or Drive-in Near You:The History, Culture, and Politics of the American Exploitation Film, Routledge, 2013.
*17 Exploitation Film. Oxford Bibliographies
https://www.oxfordbibliographies.com/
*18 Thomas Doherty, Teenagers and Teenpics:Juvenilization of American Movies, Temple University Press, 2002.
*19 baby boomturntable. Encyclopedia Britannica.
https://www.britannica.com/topic/baby-boom-human-population
*20 Thomas Lisanti, Hollywood Surf and Beach Movies: The First Wave, 1959-1969, McFarland & Company, 2005.
*21 前掲書、七頁。
*22 前掲書、七頁。
*23 前掲書、七頁。
*24 前掲書、一〇頁。
*25 前掲書、一〇頁。
*26 前掲書、一四頁。
*27 前掲書、一六頁。
*28 Rhonda Gawthrop, Chrystal McCluney, Jim Washburn, Surf's Beat Generation : An Art and Cultural Revolution in Orange County from 1953-1964, Grand Central Press, 2016.
*29 Beat Generation.Oxford Learner's Dictionaries.
https://www.oxfordlearnersdictionaries.com/
*30 Brian Chidester, Domenic Priore, Pop Surf Culture : Music, Design, Film, and Fashion from the Bohemian Surf Boom, Santa Monica Press, 2008.
*31 bohemian. Oxford Learner's Dictionaries.
https://www.oxfordlearnersdictionaries.com/
*32 NPR, Revisiting An 'Endless Summer'. 2014-7-24.
https://www.npr.org/2014/07/24/334459717/revisiting-an-endless-summer
*33 Elsa Devienne, Spectacular Bodies : Los Angeles Beach Cultures and the Making of the "California Look" (1900s-1960s), European journal of American studies, Vol.14 Issue 14-4, 2019.

*1 「ディスコ」とは、オックスフォード辞典によれば「録音されたポピュラー音楽で踊るクラブやパーティーやイベント」。エティモンライン英語語源辞典によれば、フランスで一九三〇年代から、アメリカで一九五〇年代から使われるようになった。日本でも一九六〇年代から使われるようになった。
discotic. Oxford Learner's Dictionaries. https://www.oxfordlearnersdictionaries.com/
discotic. Online Etymology Dictionary. https://www.etymonline.com/

*2 金光修『東京ビートポップス』ヤマハミュージックエンタテインメントホールディングス、二〇一〇年。

*3 『近代映画』一九六八年一〇月号。

*4 『読売新聞』一九六九年一一月一日朝刊、一八頁。

*5 「ロックンロールの殿堂」とは、アメリカのロックンロールの殿堂財団によって選ばれる。

*6 Los Angeles Times. Whisky a Go Go, once a launchpad for bands, faces a less go-go era, 2017-8-25.
https://www.latimes.com/entertainment/music/la-ca-ms-sunset-whisky-20170825-story.html

*7 Nice-Matin, La dernière nuit de Paul Pacini…, 2017-12-13.
https://www.nicematin.com/vie-locale/la-derniere-nuit-de-paul-pacini-192037

*8 Global Techno. Une histoire du clubbing et de la discothèque : Lucien Leibovitz, aux origines du mix. 2008-6-14.
https://globaltechno.wordpress.com/2008/06/14/une-histoire-du-clubbing-et-de-la-discotheque-lucien-leibovitz-aux-origines-du-mix/

*9 Los Angels magazine, Vintage Los Angeles：How Go-Go Dancing Took Off at The Whisky, 2014-1-13.
https://lamag.com/news/vintage-los-angeles-how-go-go-dancing-took-off-at-the-whisky

*10 grunge.com, THE WILD HISTORY OF THE ICONIC WHISKY A GO GO, 2023-4-13.
https://www.grunge.com/1248152/wild-history-iconic-whisky-a-go-go/

*11 Samantha Bleikorn,The Mini Mod Sixties Book, Last Gasp of San Francisco, 2002.

*12 『朝日新聞』一九六六年一二月二二日夕刊。

*13 『朝日新聞』一九六五年八月一四日夕刊。

*14 中央公論編集部 編『三島由紀夫と戦後』中央公論新社、二〇一〇年、一四頁。

*15 『平凡パンチ』一九六五年一二月六日号。

*16 乗越たかお『中川三郎ダンスの軌跡：STEP

＊17　STEPbySTEP』健友館、一九九九年。

＊18　セガは創業当初よりアメリカから輸入するジュークボックスの販売を行っていた。一九六四年五月二〇日読売新聞夕刊によれば、当時は日本娯楽物産という会社名で、「アメリカのジューク・ボックス業界」の「四大メーカ」のうちの一社の「総代理店」をしていたこともわかる。

＊19　KORN監修『70'Sディスコ伝説』銀河出版、二〇〇二年。

＊20　WOWOW「東京ディスコ伝説・Since 1968」二〇〇八年三月二三日放送。

＊21　Los Angeles magazine, Nancy Sinatra Talks "These Boots Are Made for Walkin" on the Eve of Its Golden Anniversary, 2016-1-19. https://lamag.com/celebrity/a-qa-with-nancy-sinatra

＊22　乗越たかお『中川三郎ダンスの軌跡：STEPbySTEP』健友館、一九九九年。

＊23　『朝日新聞』一九六五年八月一四日夕刊、一〇頁、「おとなしいジェンカ　激しい動きゴーゴー」。

「モンキー」は、一九六三年にアメリカで発表されたメイジャー・ランスの「モンキータイム」や、ミラクルズの「ミッキーモンキー」に合わせるダンスとして広まった。手を大きく振り上げるダンス。

＊24　乗越たかお『中川三郎ダンスの軌跡：STEPbySTEP』健友館、一九九九年。

＊25　前掲書、五三頁。

＊26　前掲書、五三頁。

＊27　「サーフィン」は、アメリカにそのような名前のダンスの種類はなく、一九六四年に中川三郎が発表しているので、アメリカのダンスをもとに日本で定められたダンスの種類だと考えられる。

＊28　中川三郎『ダンス元年―日本ダンス百十三年全史』劇場コーパ、一九七七年。

中川によれば、日本の「モンキー」は、「モンキーのまねをしたり、サーフィンに乗っているまねをしたり、だんだんこってくると、モンキーがバナナの皮をむいて、口に入れる仕草」にまで展開し、「若者たちは立派にそれをこなして」いた。

＊29　「ACB」は、『新宿ACB』によれば、一九五八年の開店以来「ジャズ喫茶」。店側では「ゴーゴー喫茶」とは呼んでいない。開店以来、時代ごとのポピュラー音楽のミュージシャンが演奏している。その中で、一九六五年頃からは「グループサウンズ」が中心だった。

＊30　井上達彦 著、寺内タケシ 監修、『新宿ACB―六〇年代ジャズ喫茶のヒーローたち―一九五八‐一九七〇』講談社、二〇〇三年。

＊31　「勝ち抜きエレキ合戦」は、一九六五年から一九六六年

にかけてフジテレビで放送していた、一般の「エレキバンド」が出演する、オーディション番組である。
*32 乗越たかお『中川三郎ダンスの軌跡：STEP STEPbySTEP』健友館、一九九九年。
*33 前掲書、一六三頁。
*34 大人のミュージックカレンダー「一九六七年の本日、ザ・テンプターズが「忘れ得ぬ君」でデビュー」二〇一七年一〇月二五日。http://music-calendar.jp/2017102501
*35 『ダンス元年―日本ダンス百十三年全史』劇場コーパ、一九七七年、三四八-三五一頁。
*36 乗越たかお『中川三郎ダンスの軌跡：STEP STEPbySTEP』健友館、一九九九年、七五頁。
*37 『ダンス元年―日本ダンス百十三年全史』劇場コーパ、一九七七年、三四八頁。
*38 Los Angeles Times, Rock of Ages, 2012-12-5. https://www.latimes.com/la-ss-rock-of-ages-20121205-story.html
*39 難波功士『ヤンキー進化論』光文社、二〇〇九年。
*40 磯部涼「ヤンキーとヒップホップ」、五十嵐太郎編『ヤンキー文化論序説』、河出書房新社、二〇〇九年。
*41 浅田次郎『霞町物語』講談社、二〇〇〇年。
*42 前掲書、一一頁。
*43 前掲書、一一〇頁。
*44 前掲書、一一〇頁。
*45 前掲書、二七一頁。
*46 前掲書、一〇頁。
*47 前掲書、一〇頁。
*48 前掲書、二七二頁。
*49 前掲書、二七二頁。
*50 港区「統計から見る港区Vol.9」一六-一九頁。https://www.city.minato.tokyo.jp/kouhou/kuse/koho/toukei/toukei09.html
*51 港区「軍都としての港区」一六-一九頁。https://www.city.minato.tokyo.jp/jinken/documents/2-dai1bu.pdf
*52 港区デジタル版「港区の歴史」。https://adeac.jp/minato-city/text-list/d110070/ht000890
*53 港区「港区の米軍基地」。https://www.city.minato.tokyo.jp/jinken/kurashi/hewa/torikumi/documents/r2beigunkichi.pdf
*54 吉見俊哉『親米と反米：戦後日本の政治的無意識』岩波書店、二〇〇七年。
*55 今井俊博『生活ファッション考』青友書房 同友館、一九七四年、二八五-二九〇頁。
*56 江守藹『黒く踊れ！：ストリートダンサーズ列伝』銀河

出版、二〇〇八年、二〇頁。
＊57 KORN 監修『70'Sディスコ伝説』銀河出版、二〇〇二年。
＊58 BARKS全日本歌謡情報センター「元祖ソウル・ブラザーズ「クック・ニック&チャッキー」結成五〇周年記念チャリティーパーティー開催」二〇一七年一一月二七日。
https://www.kayou-center.jp/11499
この記事によれば、クック・ニック&チャッキーは「日本初の本格的ソウル・R&B系アーティスト」
＊59 もとまちユニオン「もとまちユニオンの歴史」。
https://www.keikyu-store.co.jp/motomachi_union/about/history.html
＊60 栗田尚弥『米軍基地と神奈川』有隣堂、二〇一一年。
＊61 前掲書、一六頁。
＊62 前掲書、二〇頁。
＊63 前掲書、二一頁。
＊64 前掲書、二一頁。
＊65 前掲書、二三頁。
＊66 村上しほり、大場修、砂本文彦、玉田浩之、角哲、長田城治「占領下日本における部隊配備と占領軍家族住宅の様相」日本建築学会計画系論文集、二〇一七年八二巻七三九号、二四四一-二四五〇頁。
＊67 カナロコ「根岸住宅地区返還は「そう遠くない時期」横浜市担当理事が見通し言及、「仮換地指定」は二九年度ごろ終了」二〇二四年二月七日。
https://www.kanaloco.jp/news/government/article-1055348.html

第二章 第一節

＊1 『朝日新聞』一九八一年五月六日。
＊2 小長谷悠紀「日本におけるサーフィンの受容過程」『立教大学観光学部紀要』立教大学観光学部、七号、二〇〇五年三月二三日、一一-一六頁。
＊3 小林勝法「鵠沼海岸でのサーフィンの発祥前史」『文教大学国際学部紀要』第二三巻二号、二〇一三年一月。
＊4 栗田尚弥『米軍基地と神奈川』有隣堂、二〇一一年。
＊5 前掲書、七二頁。
＊6 前掲書、七三頁。
＊7 『F・ine』一九八八年五月号、四八頁。
＊8 ダックス「ダックスの歴史」。
http://www.ducks-surf.com/history.html
＊9 小森真樹「若者雑誌と一九七〇年代日本における「アメリカナイゼーション」の変容」『出版研究』四二、二〇一一年、四七-六八頁。
＊10 『ポパイ』一九七六年 summer号、九八頁。
＊11 前掲書、一一〇頁。
＊12 小長谷悠紀「日本におけるサーフィンの受容過程」『立

教大学観光学部紀要』立教大学観光学部、七号、二〇〇五年三月二三日、一－一六頁。

＊13 『Ｆ・ｉｎｅ』二〇一八年一〇月号、「Ｆ・ｉｎｅ 四〇周年記念ブック」。

＊14 マサ大竹「ヘアスタイリングの過去・現在・未来」『粧技誌』第三七巻、第一号、二〇〇三年、三－九頁。

＊15 ＤＪ ＯＳＳＨＹ『ディスコの力』ＰＨＰ研究所、二〇一六年。

＊16 前掲書、一二五頁。

＊17 前掲書、一二七頁。

＊18 前掲書、一三一頁。

＊19 前掲書、一一六頁。

＊20 ＫＯＲＮ 監修『70'Sディスコ伝説』銀河出版、二〇〇二年。

＊21 前掲書、一三四頁。

＊22 前掲書、一三五頁。

＊23 田中康夫『なんとなくクリスタル』河出書房新社、一九八一年。

＊24 『日本経済新聞』一九八二年七月一八日朝刊、一五頁。

＊25 丹羽鼎三「作庭形式上より観たる日本庭園の類別」『造園雑誌』第七巻、第三號、一九四〇年、一二八－一三八頁。

＊26 水上象吾「枯山水庭園に間接的に見立てられた大自然の仮想イメージが庭園の印象に与える影響」『都市計画報告集』一五巻、四号、二〇一七年、三五一－三五八頁。

＊27 小長谷悠紀「日本におけるサーフィンの受容過程」『立教大学観光学部紀要』立教大学観光学部、七号、一－一六頁、二〇〇五年三月二三日。

＊28 「サンデービーチ」とは、一九七七年創業した洋服店。経営者はボートハウスと同じ下山好誼。

＊29 「文化屋雑貨店」とは、一九七四年に創業した雑貨店。中国を始めとした外国で生産された雑貨を並べた店。

＊30 ゲリー・ジェンキンズ『ルーカス帝国の興亡：スター・ウォーズ知られざる真実』扶桑社、一九九八年。

＊31 前掲書、八六頁。

＊32 前掲書、八七頁。

＊33 長谷川町蔵、山崎まどか『ハイスクールU.S.A.：アメリカ学園映画のすべて』国書刊行会、二〇〇六年。

＊34 前掲書、九四頁。

＊35 前掲書、二〇頁。

＊36 Elsa Devienne, Spectacular Bodies : Los Angeles Beach Cultures and the Making of the "California Look" (1900s-1960s), European journal of American studies, Vol. 14 Issue 14-4, 2019.

＊37 米澤泉『私に萌える女たち』講談社、二〇一〇年。

＊38 『Ｆ・ｉｎｅ』二〇一八年一〇月号、「Ｆ・ｉｎｅ四〇周年記念ブック」。

＊39 穏田表参道町会『原宿：一九九五』穏田表参道町会、一九九四年、五〇頁。
＊40 「パルコ」とは、西武百貨店のファッションビルで一九七三年に開店。
＊41 『ショッピングセンター』日本ショッピングセンター協会、一九七三年七月号、四〇-四三頁。
＊42 長谷川義太郎『がらくた雑貨店は夢宇宙（就職しないで生きるには八）』晶文社、一九八三年。
＊43 松井剛「「雑貨」という謎カテゴリーを創った男，長谷川義太郎」『マーケティングジャーナル』三八巻、三号、二〇一九年、一一一-一二四頁。
＊44 石榑督和『戦後東京闇市』鹿島出版会、二〇一六年。
＊45 前掲書、二四頁。
＊46 前掲書、一七頁。
＊47 前掲書、三六七頁。
＊48 前掲書、三六七頁。
＊49 前掲書、三五八-三五九頁。
＊50 長田昭『アメ横の戦後史：カーバイトの灯る闇市から六〇年』ベストセラーズ、二〇〇五年、七〇頁。
＊51 『朝日新聞』一九八七年五月二日朝刊、二七頁。

第二章　第二節

＊1 増田海治郎『渋カジが、わたしを作った。団塊ジュニア＆渋谷発　ストリート・ファッションの歴史と変遷』講談社、二〇一七年。
＊2 前掲書、一一八頁。
＊3 前掲書、三三頁。
＊4 『Ｆｉｎｅ』一九八七年六月号、五四頁。
＊5 『オール生活』実業之日本社、一六巻、二号、一九六一年二月号、一二六-一二八頁、「洋装修業に打込んで四年モナリザ洋装店社長内海玉雄」。
＊6 石榑督和『戦後東京と闇市』鹿島出版会、二〇一六年、三六二頁。
＊7 矢口祐人『憧れのハワイ　日本人のハワイ観』中央公論新社、二〇一一年。
＊8 前掲書、二〇二頁。
＊9 前掲書、二〇四頁。
＊10 FASHIONSNAP「「バックドロップ」が四三年営業した店舗を閉店、オンラインショップのみに」二〇二〇年一一月一二日。https://www.fashionsnap.com/article/2020-11-12/thebackdrop-close/
＊11 増田海治郎『渋カジが、わたしを作った。団塊ジュニア＆渋谷発　ストリート・ファッションの歴史と変遷』講談社、二〇一七年。
＊12 宇多丸、高橋芳朗、DJ YANATAKE、渡辺志保『ライムスター宇多丸の「ラップ史」入門』ＮＨＫ出版、二〇一一頁。

*13 田中雅一「コンタクト・ゾーンとしての占領期ニッポン—「基地の女たち」をめぐって」『コンタクト・ゾーン』京都大学人文科学研究所人文学国際研究センター、第四巻、二〇一一年、一六三-一八九頁。

*14 『朝日新聞』一九九一年五月一一日夕刊、一八頁。

第二章　第三節

*1 『オール生活』実業之日本社、一六巻、二号、一九六一年二月号、一二六-一二八頁、「洋装修業に打込んで四年モナリザ洋装店社長内海玉雄」。

*2 井上雅人『洋裁文化と日本のファッション』青弓社、二〇一七年、二〇頁。

*3 木下明浩『アパレル産業のマーケティング史』同文舘出版、二〇一一年。

*4 南目美輝「ファッションブランド「アルバローザ」のものづくりとその変遷」『島根県立石見美術館 研究紀要』第一六号、二〇二三年、一六-三一頁。

*5 『日本繊研新聞』一九七〇年一二月二一日。

*6 Elsa Devienne,Spectacular Bodies : Los Angeles Beach Cultures and the Making of the "California Look" (1900s-1960s),European journal of American studies, Vol.14 Issue 14-4, 2019.

*7 南目美輝「ファッションブランド「アルバローザ」のものづくりとその変遷」『島根県立石見美術館 研究紀要』第一六号、二〇二三年、一六-三一頁。

*8 増田海治郎『渋カジが、わたしを作った。団塊ジュニア&渋谷発ストリート・ファッションの歴史と変遷』講談社、二〇一七年。

*9 難波功士『族の系譜学—ユース・サブカルチャーズの戦後史』青弓社、二〇〇七年。

*10 日本経済新聞「はじけないと分からないバブルの狂乱」二〇一四年一月二〇日。https://www.nikkei.com/article/DGXNASGH1600M_W4A110C1000000/

*11 ソニーミュージック「クラブってどんなとこ?..」https://www.sonymusic.co.jp/Music/Info/SonyTechno/feature/9808/dj/club.html

第二章　第四節

*1 『超コギャル読本:世紀末ニッポンを駆け抜けたコギャルたちの正体』(別冊宝島 三九一号)、宝島社、一九九八年。

*2 前掲書、七二頁。

*3 前掲書、一〇頁。

*4 前掲書、九二頁。

*5 前掲書、九二頁。

*6 前掲書、七二頁。

*7 久保友香『「盛り」の誕生』太田出版、二〇一九年。

＊8　前掲書、四七頁。
＊9　前掲書、六二頁。
＊10　前掲書、六三－六四頁。
＊11　前掲書、六四頁。
＊12　前掲書、六五頁。
＊13　前掲書、六六頁。
＊14　前掲書、五四頁。
＊15　前掲書、五五頁。
＊16　前掲書、五五頁。
＊17　前掲書、六〇頁。
＊18　前掲書、六〇頁。
＊19　プラザスタイルカンパニー「PLAZA 50TH ANNIVERSARY since 1966」。
https://www.plazastyle.com/50th/
＊20　プラザスタイルカンパニー「プラザスタイルの歴史」。
https://www.plazastyle.com/company/history/
＊21　『朝日新聞』一九九七年一〇月二二日朝刊、大阪面。
＊22　米川明彦『平成の新語・流行語辞典』東京堂出版、二〇一九年。
＊23　米川明彦 編『日本俗語大辞典』東京堂出版、二〇〇三年。
＊24　MAC「M·A·Cについて」。
https://www.maccosmetics.jp/our-story
＊25　速水由紀子『あなたはもう幻想の女しか抱けない』筑摩書房、一九九八年。
＊26　久保友香『「盛り」の誕生』太田出版、二〇一九年、五三頁。
＊27　前掲書、五三頁。

第二章　第五節

＊1　久保友香『「盛り」の誕生』太田出版、二〇一九年。
＊2　前掲書、八五頁。
＊3　前掲書、八六頁。
＊4　前掲書、八六頁。
＊5　TONY LAMA.THE STORY OF TONY LAMA.
https://www.tonylama.com/en/our-story.html
＊6　音楽ナタリー「ストリートファッション誌『WOOFIN'』が休刊、「一九年間ありがとうございました」」二〇一六年一二月二九日。
https://natalie.mu/music/news/215223
＊7　飯塚敞士『人力経営。―ヒットの裏側、人づくり経営を聞く。』パレード、二〇〇七年、六六頁。
＊8　久保友香『「盛り」の誕生』太田出版、二〇一九年。
＊9　前掲書、九四頁。
＊10　前掲書、九六頁。
＊11　飯塚敞士『人力経営。―ヒットの裏側、人づくり経営を聞く。』パレード、二〇〇七年、六七頁。
＊12　『日経流通新聞』一九九九年四月一七日。

＊13 『SHIBUYA NEWS』第三号、一九九九年一一月、三四-五一頁、「全プロセス初公開！ エゴ・メイク＆エゴ・ヘア」。
＊14 久保友香『「盛り」の誕生』太田出版、二〇一九年。
＊15 前掲書、一〇五頁。
＊16 飯塚敞士『人力経営。―ヒットの裏側、人づくり経営を聞く。』パレード、二〇〇七年、六七頁。
＊17 前掲書、六七頁。
＊18 『日経流通新聞』一九九九年一〇月二一日。
＊19 『SHIBUYA NEWS』第三号、一九九九年一一月。
＊20 前掲書、三四頁。
＊21 前掲書、三四頁。
＊22 『SHIBUYA NEWS』第一号、一九九九年四月。
＊23 前掲書、五九頁。

第二章　第六節

＊1 久保友香『「盛り」の誕生』太田出版、二〇一九年。
＊2 前掲書、八〇頁。
＊3 前掲書、一一八頁。
＊4 前掲書、一一九頁。
＊5 『egg』一九九九年七月号、一〇九頁。
＊6 『egg』一九九九年八月号、二一-七頁。
＊7 『egg』一九九九年九月号、二七-三二頁。
＊8 『egg』一九九九年一〇月号、一四頁。
＊9 『egg』二〇〇〇年三月号、表紙。
＊10 「妖怪」『世界大百科事典』平凡社、二〇一四年。
＊11 厚生労働省「薬機法」第二条第三項。
＊12 鈴森正幸「人はなぜ化粧をするのか」『日本香粧品学会誌』第四二巻、第一号、二〇一八年、二七-三六頁。
＊13 『日経流通新聞』二〇〇〇年五月三〇日、二八頁。
＊14 『週刊朝日』二〇〇四年七月二三日号、一四七頁、「渋谷・センター街に〝新種ギャル〟登場 ガングロのヤ「マンバ」」。
＊15 『朝日新聞』二〇〇四年八月六日夕刊、一二頁。
＊16 久保友香『「盛り」の誕生』太田出版、二〇一九年、一一九頁。
＊17 前掲書、八四頁。
＊18 前掲書、一二七頁。
＊19 前掲書、八一頁。
＊20 前掲書、八二頁。
＊21 前掲書、八三頁。
＊22 源了圓『型』創文社、一九八九年。
＊23 前掲書、一六頁。
＊24 前掲書、一五頁。
＊25 荒井悠介『若者たちはなぜ悪さに魅せられたのか―渋谷センター街にたむろする若者たちのエスノグラフィー』晃洋書房、二〇二三年。
＊26 前掲書、一一五頁。

*27 『日経流通新聞』二〇〇四年九月七日、二八頁。

*28 乗越たかお『中川三郎ダンスの軌跡：STEP STEPbySTEP』健友館、一九九九年、一五三－一五四頁。

*29 『egg』一九九九年九月号、一二七－一三二頁。

*30 丹羽鼎三「作庭形式上より観たる日本庭園の類別」『造園雑誌』第七巻、第三號、一九四〇年、一二八－一三八頁。

*31 久保友香『「盛り」の誕生』太田出版、二〇一九年、一三五頁。

*32 前掲書、一三五頁。

*33 前掲書、一三六頁。

*34 柳田國男『遠野物語』青空文庫、一九一〇年。
https://www.aozora.gr.jp/cards/001566/files/52504_49667.html

*35 朝日新聞「メイド喫茶は文化でありたい 大阪・日本橋、コンカフェ業界団体発足　悪質店舗と差別化図る」二〇二四年一月二六日。
https://www.asahi.com/articles/DA3S15848707.html

*36 毎日新聞「コロナ禍で急増した「コンカフェ」起源は明治時代に？」二〇二三年三月二四日。

終章

*1 足利スクランブルシティスタジオ。
https://ashikaga-scramble.com/

関連年表

1872 ・東海道本線が開業。新橋駅–横浜駅間を運行
1882 ・愛知県大野の海水浴場が開設
1883 ・欧化政策の一環として「鹿鳴館」が完成
1885 ・神奈川県大磯の海水浴場が開設
1887 ・東海道本線が国府津駅まで延伸
・ステファン・リエジュールの詩集『コート・ダジュール』が刊行
1889 ・横須賀線が開業。大船駅–横須賀駅を運行
1893 ・アメリカでシアーズ・ローバック社が設立。郵便販売カタログ事業を開始
1894 ・葉山の御用邸が完成
1896 ・アメリカでRural Free Delivery（RFD、農村地域向け無料郵便配達）制度開始
1898 ・アメリカがハワイを併合
1899 ・鎌倉の御用邸が完成
・茅ヶ崎に結核療養施設の「南湖院」開設
1900 ・徳冨蘆花「湘南雑筆」を含む『自然と人生』刊行
1903 ・ニールス・フィンセンが光線療法の医学的応用によりノーベル生理学・医学賞を受賞
・海浜回遊乗車券の行き先に「湘南」という言葉が使用される
1905 ・阪神電鉄が兵庫県打出に海水浴場開設
1910 ・柳田国男の『遠野物語』が刊行
1911 ・アメリカテキサス州でトニー・ラマ（Tony Lama）が手作りのブーツ製造を開始。「トニーラマ」ブランドが誕生
1913 ・フランスのドーヴィルでココ・シャネルが帽子屋を開業
1915 ・フランスのビアリッツでココ・シャネルが高級服飾店を開業
・アメリカでマック・セネット製作の映画に「ベイジング・ビューティーズ」が初登場
1920 ・アメリカでブランドの「ファーラー」誕生。最初は作業服
1922 ・フランスで「カレー地中海急行」開通。カレーと

コートダジュールを結ぶ

1927 ・フランスでジャン・パトゥが「カルデアオイル」を発売

1928 ・アドルフ・オットー・ラインホルト・ヴィンダウスがステロールとその関連化合物に関する研究。特にビタミンDの化学に対する貢献によりノーベル化学賞を受賞

1930 ・フランスでココ・シャネルがサンオイルの「ユイル・タン」を発売

1934 ・東横百貨店（のちの東急百貨店東横店）開業（11月）

1935 ・フランスでロレアル社が日焼け用クリーム「アンブルソレール」をコートダジュールで発売

1936 ・雑誌『装苑』創刊（4月）
・フランスで年次有給休暇法（通称バカンス法）が制定（6月）
・フランスでロレアル社が日焼け用クリーム「アンブルソレール」をフランス全土で発売

1937 ・資生堂が収れん化粧水「カーマインローション」を発売

1939 ・第二次世界大戦勃発

1944 ・アメリカで紫外線ケア製品「コパトーン」発売

1945 ・第二次世界大戦終結（8月）
・連合国軍最高司令官ダグラス・マッカーサー元帥が厚木飛行場に到着（8月）
・GHQが東京・日比谷の第一生命ビルに設置（8月）

1946 ・月刊雑誌『平凡』創刊（11月）

1947 ・映画雑誌『スクリーン』創刊（5月）
・在日米軍住宅「ワシントンハイツ」が完成
・フランスのパリに「ウィスキー・ア・ゴーゴー」1号店が創業

1948 ・「モナリザ洋装店」（「ミー・ジェーン」の前身）が開業
・アメリカで映画産業に関する反トラスト法違反を巡る「パラマウント同意判決」が発効
・渋谷の恋文横丁に古着屋の「さかえや」開店（1987年まで）

1952 ・サンフランシスコ平和条約発効。連合国軍による占領は終結し、日本独立（4月）
・月刊雑誌『明星』創刊（8月）

1953 ・NHK東京テレビジョン局が日本初のテレビ放送を開始（2月）
・「大磯プリンスホテル」開業（8月）
・日本テレビが民間放送初のテレビ放送を開始

（8月）
・大手映画会社5社の松竹、東宝、大映、新東宝、東映が5社協定（9月）
・渋谷の恋文横丁を舞台にした映画『恋文』公開（10月）
・アメリカでバド・ブラウンによる初の商業サーフィン映画『ハワイアン・サーフィン・ムービー』公開

1954
・アメリカでテレビの世帯普及率が50％到達

1955
・ラジオ東京（現・ＴＢＳ）開局
・ベトナム戦争開始

1956
・経済白書で「もはや戦後ではない」という言葉が記載（7月）
・大手映画会社5社がテレビへの劇映画提供を打ち切り（10月）
・ブリジット・バルドー主演映画『素直な悪女』フランスで公開（11月）
・フランスのコート・ダ・ジュールに「ウィスキー・ア・ゴーゴー」2号店開店。世界初のＤＪがいるディスコ

1957
・ブリジット・バルドー主演映画『素直な悪女』日本で公開（5月）
・大磯プリンスホテルに併設した「大磯ロングビーチ」開業（7月）
・在日米軍施設「キャンプチガサキ」が日本に返還

1958
・アメリカのテレビドラマ『パパは何でも知っている』日本で放送開始（8月）
・「原宿セントラルアパート」完成
・日本の映画館入場者数最高値

1959
・日本教育テレビ（現・テレビ朝日）開局（2月）
・アメリカテレビドラマ『うちのママは世界一』日本のフジテレビで放送開始（3月）
・フジテレビジョン開局（3月）
・映画『ギジェット』アメリカで公開、「ビーチパーティ映画」ブームのきっかけ（4月）
・アメリカのマテル社の人形「バービー」誕生
・在日米軍施設「チガサキビーチ」が日本に返還

1960
・カラーテレビ、本放送開始（9月）
・日本の映画館数最高値

1961
・アメリカテレビドラマ『うちのママは世界一』日本のＴＢＳで放送（5月）
・アメリカのテレビドラマの日本でのピーク。1週間に60本放送

1962
・エルビス・プレスリー主演映画『ブルーハワイ』日本で公開（5月）
・渋谷の「恋文横丁」立ち退き開始
・「加藤商店」（「アルバローザ」の前身）創業

1963
・映画『ビーチパーティ』アメリカで公開、「ビーチパーティ映画」のジャンル確立（8月）
・加山雄三主演映画『ハワイの若大将』公開（8月）
・ナンシー・シナトラ出演映画『踊れ！サーフィン』公開（アメリカ6月、日本8月）

1964
・「ウィスキー・ア・ゴーゴー」ロサンゼルスに開店（1月）
・東京12チャンネル（現・テレビ東京）開局（4月）
・海外渡航の自由化（4月）
・映画『ビーチパーティ』日本で公開（6月）
・東京オリンピック開催（7-8月）
・在日米軍住宅「ワシントンハイツ」が日本に返還（8月）
・カトリーヌ・ドヌーブ主演映画『シェルブールの雨傘』日本で公開（10月）
・茅ヶ崎のサーファーショップ『ゴッデス』創業
・日本で白黒テレビの世帯普及率90％に到達

1965
・日本サーフィン連盟本部発足（11月）
・恵比寿にゴーゴー・ダンスのディスコ「ゆき・ア・ゴーゴー」開業（12月）
・「パシフィックホテル茅ヶ崎」開業
・アメリカのテレビドラマ『奥さまは魔女』日本で放送開始（2月）
・映画『青春ア・ゴーゴー』公開（3月）
・ナンシー・シナトラ出演映画『ヘブンリービキニ』アメリカで公開。「ビーチパーティ映画」ブームの終焉（4月）

1966
・テレビの洋楽番組『ビートポップス』放送開始（4月）
・サーフィン映画『エンドレス・サマー』アメリカで公開（6月）
・第1回全日本サーフィン選手権開催（7月）
・ナンシー・シナトラの楽曲『にくい貴方（原題：These Boots are Made for Walkin'）』発売（12月）
・前田美波里がモデルの資生堂「ビューティケイク」の広告ポスター公開
・新宿にソウルのディスコ「ジ・アザー」開業
・『エンドレス・サマー』アメリカで公開
・青山にコシノジュンコがブティック「COLET

TE」を開業

1967
・銀座に「ソニープラザ」1号店が開店
・銀座にディスコ「ステップヘブン」開業
・ドキュメンタリー映画『MONDO MOD』アメリカで公開
・渋谷の東急本店開業（11月）

1968
・西武渋谷店開業（4月）
・赤坂にディスコ「ムゲン」開店（5月）
・銀座のディスコ「ステップヘブン」で「GOGO優勝杯決定戦」開催（5月）
・小山ルミの楽曲『はじめてのデート』発売（7月）
・『エンドレス・サマー』日本で公開（8月）

1970
・杉本エマの楽曲『アイ・アイ・アイ』発売（4月）
・東京で歩行者天国開始（8月）
・鶴間エリの楽曲『ふられたっていいさ』発売（12月）
・日本でカラーテレビの世帯普及率90%に到達

1971
・渋谷を舞台にした映画『不良少女魔子』公開（8月）

1971
・ニクソンショック、固定相場制が崩壊（8月）
・アメリカの音楽番組「ソウルトレイン」アメリカ全国で放送開始（10月）
・ネイティヴ・アメリカンをテーマにしたアクセサリーの「ゴローズ」創業

1972
・沖縄の施政権が日本に返還（5月）
・第1次オイルショック発生

1973
・ベトナム戦争のパリ和平協定調印。アメリカ軍撤退決定（1月）
・固定相場制から変動相場制に移行（2月）
・渋谷のファッションビル「パルコ」開業（6月）
・カトリーヌ・ドヌーブ主演映画『ひきしお』日本公開（7月）
・映画『アメリカン・グラフィティ』アメリカで公開（8月）
・ニューヨークでヒップホップが誕生（8月）
・原宿セントラルアパートの地下に「原宿プラザ」開業
・西武百貨店がアメリカのシアーズとカタログ販売の提携を開始

1974
・渋谷のファイヤー通りに「文化屋雑貨店」開業（3月）
・映画『アメリカン・グラフィティ』日本で公開（12月）

1975
・ファッション誌『JJ』創刊（6月）
・『Made in U.S.A Catalog』第1号が刊行（6月）

・「アルバローザ」創業

1976
・雑誌『ポパイ』創刊（6月）
・ファラ・フォーセット出演のアメリカのテレビドラマ『チャーリーズ・エンジェル』アメリカで放送開始（9月）
・松任谷由実の楽曲『天気雨』発売
・『Made in U.S.A Catalog』第2号が刊行（11月）

1977
・ピンクレディの楽曲『渚のシンドバッド』発売（6月）
・原宿で歩行者天国開始（8月）
・『チャーリーズ・エンジェル』が日本で放送開始（10月）
・渋谷のファイヤー通りに「サンデービーチ」開業

1978
・フランスのファッションブランド「ルイ・ヴィトン」日本で出店（3月）
・映画『ビッグ・ウェンズデー』アメリカで公開（5月）
・サザンオールスターズの楽曲『勝手にシンドバッド』発表（6月）
・雑誌『ポパイ』増刊『ザ・サーフ・ボーイ』発売（6月）
・雑誌『Fine』創刊（9月）
・原宿にファッションビル「ラフォーレ原宿」開業（10月）
・第2次オイルショック発生

1979
・映画『ビッグ・ウェンズデー』日本で公開（4月）
・海をテーマとしたアイビーファッションブランド「ボートハウス」が青山で開業
・渋谷にファッションビル「ファッションコミュニティ109」（現・SHIBUYA109）開業
・古着屋の「サンタモニカ」原宿に開業

1980
・渋谷駅西口にモヤイ像設置。新島から渋谷区へ寄贈。（9月）

1981
・田中康夫の小説『なんとなく、クリスタル』刊行（1月）
・日本初の日焼けサロン「ビーチ・ボーイ」原宿に開店（11月）

1982
・モード雑誌『エル・ジャポン』創刊（3月）（5月号）
・映画『ブレードランナー』公開（アメリカ6月、日本7月）
・横浜本牧地区の在日米軍住宅が日本に返還

1983
・ヒップホップをテーマとした映画『ワイルドスタイル』公開（アメリカ3月、日本10月）
・女子大生が出演するテレビ番組『オールナイトフジ』開始（4月）

1984
・ダンスをテーマとした映画『フラッシュダンス』公開（アメリカ4月、日本7月）
・「東京ディズニーランド」開業（4月）
・ストリートダンスをテーマとした映画『ブレイクダンス』公開（5月）

1985
・ファッションブランド「セーラーズ」渋谷で開業。アイドルがトレーナーを着用するなど流行
・映画『バックトゥザフューチャー』公開（アメリカ7月、日本12月）
・円安ドル高是正のためのプラザ合意。日本のバブル景気の発端（9月）

1988
・アメリカのヒップホップミュージシャンMCハマーが1枚目のアルバム発売、ヒット（1月）
・アメカジの洋服店「プロペラ」原宿に創業

1989
・ダンスをテーマにした「DADA LMD」放送開始（6月）
・芝浦にクラブの「ゴールド」開業（11月）
・モード雑誌『シュプール』創刊（11月）
・日経平均株価市場最高値3万8915円に到達。バブル景気を象徴（12月）
・男性向けファッション誌の『チェックメイト』や『ポパイ』で「渋カジ」の特集増加

1990
・「ファッションコミュニティ109」が「SHIBUYA109」に変更
・渋谷を舞台に「渋カジ」をテーマにした映画『オクトパスアーミーシブヤで会いたい』公開（3月）
・モード雑誌『フィガロ』創刊（5月）
・MCハマーの『U Can't Touch This』発表。世界的ヒット（日本で6月）

1991
・SHIBUYA109が開業以来最高の193億円の売上達成
・バブル崩壊（2月）
・芝浦にディスコ「ジュリアナ東京」開業（5月）
・ヒップホップダンスユニットZOOの楽曲「Choo Choo TRAIN」発売。テレビCMで使われて全国的にヒット（11月）

1992
・ルーズソックスが日本で発売開始（2月）
・ストリートファッションを取り上げるテレビ番組『浅草橋ヤング洋品店』放送開始（4月）
・雑誌『JJ』で「パラダイスガール」や「パラギャル」の言葉が登場（4月）
・アルバローザが慶應義塾大学の「ミス慶應コンテスト」に協力（11月）

1993
・雑誌『SPA!』が初めて「コギャル」という用語を

記事タイトルに使用(6月)

1994
・SHIBUYA109の「ミージェーン」が年商7億円突破(1月)
・芝浦のディスコ「ジュリアナ東京」閉店(8月)
・音楽アーティストhitomiが1枚目のシングルを発表(11月)
・ストリート雑誌『東京ストリートニュース!』創刊(12月)
・日焼けサロン新規店が相次ぎ開業

1995
・阪神・淡路大震災(1月)
・最初のプリクラ機「プリント倶楽部」発売(7月)
・ストリート雑誌『Cawaii!』創刊(8月)
・ストリート雑誌『egg』創刊。当初は男性向け(9月)
・SHIBUYA109開業以来最低の売上。全館リニューアル開始

1996
・バラエティ番組『めちゃ×2イケてるッ!』放送開始(10月)
・ロコガールのファッションブランド「バハマパーティ」閉業
・「イケてる」が新語・流行語として書籍『平成の新語・流行語辞典』に収録
・『東京ストリートニュース!』発行部数が首都圏だけで15万部
・『Cawaii!』発行部数30万部
・SHIBUYA109がV字回復。以降2桁成長

1997
・ヒップホップファッションの雑誌『ウーフィン』創刊(4月)
・SHIBUYA109の「ミージェーン」が月商1億5千万突破(9月)
・E・G・スミスの「ルーズソックス」が長さ75センチメートルのスーパールーズ発売(9月)
・E・G・スミスの「ルーズソックス」を販売するウイックス年商30億円突破
・『egg』発行部数30万部

1998
・ストリート雑誌『ランキング大好き』(のちの『ランズキ』)創刊(4月)
・「エゴイスト」が新たなプロデューサーを採用してリニューアル

1999
・SHIBUYA109の店員をモデルに採用する『SHIBUYA NEWS』発売(4月)
・日経流通新聞が「エゴイスト」の店員を「カリスマ店員」として紹介(4月)
・『egg』7月号にゴングロ三兄弟WithUが初

登場（5月）
・『egg』8月号に「行け！ ！ ゴングロ三兄弟WithU」という特集（6月）
・「エゴイスト」月商2億8千万円の売上。わずか16.9坪の店舗の売上として世界新記録（9月）
・『egg』11月号にブリテリのヘアメイクの特集。「妖怪」や「山姥」という言葉が登場（9月）
・「カリスマ」が日本新語・流行語大賞にノミネート。「エゴイスト」店員が表彰台に登壇（12月）

2000
・『egg』3月号の表紙で画面いっぱいにブリテリの顔写真（1月）
・『egg』3月号を最後に一時休刊（1月）
・『egg』復刊（7月）
・カメラ付き携帯電話「J-SH04」発売（11月）
・『egg』の発行部数40万部突破

2001
・海をテーマにしたディズニーテーマパーク「東京ディズニーシー」開業（9月）

2002
・『東京ストリートニュース！』5月号で廃刊
・サッカー・ワールドカップで日本代表の決勝トーナメント進出に歓喜するサポーターが渋谷スクランブル交差点に集まる（6月）

2003
・渋谷スクランブル交差点を映した映画『ロストイントラスレーション』アメリカで公開（9月）
・プリクラに目を強調する画像処理が搭載

2004
・映画『ロストイントラスレーション』日本で公開（4月）

2005
・ケータイブログサービス「クルーズ」開始（7月）
・キャバ嬢をモデルに採用する『小悪魔&ナッツ』創刊（10月）

2006
・『小悪魔&ナッツ』が名前を『小悪魔ageha』に変更（6月）
・イギリスのロックバンドオアシス楽曲『アクイース』のMV公開。渋谷を舞台に、マンバの若者が映る（11月）
・アメリカで「ウィスキー・ア・ゴーゴー」が「ロックンロールの殿堂」に選出

2007
・スマートフォン「iPhone」が発表（1月）
・ケータイブログサービス「デコログ」開始（2月）

2008
・『ポップティーン』2月号の売上41万部突破（1月）
・世界的な金融危機、リーマンショックが発生（9月）
・『小悪魔ageha』の発行部数が35万部
・「SHIBUYA109」の売上が前年割れ

2009
・『Cawaii』6月号をもって休刊（5月）
・無線通信においてIMT2000を拡張したLTEのサービス開始。複数の画像を容易に送受信可能

2011
・「渋谷センター街」が「バスケットボールストリート」に名称変更（9月）
・「デコログ」が月間65億ページビュー突破（5月）
・「デコログ」で一般の女子高生のブログに百万以上のページビュー

2014
・『egg』7月号をもって休刊（5月）

2018
・ギャルの文化をテーマにした映画『SUNNY』公開（8月）

2022
・『ポップティーン』がウェブ版に完全移行。雑誌は2023年2月号をもって事実上の休刊（12月）

カバー作品　近藤智美「フリムンの踊り」©Satomi Kondo
２０２１年 116.7cm×91cm　キャンバスに油彩

ブックデザイン　鈴木成一デザイン室

久保友香　くぼ・ゆか

一九七八年、東京都生まれ。二〇〇〇年、慶應義塾大学理工学部システムデザイン工学科卒業。二〇〇六年、東京大学大学院新領域創成科学研究科博士課程修了。博士（環境学）。専門はメディア環境学。東京大学先端科学技術研究センター特任助教、東京工科大学メディア学部講師、東京大学大学院情報理工学系研究科特任研究員など歴任。日本の視覚文化の工学的な分析や、シンデレラテクノロジーの研究に従事。二〇〇八年『3DCGによる浮世絵構図への変換法』でFIT船井ベストペーパー賞受賞。二〇一五年『シンデレラテクノロジーのための、自撮り画像解析による、女性間視覚コミュニケーションの解明』が総務省による独創的な人向け特別枠「異能（Inno）vation」プログラムに採択。著書に『「盛り」の誕生―女の子とテクノロジーが生んだ日本の美意識』（太田出版、二〇一九年）、共著に『ポストヒューマン・スタディーズへの招待―身体とフェミニズムをめぐる11の視点』（堀之内出版、二〇二二年）、『プラットフォーム資本主義を解読する―スマートフォンからみえてくる現代社会』（ナカニシヤ出版、二〇二三年）。

ガングロ族の最期　ギャル文化の研究

発行日　二〇二四年七月五日　第一刷発行

著者　久保友香

編集発行人　穂原俊二

発行所　株式会社イースト・プレス
〒一〇一-〇〇五一
東京都千代田区神田神保町二-四-七 久月神田ビル
電話　〇三-五二一三-四七〇〇
FAX　〇三-五二一三-四七〇一
https://www.eastpress.co.jp

印刷所　中央精版印刷株式会社

ISBN 978-4-7816-2301-6 C0095